Introduction to Cost-Benefit Analysis

비용-편익분석개론

" 합리적인 지름길의 모색 "

저자 Ginés de Rus | 역자 박완규

박영사

추천의 글

비용-편익분석 기법은 프로젝트와 정책의 평가를 수행하는 경제학자들에게는 명백한 접근법으로 보일 수 있지만, 여타 다수의 사람들에게는 이것은 최소한 혼란스럽고 때로는 심지어 터무니없다. 단지 돈이 중요하다는 명제에 기초하고 있지 않나? 어떻게 우리가 사람들의 생명에 화폐가치를 부여할 수 있나? 분명히 일자리 창출은 비용이 아니라 편익이지 않나?

Ginés de Rus는 평가를 위한 비용-편익분석 접근법의 철학을 설명하는 데 집중한 책을 저술하였다. 그는 상당히 많은 전문적 내용을 제시하였으나 주요 메시지는 많은 예와 함께 단순하게 제시되어서 이 책은 평가에 관심이 있는 모든 사람들의 접근이 용이하다.

이 책은 분배적 가중치의 사용, 위험과 불확실성에 대한 취급, 기법의 적절한 이용을 보장하는 제도적 장치의 중요성과 같은 이슈들에 대한 최근의 견해를 포함하고 있다. 이 이슈들은 몇몇 교과서에서와 같이 선택적 추가내용으로 취급되는 것이 아니라 예로 설명되는 접근법으로도 융합된다. 이 예들 자체가 현재 논란의 중심인데, 새로운 고속철도를 어떤 환경에서 건설할 것인가, 물 공급의 민영화 등이 그것이다.

나는 오래 전에 내 교통경제학 석사과정의 일부로 비용-편익분석에 대한 내 강의에서 Ginés를 처음 만났다. 그러므로 지금 그 주제에 대한 그의 책에 추천의 글을 쓰고, 이 기법에 대해 알고자 하는 모든 사람들에게 정말로 가치 있는 명확하고 최신의 교과서를 추천하게 된 것은 나에게 큰 기쁨이다.

C. A. Nash
ITS, The University of Leeds, UK

저자 서문

이 책의 목적은 고속철도에 대한 투자, 공기업의 민영화 또는 자연지역의 보호와 같은 공적 결정이 사회후생을 증가시키는지 여부를 이해하고자 하는 것이다. 이 책은 경제학자들뿐만 아니라 일반적으로 공적자금으로 조달되는 프로젝트와 공공정책의 경제적 효과에 관심이 있는 사람들을 위해 쓰여졌다.

사람들은 상이한 이유로 비용-편익분석에 관심이 있을 수 있다. 어떤 사람들은 어떤 프로젝트가 수행되어야 할지 결정해야 하고, 또 다른 사람들은 이 프로젝트들의 사회적 가치에 대해 결정하는 사람들에게 정보를 제공해 주어야 하거나 또는 그들의 합법적 이해집단 입장을 방어하고 다음 선거를 위해 더 많은 정보를 갖기 위해 또는 단지 그들이 응용경제학을 즐기기 때문에 더 강한 논거가 필요할 수 있다.

비용-편익분석의 원리를 이해하기 위해 경제학자일 필요는 없지만 몇 가지 경제학의 사전 지식이 도움이 된다. 기초 미시경제학은 이 책으로부터 더 많은 혜택을 얻기 위해서뿐만 아니라 경제와 일상생활의 여러 측면들을 더 잘 이해하기 위해서도 분명히 장점이다.[1)]

이 책은 비전문적이어서 나는 설명이 단순하여 이해하기 쉽기를 희망한다. 이 책이 다루고 있는 것이 광범위하지는 않지만 비용-편익분석을 이해하고 적용하기 위한 주요 요소들은 적절히 다루어졌기를 희망한다. 비록 이 책이 이론적인 것은 아닐지라도 몇몇 기본 모형을 사용하여 주장의 논리를 따르도록 시도한다는 점에서 분석적인데, 기

1) 훌륭한 기초 미시경제학 교과서로는 예를 들면 Frank and Bernanke (2003), Krugman and Wells(2004), Mankiw(2003) 그리고 Samuelson and Nordhaus(2004) 등이 있다. 경제적 추론에 대한 관습에 의하지 않고 탁월한 개관은 Landsburg(1993) 참조. 비용-편익분석의 엄밀한 이론적 구조에 대해서는 예를 들어 Drèze and Stern(1987)과 Johansson (1993) 참조.

본 모형들은 그것의 가정, 한계 그리고 시사점 등에서 명백하게 된다.

비용-편익분석 분야는 지난 10년 동안 커다란 변화를 경험하였으나 공적 의사결정을 위한 이 도구 배후의 주요 경제원리는 계속 변하지 않고 있다. 더욱이 비시장재의 경제적 평가, 수요예측의 정교화 또는 불확실성의 취급에 대한 새로운 기법들의 개발에도 불구하고 현재 이 분야에서의 수행자들은 과거 그들의 동료와 동일한 포부를 공유한다. 그 포부란 사회후생에 대한 프로젝트의 기여에 대해 타당한 정도의 신뢰에 도달하는 것이다.

나는 이 책을 집필할 때 많은 사람들의 은혜를 입었다. 첫째, 초고가 지속적으로 집필되는 과정에서 나의 동료들인 Jorge Valido, Aday Hernández, Enrique del Moral과 Eduardo Dávila 등이 도와주었다. 그들은 교정을 도와주었을 뿐 아니라 귀중한 의견을 주었다. 이 책은 University of Las Palmas와 University Carlos Ⅲ de Madrid에서 학부 및 대학원 강의를 위한 강의노트로 시작되었다. 나의 강의노트를 읽고 이것이 책의 형태로 어떻게 전환될지를 내가 결정하는 데 도움을 준 학생들과 다른 많은 참가자들에게 감사하고 싶다.

나는 Stockholm School of Economics의 Per-Olov Johannson과 University of Leeds의 Institute for Transport Studies의 Chris Nash 등으로부터 초고에 대해 매우 유용한 논평과 매우 귀중한 조언을 받았다. 나는 그들의 인내, 관대함 그리고 격려로 그들에게 신세를 지고 있다.

마지막으로, 내가 원고를 준비할 때 도와주고 격려해 주고 조언을 해 준 Edward Elgar의 관계자들에게 감사한다.

어떠한 남아 있는 과실도 모두 내 책임이다.

Ginés de Rus

University of Las Palmas de G.C., Spain

University Carlos Ⅲ de Madrid, Spain

역자 서문

대규모 국가 또는 지방자치단체의 사업들이 계획되고, 수행되는 과정에서 엄밀하고 객관적인 검토나 분석이 이루어지지 않아 막대한 국민의 세금을 낭비하는 사례들을 우리는 그동안 무수히 보아 왔다. 이러한 재정낭비를 막고, 한정된 재원을 가장 효과적으로 사용하기 위한 도구가 바로 비용-편익분석이다. 그러나 지금까지 이 분석도구의 중요성이 간과되어 왔다는 것은 우리나라에서 이 분야에 대한 단행본이 오직 한권, 즉 우리 사단법인 한국비용편익분석연구원의 이사장이신 김동건 서울대 명예교수님의 저술뿐이라는 사실이 그대로 보여주고 있다.

한국비용편익분석연구원은 2011년도 2월에 개원하여 현재에 이르기까지 활발히 연구 활동과 실무분석을 수행해 오고 있다. 그 과정에서 이 비용-편익분석에 대해 이론적으로 체계화된 추가적 전문 서적의 필요성을 절감하게 되어 최근에 외국에서 발간된 이 분야 서적 가운데 비교적 간명하면서도 내용이 알찬 이 원서를 번역하게 되었다.

이 책은 이 분야를 전공하거나 실제로 비용-편익분석을 수행하는 사람뿐 아니라 이 분야에 흥미가 있는 학생(대학생과 대학원생 모두), 그리고 중앙정부나 지방자치단체의 관리 및 일반 시민들도 쉽게 접근할 수 있게 저술되었다. 저자의 서문에서도 언급하였듯이 이론적 토대는 경제학 중 미시경제학 분야이다. 따라서 이 분야에 대해 생소하거나 과거에 배웠는 데도 불구하고 시간이 흘러 개념을 잊어버린 사람들은 11장의 미시경제학 기초를 먼저 공부하고 본문으로 들어가면 도움이 될 것이다.

비록 원서의 번역이기는 해도 같은 명칭의 저서가 발간되는 것을 흔쾌히 허락해 주신 김동건 이사장님께 다시 한 번 감사의 말씀드리며, 아무쪼록 이 책이 비용-편익분석의 이해와 적용의 폭을 넓히고,

아까운 국민의 세금 낭비를 줄이는 데 조금이라도 기여할 수 있기를 바란다. 이 책의 출판을 가능케 해 준 박영사의 관계자 여러분에게도 감사의 뜻을 전한다.

2012년 5월

사단법인 한국비용편익분석연구원

원장 박 완 규

차 례

CHAPTER 1 서 론

CHAPTER 2 사회적 편익의 경제적 평가

CHAPTER 3 간접효과의 경제적 평가

CHAPTER 4 기회비용, 시장과 잠재가격

CHAPTER 5 비시장재의 경제적 평가(Ⅰ)

CHAPTER 6 비시장재의 경제적 평가(Ⅱ)

CHAPTER 7 할인과 결정기준(Ⅰ)

CHAPTER 8 할인과 결정기준(Ⅱ)

CHAPTER 9 불확실성과 위험 분석

CHAPTER 10 응　용

CHAPTER 11 비용 - 편익분석의 미시경제학 기초

CHAPTER

1

서　론

어떠한 프로젝트도 만일 다른 프로젝트가 수행되었더라면 초래될 경제로부터의 교란으로 간주될 수 있다. 해당 프로젝트를 수행할 것인지 여부를 결정하기 위해서는 우선 두 가지 상이한 상황하에서 모든 시점에서 모든 개인들이 소비하는 모든 재화소비의 수준을 살펴볼 필요가 있다. 만일 모든 사람들이 그 프로젝트가 없을 때보다 있을 때에 더 좋아진다면 (만일 우리가 개인주의적 사회후생함수를 적용한다면) 그 프로젝트는 분명히 채택되어야 한다. 만일 모든 사람들이 더 나빠진다면 그것은 분명히 채택되어서는 안 된다. 만일 일부는 좋아지고 또 다른 일부는 나빠진다면 우리가 그 프로젝트를 채택할지 여부는 결정적으로 상이한 사람들의 이득과 손실에 대해 우리가 어떻게 가중치를 부여하는가에 달려 있다. 비록 이것이 분명히 프로젝트를 평가할 때 따라야 할 '올바른' 절차이기는 하지만 실용적인 것은 아니다. 편익-비용분석의 문제는 단지 우리가 합리적 지름길을 찾을 수 있는지의 문제이다.

(Joseph E. Stiglitz, 1982, p.120)

제1절 비용-편익분석의 논리적 근거

비용-편익분석은 화폐에 대한 것이 아니다. 그것은 또한 투입물이나 산출물에 대한 것도 아니다. 화폐는 재무분석에서 중심이 되지만 프로젝트와 정책의 경제적 평가에 있어서는 단지 도구일 따름이다. 화폐는 경제학자들이 프로젝트의 사회적 비용과 편익을 나타내는 공통적 단위이다. 음용수의 양, 사고의 절감, 시간 절약과 에너지나 인력의 소비 등은 다른 단위로 측정이 되므로 이 모든 이질적 항목들을 동질적인 흐름으로 표현하기 위해 공통적인 측정단위가 필요하다. 이것이 비용-편익분석에서 화폐의 주요 역할이다.

일자리 창출은 종종 프로젝트에 의한 편익으로 나타나지만 노동은 산출물이 아니라 투입물이다. 자동차도로는 일자리를 창출하기 위해 건설되는 것이 아니라 사람과 재화를 운반하기 위해 만들어진다. 자동차도로를 만들고 유지하는 근로자들은 이 투입요소를 차선의 용도로 사용할 때 얻게 되는 순가치의 손실과 동일한 사회적 비용을 나타낸다. 만일 그 근로자가 실업상태였다면 그 근로자가 이미 취업상태에 있었던 경우보다 사회가 잃을 것은 더 적다는 것은 사실이지만 이것은 단지 비용의 크기가 상황 의존적이라는 것을 말해 줄 따름이다.

프로젝트의 산출물은 그것의 후생효과보다 측정하기가 쉽다. 공공기관은 승객, 물, 전기 또는 훈련 프로그램에서 교육한 학생 수와 같은 지표로 그들의 활동을 보고하지만 비용-편익분석은 산출물을 후생을 증가시키는 수단으로 본다. 새로운 시설의 성공 여부는 사용자 수로 설명될 수 없다. 사회후생의 증가 없이 사람들이 새로운 시설을 사용하도록 유도하기 위해 가격보조를 할 수 있다. 따라서 비용-편익분석에서는 그 프로젝트로 인해 어디에선가 희생된 다른 재화의 가치와 비교한 해당 프로젝트의 산출물로부터 얻는 사회적 가치에 관심이 있다.

비용-편익분석은 여행 또는 방문 수에 대한 것이 아니라 프로젝트에 의해 영향을 받는 사람들의 후생에 대한 것이다. 경제학자들이 측정하기를 원하는 것은 후생의 변동이고 이것은 상당히 도전적인 임무인데, 그 이유는 후생은 직접적으로 측정될 수 없기 때문이다. 이 문제를 해결하기 위해 경제학자들은 대안을 하나 찾아냈는데, 그것은 후생의 척도로 화폐를 사용하는 것이다. 어느 특정 날짜와 시간에 한 개인이 A에서 B까지 여행을 할 때 그가 얼마나 효용[1]을 얻는지는 알 수 없다. 그러나 만일 그가 여행을 하는 것과 하지 않는 것 간에 무차별하게 만들도록 이 여행에 대해 부과할 화폐액을 결정할 수 있다면 흥미로운 결론이 도출될 수 있다. 비용-편익분석은 화폐에 대한 것이 아니라 화폐가 도와주는 것이다.

사회의 일반적 이해관계에서 프로젝트와 정책을 선택하기 위한 도구모음으로 고안된 비용-편익분석은 프로젝트와 정책을 수행하기 전에 편익과 비용을 비교하는 호의적인 정부인 사회계획가의 존재를 전제로 한다. 다수의 경제학자들과 비경제학자들은 그러한 견해가 고지식하다고 여길 수 있다. 또 다른 견해[2]는 정부의 행동을 상이한 이해집단의 정치력으로 설명한다. 예를 들어 농업에 대한 보조는 농업정책의 사회적 편익과 비용에 대한 독자적 평가에 의해서라기보다는 농민들의 압력에 의한 것으로 더 잘 설명될 수 있다.

우리는 비용-편익분석을 실행하는 정부의 호의를 신뢰할 필요가 있나? 답변은 "아니요"이다. 만일 우리가 정부의 행동이 이해집단의 영향에 의해 더 잘 설명된다고 믿는다면 비용-편익분석을 통해 특정 프로젝트의 결과 누가 이득을 보고, 누가 손실을 보는지, 이득과 손실

1) 여기서는 '효용'이라는 용어와 '개인 후생'이라는 용어를 동의어로 사용한다.

2) '이해집단 경쟁모형'을 제시한 최고의 경제학자들 중에 George Stigler, Gary Becker, Sam Peltzman 등이 있다.

의 크기는 얼마나 되는지를 알 수 있다. 이 평가는 어떤 정책이 채택되는지를 설명하거나 심지어 정부의 결정에 영향을 미치는 데 매우 유용할 수 있다. '비용-편익분석은 자기본위의 정치적 압력집단에 의해 유포된 잘못된 정보에 대항한 전투 속에 위치할 수도 있다. 아직도 이들 분석가들은 충분한 수의 투표자들이 상이한 정책들의 진정한 효과를 깨닫도록 함으로써 정치적 결과에 영향을 미칠 수 있다'(Becker, 2001, p. 316).

비용-편익분석의 개념적 토대와 방법을 제시하기 위해서 우리는 정부가 사회의 보편적 이해에 따라 최선의 프로젝트를 추구하는 것처럼 간주한다. 비록 우리가 많은 경우에 그러한 가정이 비현실적이라는 것을 안다고 할지라도 단순화시키는 것은 해롭지 않다. 우리가 편익과 비용, 승자와 패자를 식별하고, 평가대상인 프로젝트의 주요 영향을 측정하고 가치를 매기고자 할 때 정부의 행동에 대한 우리의 개별적 믿음이 무엇이든 간에 분석은 변하지 않을 것이다.[3)]

우리는 자애로운 정부가 존재한다고 가정하면서 시작하기로 한다. 이것이 이 책에서 유일한 가정이고 단순화는 아니다. 사실 우리가 이해하고자 하는 보다 복잡한 현실의 핵심을 반영하는 모형으로 대체하는 단순화 가정을 사용하지 않고서는 경제분석을 다룰 방법이 없다.

앞으로 더 진행하기 위해서는 사회의 보편적 이해에서 행동한다는 것이 무엇인지 분명히 할 필요가 있다. 우리의 자애로운 정부가 댐과 수력발전소 건설을 평가한다고 하자. 정부는 이 프로젝트의 채택 여부에 대해 의문을 갖고 있다. 프로젝트를 착수하면 그 지역은 프로젝트가 없을 때에 비해 더 낮은 가격으로 전기를 쓸 수 있고, 댐 안의

3) 그럼에도 불구하고 일단 전형적인 비용-편익분석이 완료되면 우리는 구조적 설계와 가능한 상충적 목표들에 대해 명시적으로 다룰 필요가 있는데, 이에 대해서는 10장에서 다루어진다.

물(예를 들어, 낚시와 보트놀이)과 댐에서 방류되는 물(예를 들어, 래프팅)로부터 오락 편익을 얻을 수 있으며, 건설 기간 동안과 그 프로젝트의 존속기간 동안 약간의 일자리도 창출될 것이다. 더욱이 건설과 프로젝트의 작동과 연관된 지출에 의해 프로젝트가 새로운 경제활동을 유발하게 됨에 따라 승수효과도 발생할 수 있다.

경제학자들은 위에 묘사된 편익으로부터 약간의 비용을 차감해야만 한다고 지적한다. 첫째, 공공자금이 댐과 발전소에 배당되었기 때문에 수행되지 않은 대안에 대한 지출의 순편익과 동일한 건설 및 유지비용은 공제되어야 한다. 경제학자들은 또 노동은 산출물이 아니라 투입물이므로 그것은 프로젝트의 비용이라고 주장한다. 물론 그 크기는 프로젝트 수행을 위해 근로자가 고용될 때 무엇을 잃게 되는가에 달려 있을 것이다. 만일 승수효과가 존재하고 그것이 대안과도 연관되어 있다면 무관계한 것으로 된다.

둘째, 댐이 건설될 지역에 있는 마을 거주민들의 재배치와 관련된 비용 그리고 강의 흐름과 진로의 변경으로 인해 좋지 않게 영향을 받는 사람들과 관련된 모든 비용들이 공제되어야 한다. 이들 비용의 규모는 엄청날 수 있다.

원칙적으로 정부는 누가 수혜자이고 누가 손실자인지에 관계없이 (단순화를 위해 모든 영향은 국내에만 미친다고 가정) 모든 적절한 편익과 비용을 고려하고 이용 가능한 정보하에서 사회가 더 좋아진다면 그 프로젝트를 수행하기로 결정한다. 그 결정은 댐과 발전소를 건설할 민간회사의 주장에 기초하는 것도 아니고 반대자의 캠페인에 기초하는 것도 아니다. 그 결정은 사회후생을 유일하게 참조하여 전체 사회를 고려한다. 우리의 자애로운 정부에 대한 도전은 수혜자들과 손실자들이 상이한 소득, 교육, 건강 등을 갖는 개인들이고 이들은 프로젝트의 수명 동안 상이한 시점에서 영향을 받는다는 점을 감안할 때 어떻게 모든 편익과 비용의 가치를 매기고 이것들을 비교할 것인가이다.

수자원 프로젝트는 공원, 고속철도, 고속도로, 항만과 같은 또 다른 공공 인프라 또는 환경규제와 같은 정책의 도입과 마찬가지로 프로젝트나 정책이 없는 상황 — 이것이 반드시 현상을 의미하는 것은 아니지만 프로젝트나 정책이 없었다면 일어날 상황 — 과 비교할 때 상이한 시점에서 상이한 개인들의 후생에 영향을 미치는 경제의 교란으로 해석될 수 있다.

프로젝트의 영향에 대한 평가는 기준을 필요로 한다. 프로젝트가 **있는** 세상과 **없는** 세상을 비교할 필요가 있다. 즉 대안적 세상 또는 소위 역사실적 세상을 재현할 필요가 있다. 비용-편익분석 시행자들은 두 가지 주요 문제들을 해결해야 한다. 첫째, 그들은 역사실적 세상을 만들어야 하는데, 이것은 프로젝트에 의해 야기된 교란이 없을 때 전개되는 동태적 세상인 프로젝트가 없을 때의 세상을 복제하는 것을 의미한다. 이것은 용이한 일이 아닌데, 그 이유는 이 사업의 생애가 매우 길어서 40년 또는 그 이상이 될 수도 있고 주요 변수의 값들은 매년 변할 수도 있는데, 그들 가운데 일부만 예측 가능할 뿐이다. 둘째, 분석의 시행자는 그가 이전에 창조한 역사실적 세상에 관하여 주요 변화를 예측하면서 프로젝트가 존재할 때의 세상을 상상해야 한다.

그러면 프로젝트가 수행될 때 예상되는 변화는 역사실적 세상과의 비교의 결과이다. 즉 역사실적 세상이 나쁘면 나쁠수록 프로젝트는 더 좋은 것이다. 이 과업을 끝내기 위해서는 사용된 모든 가정과 자료를 제시하는 것이 중요하다. 투명성과 사후적 평가는 모르고 발생한 실수와 전략적 허위진술을 피하는 데 도움이 될 수 있다.

가령 역사실적 세상과 프로젝트가 존재할 때의 세상이 적절하게 고안되었고 시간절약, 수질향상 또는 치명적 사고 수의 절감 등과 같은 예상되는 변화가 추정되었다고 하자. 이제 분석자는 이 값들을 화폐 단위($)[4]로 변환해야 하는데, 이것이 기술적으로 가능하고 도덕적으로 수용할 수 있다고 가정한다.

우리는 사회를 구성하고 있는 개인들의 후생의 변화를 측정하고자 한다. 그러나 개인들의 효용은 전력 생산량이나 댐을 건설하기 위해 다른 곳으로 이주된 사람들의 수와 동일한 방법으로 측정될 수 없다. 프로젝트의 장점에 대한 결정을 하기 위해서 우리는 관찰할 수 없는 그 무엇을 측정할 필요가 있다. 더욱이 전력생산량, 관련된 사람들의 수, 홍수면의 확대 등 관찰 가능한 것도 그 물리적 단위를 개인 효용의 변화와 연관된 보편적 척도로 표현할 수 없다면 그리 유용하지 않다. 그 보편적 척도는 얻은 것과 잃은 것 간의 비교를 가능하게 해준다.

프로젝트의 영향을 측정하는 이상적인 방법은 효용함수를 통해서이지만 (우리는 각 개인 효용의 변화를 측정한다) 문제는 이 효용함수와 관련된 효용변화는 관찰할 수 없다는 것이다. 효용과 소득 간의 '환율'을 통해 관찰 불가능한 효용변화를 관찰 가능한 화폐단위로 변환하면 프로젝트의 영향을 계산할 수 있게 된다.

대안적 해법의 하나가 프로젝트를 투표에 부쳐 결과를 수용(즉 다수의 견해를 수용)하는 것일 수 있다. 이것을 보다 상세하게 살펴보자. 〈표 1-1〉은 댐과 수력발전소의 건설로 인해 영향을 받는 사람들의 (화폐단위로 표시한) 편익과 비용에 대한 정보를 보여준다. 우리의 사회는 5명으로 구성되어 있다.[5]

예를 들어 개인 B는 싼 전력으로부터 편익을 얻지만(+$2) 그는 또한 하류에서 낚시를 하는 데 댐으로 인해 그가 좋아하는 취미활동

4) 우리는 달러 기호인 $을 실제 시장가치와는 무관한 정의되지 않은 화폐단위를 나타내는 것으로 사용하기로 한다.

5) 우리는 사람들이 자기 자신의 이해에 대한 최선의 심사원이라 가정한다. 따라서 우리는 왜곡된 선호로 인해 발생하는 문제는 무시한다 (Adler and Posner, 2001 참조).

〈표 1-1〉 수력발전소의 편익과 비용 (단위: $)

개 인	편 익	비 용	순 편 익
A	7	0	7
B	2	8	-6
C	3	4	-1
D	9	1	8
E	1	6	-5

을 할 수 없다(−$8). 그 결과 개인 B의 경우 $6의 순손실이 발생한다. 우리는 순편익 밑에 있는 숫자들을 프로젝트가 없을 때와 각 개인이 무차별하게 되는 프로젝트하에서 필요로 하는 화폐적 보상으로 해석할 수 있다. 예를 들어 개인 B는 $6을 받을 의향이 있고, 개인 A는 $7을 지불할 의향이 있다.[6)]

'순편익'에 속한 숫자들을 보면 프로젝트는 투표에서 거부될 것을 예상할 수 있다. 개인 A와 D는 찬성할 것이지만 개인 B, C, E는 반대할 것이다. 수자원 프로젝트의 건설을 거절하는 것이 좋은 결정인가? 이 질문에 답하기 위해서는 우리는 댐의 건설이 사회적 개선인지 여부를 검토해야 하고 이를 위해 결정기준을 정의할 필요가 있다.

한 가지 가능한 기준은 강 파레토 개선이다. 만일 다른 어느 누구도 더 나빠지지 않으면서 적어도 한 사람이 더 좋아진다면 한 상태에서 다른 상태로 이동하는 것은 (파레토 관점에서) 사회적 개선이다. 승자들만 있고 아무도 잃지 않는다. 우리는 투표로 인해 프로젝트가 거절되는 것을 보았다. 이러한 상황에서 투표의 결과에도 불구하고 파레토 개선에 도달하는 것이 가능할까?

비록 논의가 되고 있는 프로젝트가 투표에서 승인되지 않을 것이 확실해 보이기는 하지만 이 경우에서와 같이 편익($22)이 비용($19)을

6) 우리는 단순화를 위해 여기에서 지불할 의향과 받을 의향이 일치한다고 가정한다.

능가해서 프로젝트로부터 사회는 이득을 얻을 수도 있다. 가령 프로젝트가 수행이 되고 편익의 일부가 개인 B, C, E에게 보상하는 데 사용되어 그들의 순편익이 0이 되면 그들은 프로젝트가 없을 때와 무차별하게 된다. 〈표 1-1〉에 의하면 보상이 이루어진 후에 분배할 수 있는 $3의 순편익이 존재한다. 만일 프로젝트가 거절된다면 이 순이득을 잃게 된다.

프로젝트의 편익과 비용을 비교할 때 이득과 손실의 크기가 중요하다. 개인 C는 그에게 $1의 비용이 발생하기 때문에 프로젝트를 반대하는 한편 D는 그에게 $8의 편익이 발생하므로 프로젝트에 찬성한다. 만일 우리가 투표에서와 같이 선호의 강도를 무시한다면 프로젝트로부터 발생하는 잠재적 이득을 잃게 된다.

우리가 보았듯이 파레토 개선 기준은 손실을 보는 사람이 없어야 한다(즉 처음에 프로젝트로 인해 피해를 입은 사람들에게 완전한 보상이 이루어진다). 현실에서는 이런 일이 거의 발생하지 않는데, 왜냐하면 위에 묘사된 것과 같은 상황에서 많은 경우 손실을 본 사람들에게 완전한 보상이 이루어지지 않기 때문이다.[7] 만일 어떤 프로젝트가 사회 전체적으로 양의 편익을 가져오고 어떤 이유에서든 완전히 보상되지 않는 손실을 본 사람들이 존재한다면 그러한 프로젝트를 수행하는 것이 정상적 관례이다(이득을 본 사람들은 손실을 본 사람들에게 보상을 하고도 계속 이득을 볼 수 있을 것이다).

단지 가상적인 보상인 이 기준은 잠재적 보상기준 또는 칼도-힉스 기준(Kaldor-Hicks criterion)으로 알려져 있다.[8] 만일 손실을 본 사

7) 적법한 몰수의 경우와 같다.

8) 여기에서는 칼도-힉스 가상보상을 단순화해서 설명하고 있다. Boadway는 예를 들어 보상변화의 합계가 양이라는 것이 이득을 본 사람들이 손실을 본 사람들에게 보상할 수 있다는 것과 동일하지 않다고 지적하였다. Boadway 모순으로 알려진 문제는 보상행위가 상대가격과 개인의 후생/효용에 영향을 미칠 수도 있다는 것이다(Boadway, 1974와 Jones, 2002 참조).

람들이 보상받는다면 파레토 개선이 달성될 것이다. 그 프로젝트가 수용 불가능한 분배문제를 초래하지 않는다면 프로젝트와 정책의 경제적 평가는 기본적으로 위에서 설명한 잠재적 보상기준에 의거한다.

보다 엄밀하게 우리는 개인 i의 소득의 한계효용과 사회후생함수를 반영하여 개인 i에게 귀속된 사회후생 가중치를 이용하여 개인(또는 집단) i의 화폐적 이득을 고찰할 필요가 있다. i에게 귀속된 소득의 사회적 한계효용(2장과 11장 참조)은 우리가 가정한 사회후생함수[9]와 소득분배에 달려 있다.

우리는 개인 i의 프로젝트에 대한 화폐적 가치(지불의사 또는 수용의사)에 소득의 사회적 한계효용을 곱해서 모든 개인에 대해 합할 수 있다. 그래서 만일 초기 후생분배가 최적이라면 (그리고 사람들은 매우 상이한 효용함수를 가질 수 있으므로 개인 간에 소득의 한계효용이 다를 수 있다. 즉 어떤 사람은 헌신적인 야생동식물 보호론자인 한편 또 다른 사람은 열정적인 다이아몬드 소비자) 소득의 사회적 한계효용은 모든 사람이 동일하다. 그러면 그 규모가 작아서 후생분포도 선형 근사로 변하지 않는 프로젝트는 단지 개인/집단의 지불의사나 수용의사를 합해서 평가될 수 있다.

실제로 칼도-힉스 보상기준의 보편적 정당성은 재분배는 재정시스템을 통해 보다 효율적으로 수행될 수 있고, 상이한 다수의 프로젝트들이 수행되고 있는 것을 감안할 때 양과 음의 분배효과는 서로 상쇄되는 경향이 있으며 장기적으로는 누구나 다 이득을 보든지 또는 그들은 중요하지 않거나 또는 이득을 본 자와 손실을 본 자를 식별하여 보상을 하는 비용이 편익보다 크다는 주장에 기초하고 있다.

---

9) 공리주의적 사회에서는 사회적 한계효용 또는 후생 가중치는 모든 사람이 1이고, 롤즈 사회에서는 가장 나쁜 상태에 있는 개인 또는 집단을 제외한 모든 사람들이 0이다.

제2절 비용-편익분석의 단계와 이 책의 개관

투자 프로젝트와 공공정책에 대한 경제적 평가는 각 case study의 구체적 특성을 파악하기에 충분할 만큼 신축적이어야 한다. 그러나 평가대상인 프로젝트의 특정 측면과는 독립적으로 준수해야 할 몇몇 단계가 존재한다.

1. 프로젝트의 목표와 적절한 대안의 조사

프로젝트를 평가하기 전에 그것의 목표 — 즉 해결해야 될 문제 — 가 분명하게 정의되고 적절한 대안들이 식별되어야 한다. 그것이 속한 프로그램이나 정책 내에서 그것의 역할을 고려하지 않은 채 고립된 프로젝트를 분석하면 그릇된 결론에 도달할 수 있다. 더욱이 자료를 가지고 경제적 평가의 방법론을 적용하기 전에 동일한 목표를 달성할 수 있는 적절한 대안들을 분석하는 것이 필수적이다. 이용 가능한 대안에 대해 부적절하게 분석을 하면 방법론과 기법이 정밀하더라도 중대한 과오를 범할 수 있다.

시행자가 프로젝트를 평가할 때 두 가지 선험적인 접근법이 존재한다. 이는 첫째, 분석자가 특정 프로젝트, 예를 들어 공공서비스 가격의 인하를 평가해야 할 때와, 둘째, 프로젝트가 공공서비스의 개선일 때이다. 만일 규제자의 목적이 서비스의 질을 하락시키지 않으면서 소비자들에게 편익을 주고자 하는 것이라면 가능한 방법은 공적 보조로 재정적 균형을 유지하면서 가격을 인하하는 것일 수 있다. 그러나 이 목적을 달성하는 또 다른 정책들이 존재한다. 대안의 하나로 가격인하를 가능하게 하는 비용절감을 위한 노력에 대해 보상을 하는 인센티브 시스템을 도입하는 것을 생각할 수 있다. 또 다른 정책으로 공공서비스의 제공을 민간에게 허가하는 것이 있을 수 있다.

보다 더 효율적인 대안들을 고려 안 하는 것이 더 나은 결과를 얻을 기회를 잃는 것이라는 점을 감안할 때 동일한 목적을 달성할 수 있는 상이한 프로젝트들을 고려하는 것은 평가에 있어서 편익과 비용의 식별과 정량화 이전의 단계이다. 양의 사회적 편익을 가져오는 것으로는 충분하지 않고 그 편익이 최상의 이용 가능한 대안에서의 편익보다 커야 하는 것이 요구된다. 투자 프로젝트의 경우에도 동일하다. '투자가 문제를 해결하는 최선의 방법인가?'라는 질문에 응답해야 한다. 시설 관리방법의 변경과 같이 철회가능하고 비용이 덜 드는 다른 선택대상들이 분석되어야 한다.

적절한 대안을 찾는 단계에서 경제학자들은 그 프로젝트와 관련된 기술이나 분야에 보다 더 익숙한 다른 전문가들과 교류하고 그들로부터 의견을 받는 것이 매우 유용하다. 이 단계의 목표는 동일한 목적을 달성할 수 있는 보다 효율적인 방법에 대한 정확한 정보가 부족해서 일어나는 과오를 피하는 것이다. 만일 더 좋은 대안들이 고려되지 못했다면 평가 방법상 더 정교한 것도 무익할 것이다.

마지막으로, 프로젝트의 범위를 너무 광범위하게 정의하는 것은 편리하지 않은데 그 이유는 합계의 평가가 양의 값이 나왔다고 하더라도 음의 기대수익을 갖는 개별 프로젝트들이 드러나지 않을 수 있기 때문이다. 따라서 프로그램 또는 보다 포괄적인 프로젝트 내에 차별화 없이 모두 포함시키게 되면 그릇된 결론에 도달할 수 있다. 프로젝트의 범위를 설정하는 것이 항상 쉽지는 않지만 전문가들과 조심스럽게 토의를 하면 완전히 별개의 독립적 프로젝트들을 포함시키는 데 따른 본질적 복잡함을 분별할 수 있게 된다.

한편 그것의 존재가 보완적 행동 없이는 불가능하다는 점에서 협의로 정의된 프로젝트를 평가하는 것은 무의미하다. 가령 한 투자 프로젝트가 두 개의 주요 부분(예를 들어, 항구와 접근도로)으로 구성되어 있고 사회적 순현재가치(*NPV*)는 음의 값이라고 하자. 주동자들의 전략은 단지 첫째 부분(항구의 건설)만 평가한 다음 그것이 건설되고 나서 항구와 도로 네트워크를 연결시키는 보완적 인프라로 구성된 또 다른 프로젝트를 제시할 수 있을 것이다. 이 경우 도로 프로젝트는 아마도 사회적으로 가치 있는 것으로 나타날 것인데, 그 이유는 도로 건설에 대한 평가에서 이미 존재하는 항구에 대한 투자비용은 이제 부적절하게 되기 때문이다. 이것은 만일 항구가 운영될 수 없다면 잃게 되는 편익에 적용될 수 없는 원리이다.

이 장에서 우리는 비용-편익분석의 기본개념을 제시하고 중기 및 장기 효과를 갖는 프로젝트의 경제적 평가를 다루는 데 사용되는 단순화 논리를 명확히 한다.

2. 비용과 편익의 식별

일단 프로젝트가 정의되고 범위가 정해진다면 그것의 수행으로 인해 도출되는 편익과 비용을 식별하는 것이 중요하다. 예를 들어, 프로젝트가 단지 직접적 효과만 가지고 있는 경우(2장)처럼 몇몇 경우에는 이 단계가 즉각적이고 더 큰 문제를 발생시키지 않는다.

다른 시장에 대해 중대한 간접적 영향을 미치는 프로젝트의 비용과 편익의 식별은 더 복잡한데, 그 이유는 그 영향이 직접 효과가 발생한 곳과는 다른 시장에 존재할 것이기 때문이다. 일반균형 체제 내에서 분석이 수행되지 않을 때, 보다 더 적절한 근사는 기존의 공항에 대한 수요를 감소시키는 새로운 철도에 대한 평가의 경우에서와 같이 그 프로젝트에 의해 영향받는 주요 2차 시장을 식별하는 것으로 구성된다(3장).

재무분석의 경우 식별은 훨씬 더 단순하다. 편익은 수입이고 비용은 시장가격으로 가치가 매겨진 투입물에 대한 지출액이다. 그러나 경제분석의 경우 편익은 수입으로의 변환과 독립적으로 개인이 누리는 것이고 비용은 최선의 이용 가능한 대안에서 잃은 순사회적 편익이다.

더욱이 비용-편익분석에 '누가 참가하는지'를 결정하는 것이 필요하다. 일반적으로 국경이 포함시켜야 할 사람들의 경계를 정한다. 프로젝트가 국경을 넘어 국제적이거나 물의를 일으키는 효과를 미치지 않을 때 국적이 기준이 된다. 때때로 그것은 누가 프로젝트의 자금조달을 하는가에 달려 있기도 하다. 초국가적인 기금으로 공동 자금조달을 하는 프로젝트의 경우 프로젝트에 대한 자금조달을 하기 위해 세금을 내어 기여하는 나라의 국민들을 배제하는 것은 허용할 수 없을 것이다. 이와는 반대로 국가 내의 다른 지역에서 발생하는 양 또는 음의 효과는 무시한 채 해당 지역 내의 편익과 비용만 고려하는 것도 드문 일이 아니다.

3. 비용과 편익의 측정

프로젝트의 편익은 개인들의 지불의사(또는 수용의사)를 통해 측정될 수 있다. 때때로 프로젝트로부터 도출되는 효용변화의 화폐 척도는 시장에서 소비자의 행태를 관찰함으로써(즉 시장 자료로부터) 얻을 수 있다. 이것은 프로젝트에 의해 영향받는 제1차 시장에서의 직접적 편익 측정(2장), 제1차 시장과 연관된 제2차 시장에서의 간접효과(3장), 그리고 분석자가 개인의 지불의사에 대한 몇몇 유용한 정보가 드러나는 '제휴'시장을 찾을 수 있을 때 비시장재의 평가의 경우에 해당된다(5장과 6장).

또 다른 경우에 경제학자들은 사람들에게 직접 그들의 지불의사에 대해 질문함으로써 (선호의 진술) 프로젝트 편익을 추정해야 한다. 이것은 프로젝트로 인해 그들 후생의 변동을 반영하는 화폐규모에 대해 개인들에게 질문하는 것이다. 이러한 근사는 환경적 영향이나 안전성의 변화와 같은 비시장재에 대해 사용된다(6장).

일반적으로 평가를 받는 프로젝트와 공공정책들은 자원의 사용 또는 절약을 수반한다. 표준적인 투자 프로젝트의 비용은 그들 각각의 가격에 의해 값이 매겨진 투입물의 규모로부터 측정되는 비용인 건설, 유지, 노동, 장비 및 에너지 등으로 분류될 수 있다. 경제적 관점에서 투입물 사용의 비용은 차선의 대안에서 잃은 순사회적 편익이다. 때로는 시장가격이 기회비용의 좋은 근사치이지만 또 다른 경우에는 투입물의 사회적 기회비용을 어림하기 위해 시장가격에 수정을 가할 필요가 있을 것이다(4장).

4. 편익과 비용의 합계

편익과 비용은 상이한 시점에서 발생하고 상이한 사람들에게 영향을 미친다. 합계는 동질성을 필요로 하는데, 계속되는 연도에 발생하거나 상이한 사회적 조건을 가진 개인들에게 영향을 미치는 편익과 비용은 동질적이 아니다. 만일 그것들이 직접 더해진다면 각 편익이나 비용과 관련된 암묵적 가중치는 1로서 편익 1단위는 연도나 개인에 상관없이 동일하다.

다수의 사회간접자본 프로젝트는 30년 이상의 생애를 가지고 있다. 더욱이 교육 또는 건강 프로그램을 수정하거나 조세를 도입하거나 없애는 등의 공공정책의 경우 사전적 수명은 실질적으로 무한하다. 미래의 편익과 비용을 할인하는 것은 비교가 가능하도록 균질화하는 과정이다. 할인은 0보다 큰 할인율을 사용하여 수행된다. 이것은 편익과 비용의 가치가 시간이 흐름에 따라 감소한다는 것을 의미한다. 기본적인 개념은 사람들이 일반적으로 미래의 소비보다 현재에 더 큰 가치를 부여하고 따라서 미래 소비 단위는 더 작은 현재가치로 계산된다는 사실로 이루어져 있다(7장과 8장).

프로젝트의 비용과 편익은 개인들의 효용에 영향을 미친다. 개인의 순편익에서 총 사회적 편익으로 가는 것은 재분배 효과를 수반한다. 예를 들어 만일 사회가 가난한 사람들의 소득에 더 큰 가중치를 부여한다면 프로젝트의 편익과 비용은 사회적 가중치 부여 없이 합해질 수 없다. 이상적으로는 프로젝트의 순 사회적 편익은 개인의 순편익의 가중합계로 구해져야 한다(2장과 11장).

5. 결과의 해석과 결정 기준

비용-편익분석 시행자의 포부는 편익과 비용의 흐름을 요약한 숫자를 얻는 것이다. 이 숫자는 프로젝트의 NPV인데, 일련의 프로젝트 간의 선택이나 채택-거부의 선택을 도와준다.

유일한 숫자를 얻는 것이 항상 쉬운 것은 아니다. 몇몇 환경 영향의 경우에 발생하듯이 화폐단위의 숫자로 환산하는 것을 방해하는 양 또는 음의 영향들이 존재한다. 몇몇 효과의 경우 정성적 묘사를 하고 명백하게 측정될 수 있는 효과로부터 얻은 NPV에 이 정보를 첨부하는 것이 적절할 수 있는 상황이 존재한다.

할인된 편익과 비용의 값에 기초한 결정 기준은 간단하다. 만일 NPV가 양의 값이고 프로젝트의 재분배 효과가 양이거나 중요하지 않다면 그 프로젝트는 사회후생을 증가시킨다. 만일 우리가 프로젝트들을 비교해야 한다면 NPV가 가장 큰 프로젝트를 선택하기 전에 균질화하는 것이 필요할 수 있다(7장과 8장).

결과는 주요 변수들의 변동에 대한 NPV의 민감성을 결정하는 목표를 갖는 위험분석을 조건으로 해야 한다. 이상적으로는 유일한 NPV 값을 얻는 것보다 NPV의 확률분포를 계산하는 것이 더 바람직하다. 위험분석은 의사결정자로 하여금 있음직한 결과의 가능성에 대한 약간의 정보를 제공해 준다. 위험분석은 프로젝트의 위험을 제거하지는 못하지만 의사결정자에게 프로젝트의 실제 위험을 보다 명확하게 해준다(9장).

6. 출발점 상태와 프로젝트의 비교

비용-편익분석에서 프로젝트와 부적절한 출발점 상태를 비교하는 것을 피하는 것이 중요하다. 예를 들어, 프로젝트 이전의 상황과 비교할 때 NPV는 클 수 있는데, 그 이유는 프로젝트가 없을 때의 상황은 일정하게 유지되지 않는다는 사실을 숨길 수 있기 때문이다. 유지정책 또는 장비의 최소한의 교체 등 프로젝트 없이 수행될 수 있는 대안들이 존재한다. 따라서 고속철도 건설을 평가할 때 수요가 변하고 기존 철도의 공급과 경쟁적 운송수단 역시 변하는 역사실적 세상과 비교해야 한다.[10)]

프로젝트가 없는 상태를 출발점 상태라고 한다. 우리는 아무 것도 안 하는 것과, 프로젝트 없이 예견되는 최소한의 조정을 뜻하는 최소한도로 하는 것을 구별해야 한다. 그 구별은 예를 가지고 더 분명하게 할 수 있다. 목표는 과도한 누수로 인해 수도관을 교체하는 것이라고 하자. 이 프로젝트에서 합리적인 출발점 상태는 최소한도로 하는 것인데, 그 이유는 프로젝트가 없을 때 더 큰 피해를 막기 위해 정비작업과 선택적 행동이 있을 것이기 때문이다. 이제 새로운 네트워크에 투자하는 것이 아니라 관리계획이라고 하자. 이 경우에는 출발점 상태가 아무 것도 안 하는 것일 것이다.

10) 부적절한 대안과 비교하는 것은 분석자의 과오 또는 프로젝트를 밀고 나가고자 하는 전략일 수 있다.

7. 경제적 수익과 재무적 타당성

비용-편익분석은 사회적 편익대신 수입을, 사회적 비용대신 사적 비용을 사용하는 재무분석과 대비가 되어 사회적 편익과 비용을 비교한다. 그러나 분석자는 프로젝트의 경제적 수익뿐만 아니라 재무적 결과 또는 상업적 타당성을 포함한 보고서를 보유하는 것이 중요하다.

어떤 프로젝트나 공공정책이 사회적 비용을 능가하는 사회적 편익을 유발하면서 동시에 음의 재무 결과를 나타내는 일이 완전히 가능하다. 예를 들어 땅의 침식을 줄이고 여가선용을 위한 새로운 공간을 만들어내는 재조림정책의 경우를 보자. 더욱이 이행하는 공공기관은 여가선용지역에 가까운 주차에 요금을 부과함으로써 약간의 수입을 얻는다. 이 프로젝트는 양의 사회적 NPV와 양의 재무적 결과를 가져올 것같다. 분석자는 다음의 두 가지 중요한 이유로 인해 정책결정자에게 두 결과를 모두 제시해야 한다.

첫째, 현실은 예산제약의 존재로 특징지어진다. 따라서 공공기관은 수입으로 충당되는 비용의 비율에 대한 것뿐만 아니라 프로젝트의 사회적 순편익에 대한 정보도 갖는 것이 정말 유용하다. 둘째, 많은 프로젝트의 경우 예를 들어, 적용되는 가격정책의 함수로서 넓은 범위의 NPV를 산출해 낸다. 사용자들에게 요금을 부과할 가능성을 인정하는 프로젝트들이 사회적 NPV와 재무적 NPV의 가능한 상이한 조합을 제시하는 것은 통상적인 일이다. 예를 들어, 도로 프로젝트는 무료도로 또는 유료도로로 평가될 수 있다. 만일 두 번째 대안이 선택된다면 몇몇 가능한 가격구조가 존재한다. 즉 시간, 차량 형태 또는 이용 집약도에 따라 차등화하는 것이 가능하다. 통행요금으로 인해 사회적 편익은 감소할 것같다. 그러나 수입은 고정비용의 충당에 기여할 수 있다. 이용 가능한 상이한 대안들과 그것들의 사회적 및 재무적 NPV를 보고하는 것은 비용-편익분석의 유용성을 증가시킨다.

CHAPTER 2

사회적 편익의 경제적 평가

우리는 비용-편익기준을 좋아하는데, 그 첫째 이유는 그것을 적용하면 긴 시간에 걸쳐 거의 모든 사람들이 더 좋아지기 때문이고, 둘째는 적용하기 쉽기 때문이다. 환언하면 편익은 크고 비용은 작다. 논거는 약간 순환적일 수 있지만 비용-편익기준 자체를 강하게 추천한다.

(Steven E. Landsburg, 1993, p.105)

제1절 서 론

사회후생 변동의 측정과 프로젝트[1]의 경제적 평가에 대한 결정 기준은 선호가 주어진 상태에서 이용 가능한 자원과 기술 등 두 제약하에서 그들의 효용을 극대화하고자 하는 개인들의 집합체로 경제를 모형화함으로써 접근할 수 있다. 프로젝트는 소비자, 생산요소의 소유자, 납세자로 개인들이 참여하거나 외부효과에 의해 영향을 받는 시장에서의 균형을 변화시키고 비용-편익분석은 프로젝트가 사회라고 불리는 전체에 대해 개선을 나타내는지 여부를 평가하기 위해 개인들의 효용의 변동을 측정하고자 한다.

자원의 희소성하에서 전형적으로 사람들은 상이한 용도 사이에서 선택을 강요받고 이용 가능한 기술은 자원으로부터 생산된 재화의 양과 다양성과 품질을 제약한다. 개인들의 후생이 중요한 사회에서 관심의 초점은 생산의 증가가 아니라 개인의 효용이다. 이런 점에서 선호는 주어진 자원과 기술의 부존하에서 개인들이 도달할 수 있는 효용을 제약하는데, 이것은 특히 공공부문이 시장원리를 벗어나 결정을 하는 데 적절하다.

개인들의 결정에 더하여 정부도 역시 몇몇 시장의 균형을 변경시키고 사회후생에 영향을 미치는 프로젝트에 개입한다. 정부의 결정은 재화와 서비스의 양, 질, 그리고 구성 및 그 분배에 영향을 미친다. 이 장에서는 실용적인 비용-편익분석에 대한 기본 구조를 설정하기 위한 몇몇 경제적 개념들을 제시한다.[2]

기본 모형이 2절에 제시되는데, 거기서 우리는 사회를 소비자, 납세자, 생산요소의 소유자, 그리고 외부효과를 고려하기 위해 '사회의

1) 우리는 '프로젝트'라는 용어를 프로젝트와 정책 모두에 대해 사용한다.
2) 보다 상세한 취급은 11장 참조.

나머지 구성원' 등 몇 개의 집단으로 단순화한다. 비용-편익분석에서 주요 개념인 소비자잉여와 생산자잉여는 3절에서 설명되는데 거기서 가격, 비용과 가치 간의 결정적 구분이 설명된다.

어떤 프로젝트가 승인되어야 하는지 여부를 결정하기 위해서는 이전에 식별되고 측정된 사회적 편익이 사회적 비용과 비교되어야 한다. 우선 우리는 개인 효용의 변동을 화폐단위로 수량화할 필요가 있고, 둘째 상이한 시기에 상이한 개인들에게 영향을 미치는 편익과 비용을 더하기 위한 특정 기준이 필요하며, 마지막으로 수용-거부 또는 프로젝트 집합 가운데에서 하나를 선택할 구체적 결정기준이 필요하다.

이 장에서는 비록 논의에 도움이 될 때에는 비용에 대해 언급하긴 하겠지만(비용에 대해서는 4장에서 자세히 다루어진다) 주로 편익에 대해 주의를 집중한다. 이 장의 요점 중 하나는 4절에서 순편익을 평가하는 두 가지 대안적 절차를 구별하는 것이다. 즉 개인 잉여 변동의 합계와, 지불의사와 이전을 무시한 실질 자원의 변동의 합계가 그것이다. 이 구별은 실용적 비용-편익분석에서 꽤 중요한 것으로 판명되고 두 접근법 중 하나를 조심스럽게 따르면 일상적인 실수를 피하는 데 도움이 될 수 있다.

효율성이 사회의 유일한 기준은 아니고 프로젝트로 인해 누가 얻고 누가 잃는지도 공적 의사결정에서 매우 중요하다. 5절에서는 소득을 개인의 효용으로, 그리고 개인 효용을 사회후생으로 전환하는 것에 대해 논의한다.

이 장에 포함된 평가절차는 '소규모'[3]의 프로젝트에 적용된다. 이

3) 소규모 프로젝트의 한 가지 정의는 실제로 미분적으로 적다는 것이다. 그러면 부수적 영향들이 '빠져 나가는' 것을 의미하는 포락정리(envelope theorem)를 이용할 수 있다. 예를 들어 1인(또는 로빈슨 크루소) 경제를 가정할 때 만일 우리가 산출물 가격을 변동시킨다면 (다른 사정이 같다면) 양쪽에 모두 소득의 한계효용을 곱하여 (이윤함수로부

요건은 단순화하고, 주로 1차 시장과 가장 직접적으로 영향을 받는 2차 시장에 대한 프로젝트의 효과에 초점을 맞추기 위해서 필요하다. 일반적으로 폐수처리시설의 건설은 인플레이션과 정부 재정적자에 대한 영향이 그리 심각하지 않을 것으로 예상되는 프로젝트이다. 거시경제 변수에 영향을 미치는 '큰' 프로젝트들은 가능하다면 일반균형 모형으로 분석되어야 한다.

조건으로서 지정되지 않을 때 우리는 시장수요함수를 다룬다. 비록 이상적인 것은 보상수요를 사용하는 것이지만 시장에서 관찰되는 수량을 사용하여 얻은 결과도 많은 경우에 어느 정도 수용할 만하다(11장 참조). 이 책에서 우리는 개인 효용 변동의 화폐적 측정을 위해 시장수요를 사용하는 데 필요한 조건들이 만족되는 것으로 가정한다.

제 2 절 기본 구조

1. 단순화된 경제

프로젝트는 개인 효용에 영향을 미치는 경제의 교란으로 생각될 수 있다. 프로젝트의 영향은 1차 시장(직접적으로 영향을 받는 시장)에서 발생하고 또한 그들 제품들이 보완재 또는 대체재이기 때문에 1차 시장과 연관된 소위 2차 시장에서도 영향이 발생한다(3장 참조). 더욱이 특히 토목 프로젝트와 시장구조를 바꾸어 놓는 환경영향이나 정책의 경우 그 영향은 대개 오래 지속된다.

터) 공급함수-수요함수를 얻는다. 다른 공급과 수요도 가격변동에 의해 영향을 받지만 이 효과들은 빠져 나간다. 적어도 조세로 인한 격차(tax wedge)가 없는 경우는 그렇다. 대신 교란을 선형 근사로 생각할 수도 있다. 프로젝트가 작아서 더 높은 차수의 효과는 무시될 수 있다. 이것이 동일한 일반균형 비용-편익규칙을 만든다.

관개 프로젝트 또는 수송 인프라의 건설, 교육에 대한 투자와 대기질의 개선 등은 공통적으로 프로젝트에 의해 영향을 받는 사람들의 후생에 영향을 준다. 어떤 사람들은 더 좋아지고 다른 사람들은 더 나빠진다. 그들은 어디엔가 위치하고 있고 그들의 후생 변동을 포함시킬 것인지 또는 무시할 것인지를 고려하는 데 이 위치가 의미가 있다. 이것은 비용-편익분석에서 누구를 포함시키느냐는 입장의 문제이다. 통상 국가가 누구를 포함시킬 것인가에 대한 경계를 설정해 주지만 때로는 전 세계적으로 멸종위기에 있는 종의 보호의 경우에서와 같이 프로젝트의 유형에 따라 달라진다. 또 다른 경우 초국가적 기구에 의해 자금이 공동으로 조달되는 경우 포함되어야 할 국가들이 결정된다. 비록 많은 경우에 상식이 드움이 될 수 있지만 국제적인 외부효과를 갖는 몇몇 프로젝트의 경우 상당한 어려움이 있을 수 있다. 문제를 해결하기 위해 우리는 가능한 한 단순화시켜서 아래에 설명되는 것과 같이 매우 단순한 경제모형을 가지고 논의를 진행할 것이다.[4)]

우리의 단순화된 경제에서 프로젝트를 평가하려고 하는데 생산요소의 세 소유주들이 존재한다. 첫째, 보통 생산자라 불리는 '자본의 소유주'(O)인데 이들은 재화와 서비스가 생산되는 다양한 장비, 기반시설 등을 가지고 있고, 둘째, 상이한 기술과 생산성 수준을 갖는 고용인들을 포함한 '노동의 소유주'(L)들인데, 우리의 단순화 모형에서는 그들은 모두 노동 소유주들 또는 '근로자들'의 기존 집단에만 속한다. 마지막으로 세 번째 생산요소인 토지의 소유주이다.

4) 사람들은 종종 그들의 행동에 의해 다른 사람들이나 종, 또는 다른 국가의 환경에 야기한 피해를 걱정한다는 점에서 이타적일 수 있다. 예를 들어 국가 A가 자신의 수력발전을 화력발전으로 생산되는 국가 B의 전력으로 대체한다고 하자. A의 국민은 그들의 효용함수 안에 음의 환경영향을 반드시 그렇지는 않더라도 포함시킬 수도 있다(5장과 6장 참조).

'토지'라는 생산요소는 농업을 위한 땅 또는 거주용 또는 생산용 토지를 포함할 뿐만 아니라 기후, 물, 대기, 식물, 동물, 경관 등 프로젝트에 영향받을 수 있는 자연 및 환경자원도 포함하는 넓은 의미로 정의된다. 한 가지 중요한 것은 사적 소유인 토지와 공동재산인 천연자원 간의 구별이다. 우리는 '토지 소유주'(R)를 천연 및 환경자원 '소유주' 집단과 구별하는바, 후자를 '나머지 사회'(E)로 부르는데 여기에는 안전에 대한 영향과 같이 여타 외부효과가 포함된다.

생산요소의 결합은 재화와 서비스의 흐름을 창출한다. 생산요소에 지불되는 소득으로 인해 우리는 추가적인 주체들을 식별할 수 있는데 '소비자들'(C)과 '납세자들'(G)이 그들이다. 따라서 사회는 6개 집단의 사람들로 구성된다. 분명 한 사람은 하나 이상 집단의 구성원이 될 수 있고 반드시 집단 C에 속해야 한다. 더욱이 이 단순화된 사회는 또 다른 특징을 가지고 있다. 즉 편익(또는 비용) 한 단위의 가치는 그것이 누구에게 생기든지 간에 상관없이 동일하다는 것이다(이 가정은 5절에서 완화된다).

이 소박한 세계에서 사회적 잉여(SS)는 개인 잉여의 합이다.

$$SS = CS + GS + OS + LS + RS + ES \tag{2.1}$$

여기서 소비자잉여(CS)는 재화에 대해 소비자가 지불할 용의가 있는 금액과 실제로 지불하는 금액 간의 차이이다. 납세자잉여(GS)는 조세수입에서 공공지출액을 뺀 것과 같다. 근로자잉여(LS)와 토지 소유주잉여(RS)는 각각 임금과 토지소득에서 요소의 사용에 대해 수용할 의사가 있는 최저지불액, 즉 기회비용을 뺀 것과 같다. 흥미롭게 토지에 대한 지불은 여타 고정 생산요소와 마찬가지로 대개 경쟁적 시장에서 그 고정요소 사용을 필요로 하는 활동에 대해 생산자들이 지불할 용의가 있는 금액이다.

자본 소유주들의 잉여(OS)는 기업의 수입에서 가변비용을 뺀 것과 같고, 마지막으로 '나머지 사회'의 잉여(ES)는 경관, 깨끗한 공기, 기후와 프로젝트가 수행되면 변할 수 있는 건강 및 안전 수준에 영향을 미치는 외부효과와 같은 비시장재의 사회적 가치를 포함한다. 지구 온난화에 영향을 미치는 발전소의 건설 또는 지구 온난화를 줄이는 대체 에너지 자원에 대한 투자 프로젝트 등이 예가 될 수 있다. 환경재가 개인의 후생에 영향을 미칠 수 있는 다양한 경로가 존재한다. 예를 들어 여가선용 목적의 저수지 수질이 개선되면 개인 효용에 직접적으로 영향을 미칠 수 있고, 이 수질 개선이 기업의 생산비용에 영향을 미쳐서 간접적으로 개인 효용에 영향을 미칠 수도 있다(5장과 6장 참조).

프로젝트에 투자하거나 또는 가격, 비용, 품질을 변하게 할 구체적 정책을 도입하는 정부의 결정은 프로젝트의 존속기간 동안 사회집단의 잉여에 양과 음의 영향을 미치므로 프로젝트의 총효과는 개인잉여 변동의 합계로 표현될 수 있다.

$$\Delta SS = \sum_{t=0}^{T} \delta^t (\Delta CS_t + \Delta GS_t + \Delta OS_t + \Delta LS_t + \Delta RS_t + \Delta ES_t) \tag{2.2}$$

여기서 Δ는 다양한 경제주체의 잉여의 증가 또는 감소를 나타내고, δ^t는 프로젝트의 생애에 걸친 편익과 비용 흐름을 현재가치로 표현할 수 있도록 하는 할인요소이다. 예를 들어 만일 사람들이 현재(연도 0)의 \$95와 1년 후의 \$100 간에 무차별하다면 연도 1의 편익을 연도 0의 편익과 비교할 수 있는 단위로 변환하는 할인요소는 0.95이다(7장과 8장 참조).

모형을 더 단순화하기 위하여 (자본의 소유주를 제외한) 생산요소의 소유주들은 그들의 기회비용과 동일한 금액을 지불받아서 그들의 잉여는 0이라고 (그들은 프로젝트가 존재하는 상황과 존재하지 않는 상황 간 무차별하다) 가정한다. 또한 조세나 공공지출은 없고 외부효과도 고정생산요소도 없다고 가정한다. 마지막으로 자본 소유주의 잉여(OS)를 '생산자잉여'(PS)라고 부르면 식 (2.2)는 다음의 익숙한 표현으로 바뀐다.[5)]

$$\Delta SS = \sum_{t=0}^{T} \delta^t (\Delta CS_t + \Delta PS_t) \qquad (2.3)$$

식 (2.3)에 내재하는 가정을 가지고 사회적 잉여의 변동을 설명하기 위해 [그림 2-1]에서 보는 바와 같이 민간 영업권 소유자에 의해 운영되는 규제받는 공공서비스의 경우를 보자. 여기서 연간 총비용은 서비스 규모의 독자적 구성요소로 되어 있다. 즉 고정비용(K) 그리고 가변비용(wL)인데, L은 노동량이고 w는 임금이다. 이 조건하에서 [그림 2-1]에서 볼 수 있는 평균가변비용(C)[6)]은 wL/x와 같다. 이때 x는 사용자의 크기이다. 단순화를 위해 단일 기간을 가정한다.

수요곡선 D는 음의 기울기를 가져서 만일 가격 p가 하락(상승)하면 서비스의 사용자 수인 x는 증가(감소)한다는 것을 나타낸다. 상첨자 0과 1은 각각 프로젝트가 없을 때와 있을 때를 나타낸다.

정부가 규제가격을 p^0에서 p^1으로 인하할 계획을 갖고 있다. 이때 사회적 잉여의 예상변동을 보기로 하자. 프로젝트가 없는 경우 초기가격은 p^0이고 수요는 x^0와 같다. 총수입은 면적 p^0ax^00으로 나타

5) 단순화에도 불구하고 소비자와 생산자로 구성된 사회에서 한 개인은 소비자도, 주주도 모두 될 수 있다. 우리는 개인이 어떤 제품의 가격(그리고 회사의 이윤)에 영향을 미치는 프로젝트에 대한 지불의사액에 대해 질문받을 때 소비자로서 그리고 생산자로서 그의 잉여에 미치는 영향을 구별할 수 있다고 가정하기 때문에 소비자잉여와 생산자잉여의 변동을 더할 때 이중계산이 발생하지 않는다. 진술된 선호에 대해 이 편의(bias)가 갖는 효과에 대해서는 Johansson(1993) 참조.

6) 한계비용이 일정하지 않는 비용함수를 사용하더라도 요소에 대한 지불이 한계비용에서 이루어진다는 것이 계속 유지되는 한 분석 결과는 바뀌지 않는다.

[그림 2-1] 공공서비스의 가격 인하

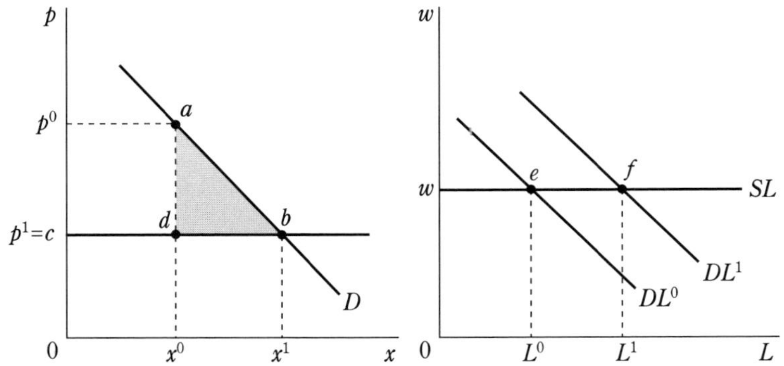

나고 총비용은 $cdx^0 0$에 고정비용 K를 더한 것이다. 따라서 공공서비스를 제공하는 기업의 순이윤은 $p^0 adc - K$로 나타난다.

프로젝트로 인한 사회적 잉여의 변동을 보자. 소비자잉여의 증가는 $p^0 abc$이고 생산자잉여의 감소는 $p^0 adc$이다. 따라서 사회적 잉여의 변동은 abd와 같다. 만일 정부가 생산자에게 프로젝트로 인한 잉여의 손실을 보상한다면 사회적 잉여의 변동(abd)은 계속 일정한데, 그 이유는 생산자잉여의 변동은 0이고 납세자잉여의 변동(ΔGS)은 음의 값이며 이것은 보상의 규모($p^0 adc$)와 같다. 소비자잉여의 변동은 영향받지 않는다. 따라서 일단 납세자잉여의 변동이 포함되면 사회적 잉여의 변동은 계속 면적 abd로 나타난다. 소득의 이전은 결과를 변경시키지 않는다.

근로자잉여는 어떻게 되나? [그림 2-1](오른쪽)에서 어떻게 되나 보면 생산의 증가는 노동수요곡선을 DL^0에서 DL^1으로 이동시켜 고용이 $L^1 - L^0$만큼 증가한다. 우리는 추가적인 근로자들의 소득을 사회적 잉여의 증가로 포함시켜야 하나? 만일 대답이 '예'라면 [그림 2-1](왼쪽)의 면적 abd에 면적 efL^1L^0를 더해야 할 것이다.

그러나 대답은 '아니오'인데, 그 이유는 이 추가적 근로자들이 이전에는 받지 못했던 임금을 받기는 하지만 그들은 이제 고용되기 전 그들이 하고 있는 것의 순가치인, 노동공급곡선 SL로 표현되는 조건에서 지불되는 임금(efL^1L^0)과 정확히 일치하는 기회비용(아마도 여가의 가치)을 잃기 때문이다. 이러한 상황에서 근로자들은 임금 w에서 일하는 것과 일하지 않는 것 간에 무차별하고 따라서 그들 잉여의 변동(ΔLS)은 0이다.[7]

제 3 절 사적 편익과 사회적 편익

1. 가격, 비용과 가치

경쟁시장에서 운영하는 민간기업이 특정 행동이 이익이 있는지를 평가할 때 그러한 행동에 따른 수입과 비용을 비교한다. 보편적으로 기업에게 생산물 1단위의 가치는 팔리는 제품의 순가격에 걸맞고, 단위비용은 자재, 노동과 기타 투입물 사용이라는 점에서 기업의 내부비용과 같다고 주장될 수 있다. 그러나 가격은 반드시 가치와 일치하는 것은 아니고 사적 가치는 반드시 사회적 가치와 일치되지 않으며 사적 비용도 반드시 사회적 비용과 일치하지 않는다.

무료로 개방된 공원의 경우 유지 및 관리비용이 든다. 비록 공원을 이용하는 데 아무 요금도 부과되지 않더라도 그 공원을 방문하는 사람들에게 공원의 이용은 가치가 있다.[8] 가격, 가치와 비용 간의 구

---

7) 임금이 노동의 사회적 기회비용보다 높으면 고용증가는 추가적 편익을 유발한다(4장 참조).

8) 환경재(environmental goods)의 총가치는 사용가치를 포함할 뿐만 아니라 비사용 또는 소극적 사용가치도 포함한다. 소극적 사용가치는 현재 또는 미래에 이용 가능한 재화에 대해 또는 단지 그것이 존재한다

별, 후자의 두 개념에서의 사적과 사회적의 구별은 프로젝트를 평가하기 위하여 재화의 가치를 매기는 과업을 용이하게 한다.

비록 시장에서 구입될 수 있는 재화에 대해 개인이 지불의사가 있는 최대금액은 그 개인에게 있어서 화폐단위로 표현된 그 재화의 경제적 가치를 반영하지만 최대 지불의사액이 실제로 지불하는 금액과 반드시 일치하는 것은 아니다. 스포츠센터의 이용자는 시설의 이용에 대해 현재의 요금보다 훨씬 더 많은 돈을 지불할 의사가 있을 수 있다. 무료로 건강관리 서비스를 받는 사람은 만일 요금지불을 조건으로 서비스를 이용해야 한다면 이 서비스를 받는 데 대해 일정한 액수를 지불할 의사가 있을 수 있다.

만일 외부비용이나 외부편익이 존재하지 않는다면 한 개인에게 재화의 사적 가치는 그 재화의 사회적 가치와 일치한다. 보건서비스를 계속 예로 들면 예방접종 운동은 그 서비스의 이용자들에게 이로울 뿐만 아니라 질병의 확산을 감소시킨다는 점에서 사회 전체적으로도 이롭다. 이것을 우리는 양의 외부효과라 부른다.

우리는 총가치와 한계가치를 구별해야 한다. 전자는 전체 소비량에 대해 개인이 지불할 의사가 있는 금액인 한편, 후자는 소비되는 마지막 단위의 가치를 뜻한다. 물의 경우로 두 개념의 차이를 설명해 보자. 총가치는 어느 개인에게도 매우 높지만 적어도 희소성 문제가 없는 사회에서는 대개 소비되는 마지막 단위의 한계가치는 매우 낮다. 1차 근사를 하면 사회의 총가치는 개인의 지불의사를 더해서 얻는다(분배 이슈에 대해서는 5절 참조).

한 재화의 가격은 시장에서 그것의 소비에 대해 부과하는 금액이다. 만일 가격차별이 없다면 가격은 소비되는 마지막 단위 이외의 어떤 단위에 대한 개인의 가치와도 일치하지 않는다. 마지막 소비 단위

는 사실에 대한 지불의사를 반영한다. 이 개념들의 경제적 해석과 측정에 대해서는 5장과 6장에서 다루어진다.

의 가치가 가격과 일치하는데, 그 이유는 우하향하는 수요곡선으로 인해 마지막 단위 이외의 소비되는 단위에 대해 개인들은 단위당 시장가격보다 더 많이 지불하고자 하기 때문이다. 시장가격이 오직 시장에서 거래되는 마지막 단위의 한계가치와 일치한다는 사실은 수입을 사회적 편익으로 사용하는 것이 부정확하다는 것을 가리킨다. 따라서 단일 가격이 부과되는 경우 재화의 총가치 또는 사회적 편익은 총수입보다 크다.

한 재화의 비용은 차선의 대안에서 잃은 편익이다. 즉 포기해야 하는 다른 재화들의 순가치(기회비용)이다. 예를 들어 보조금이나 조세에 의해 왜곡되지 않은 경쟁시장에서 재화를 생산하는 데 사용된 생산요소들의 가격은 그 재화의 기회비용이다. 생산을 하기 위해 시장에서 거래되는 투입물들뿐만 아니라 비시장재(예를 들어, 환경자원)도 필요한 경우라든지 기업이 내부화하지 못하는, 즉 '사회의 나머지 구성원'에 속하는, 양 또는 음의 외부효과가 존재하는 경우 사적 비용과 사회적 비용의 구별이 필요하다.

이 개념들 간의 차이는 다음의 예로 설명될 수 있다. 물공급 기업이 한 도시에 물을 공급하고 있는데, 생산 및 분배 전체 시스템에 대한 고정비용(K)과 생산되고 분배되는 물 단위당 일정한 가변비용(c) 등 두 가지로 구성된 총비용이 발생한다. [그림 2-2]는 회사의 물에 대한 수요[9]와 어떻게 가격 p_b에서 소비자들이 수량 x_b를 수요하는지를 보여주고 있다. 이 그림은 또한 어떻게 물의 각 단위에 상이한 가치가 부여되는지를 보여준다.

첫 번째 단위의 물은 아마 기본적 소요를 충족시키기 위해 사용될 것이므로 그 가치는 매우 높다. 회사가 물을 전혀 팔지 않을 최대유보가격(γ)은 예를 들어 탱크운반 차량으로 물을 배달하는 것과 같

9) 우리는 물에 대한 시장수요가 보상수요와 일치하는 것으로 가정한다(11장 참조).

[그림 2-2] 가치, 가격과 비용

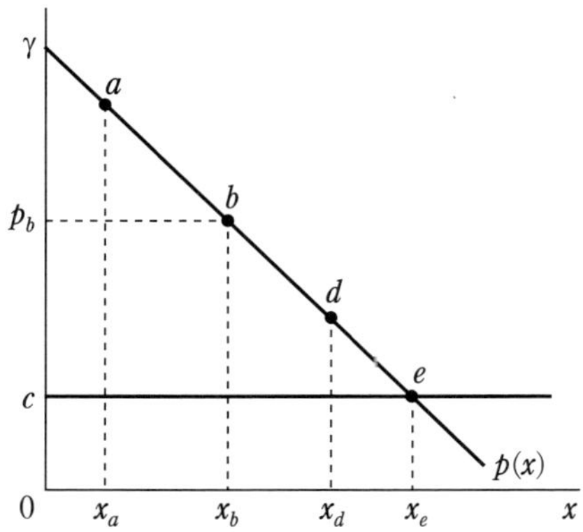

이 대안적 공급체계의 가격일 수 있다. 물의 소비가 증가함에 따라 각 추가적 단위의 가치는 감소하는데, 이것은 후속 단위의 물이 덜 가치 있는 소요에 충당되고자 한다는 것을 나타낸다.

x_b 왼쪽의 모든 물 단위는 가격 p_b보다 가치가 더 커서 물 1단위의 사용자 가치는 수량 x_b의 마지막 단위의 경우에만 가격과 일치한다. 물 1단위를 공급하는 가변비용이 c이므로 수입, 사회적 편익과 비용 간의 차이가 명백하다. 소비되는 물의 사용가치는 각 단위에 대한 가치의 합계와 같은데, 수평축과 수요곡선 간의 수직거리 $(\cdots + a + \cdots + b + \cdots + e + \cdots)$로 나타난다. 가격이 p_b일 때 모든 단위에 대한 가치의 합계는 시장수요 $p = p(x)$ 아래에 있는 0과 x_b 사이의 면적, 즉 면적 $\gamma b x_b 0$이다. 수입$(p_b b x_b 0)$은 총가치의 일부이고, 사적 비용은 $K + cx_b$이다.

물의 소비를 변동시키는 정책의 사회적 편익을 계산하기 위해서는 수입이 사회적 편익의 일부라는 것을 보았기 때문에 사회적 편익으로 수입을 사용하는 것은 일반적으로 틀리다. [그림 2-2]에서 x_b의 오른쪽에서는 비용보다 높은 한계가치를 갖는 (예를 들어 점 d) 소비자들이 존재하는 것을 볼 수 있다. 가격이 한계비용(c)과 같을 때 한계가치는 평균가변비용과 가격과 일치하지만 고정비용(K)은 메워지지 않는다. 점 e를 넘어서면 사람들은 한계비용 이하로 그 재화단위들의 가치를 매긴다. x_e보다 더 많이 생산하는 것은 비효율적인데, 그 이유는 그 재화의 가치가 기회비용 이하이기 때문이다.

2. 경쟁시장에서의 소비자잉여와 생산자잉여

[그림 2-3]은 경쟁시장에서의 균형을 보여준다. 시장 내의 기업들은 가격수용자들이고 진입 또는 이탈에 대한 장벽은 존재하지 않는다. 시장수요 $x_d = x(p_d)$는 개별수요의 수평 합계이고 상이한 가격에서 소비자들이 구입할 의사가 있는 수량에 대한 정보를 제공한다. 이 함수의 역함수인 $p_d = p(x_d)$는 재화의 상이한 수량에 대해 소비자들이 지불할 의사가 있는 금액을 나타낸다. 이 함수는 대략적으로[10] 재화의 주관적 가치를 반영하고 외부효과, 기타 왜곡과 형평성 문제가 존재하지 않을 때 그 재화의 상이한 수량을 교환하는 데 있어서의 총사회적 편익을 반영한다.

[그림 2-3]에서 소비자들은 수량 x_m에 대해 면적 $\gamma_d x_m 0$만큼 지불할 의사가 있다. 만일 가격이 p_0라면 그들이 지불할 의사가 있는 최대 금액은 면적 $\gamma_d b x_0 0$로 나타난다. 선택되는 가격이 개인들에게 있어서 그 재화의 총가치를 결정하는 것을 볼 수 있다. [그림 2-3]의 경우 소비자들은 p_0를 지불하고 x_0를 소비하며 그들에게 재화의 총가치는 $\gamma_d b x_0 0$이다. 그들은 $p_0 b x_0 0$를 지불하기 때문에 그들의 지불의사 금액과 실제 지불하는 금액 간의 차이와 동일한 잉여 $\gamma_d b p_0$를 얻는다. 이것이 소비자잉여(CS)의 개념인데, 이것은 사람들이 지불하

10) 소득효과가 매우 작다고 가정하는 경우.

[그림 2-3] 경쟁시장에서의 사회적 잉여

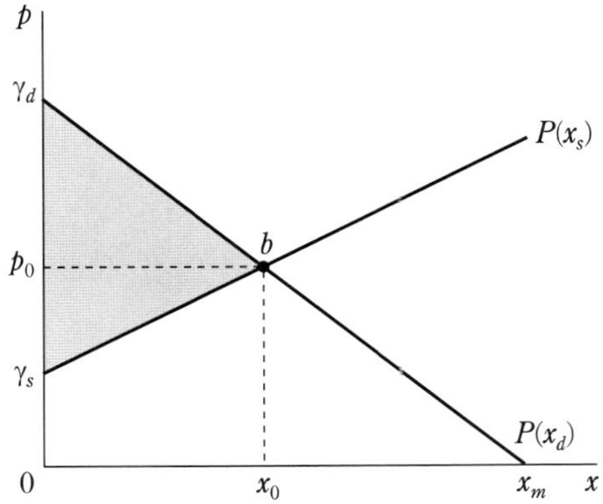

고자 하는 금액(WTP)과 그들이 실제로 지불하는 금액(수입은 가격과 수량의 곱으로 나타남)의 차이와 동일하다. 수량 x_0에 대해 상응하는 가격은 $p_0(x_0)$이다.

$$CS(x_0) = WTP(x_0) - p_0 x_0 \tag{2.4}$$

공급곡선 $x_s = x(p_s)$는 상이한 가격에서 생산자들이 팔고자 하는 양을 나타낸다. 이것은 시장에서 운영하는 모든 기업들의 공급함수의 수평합계로 주어진다. 이 함수의 역함수 $p_s = p(x_s)$는 한계생산비용을 나타낸다. 0과 x_0 사이에서 총생산비용(공급곡선으로 표시되는 것 이외의 다른 가변비용은 없다고 가정하면)은 0과 x_0 사이의 공급곡선 밑의 면적이다. 이 면적($\gamma_s b x_0 0$)은 수량 x_0를 생산하는 기회비용을 나타낸다. 생산자들은 가격 p_0에서 x_0를 팔고 총이윤은 면적 $p_0 b x_0 0 - \gamma_s b x_0 0$와 같다. 수량 x_0에 상응하는 생산자잉여(PS)는 면적 $p_0 b \gamma_s$[11]와 같고,

11) 만일 해당 산업이 장기균형 상태라면 이윤은 0이기 쉽다. 그림에 나타난 생산자잉여는 예를 들어 토지와 같이 장기에도 계속 고정되어 있는

이것은 다음과 같이 표현될 수 있다.

$$PS(x_0) = p_0 x_0 - C_0 \tag{2.5}$$

여기서 C_0는 x_0를 생산하는 데 있어서의 가변비용이다.

이전 절에서 했던 가정을 사용하면 사회적 잉여는 인습적으로 소비자와 생산자의 잉여의 합계로 정의되고 다음과 같이 표현할 수 있다.

$$SS(x_0) = CS(x_0) + PS(x_0) = WTP(x_0) - C_0 \tag{2.6}$$

여기서 식 (2.4)와 (2.5)에서의 $p_0 x_0$ 항은 서로 상쇄되는데, 그 이유는 그것은 소비자들에게는 지출인 동시에 생산자들에게는 수입이기 때문이다.

식 (2.6)은 [그림 2-4]에 표현되어 있는데, 시장에서 창출된 순사회적 잉여는 [그림 2-3]에서 음영으로 표시된 면적으로 나타난다.

시장왜곡이 없는 경우 [그림 2-4]에 표시된 면적은 소비자의 선호와 소득 수준과 기술이 주어진 상황에서 이 시장으로부터 사회가 얻을 수 있는 최대한의 잉여이다. 따라서 조세의 도입이나 시장 지배력의 출현과 같이 어떠한 시장 왜곡도 최대 잉여를 감소시킨다. 이 감소분이 왜곡의 사회적 비용이다.[12)]

비록 [그림 2-4]는 수요곡선처럼 보이지만 그것은 소비되는 각

특정 요소에 대한 보상일 수 있다. 생산자들의 이윤은 0이 되는데, 그 이유는 기업들은 고정요소에 대해 지불하기 때문이다. 토지의 가격은 생산자잉여를 흡수할 정도로 상승할 것이다. 따라서 사회적 잉여를 얻기 위해서는 고정요소 소유주들의 잉여를 더해야만 한다. 만일 우리가 잉여를 두 번 계산하지 않는다면(이것은 이중계산이라 불리는데, 비용편익분석에서 흔한 과오임) 두 절차는 동일한 결과를 가져온다.

12) 선택된 메커니즘의 추가적 비용이 더해진다. 예를 들면 조세의 경우 신고하는 데 잃은 시간, 조세징수 관리에 대한 지불, 부정행위에 대한 고소 등.

[그림 2-4] 사회적 잉여

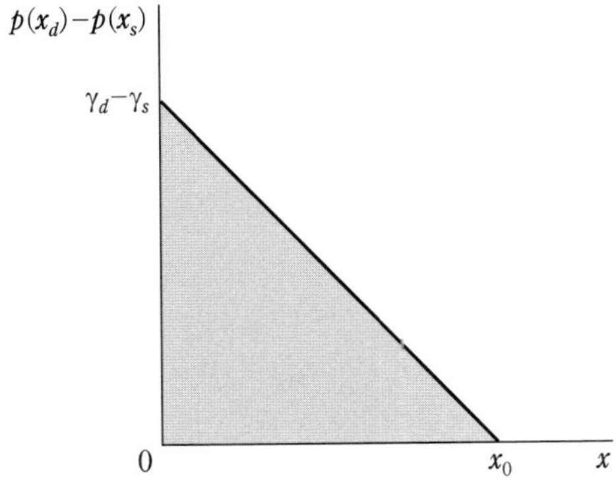

단위의 순사회적 가치를 나타낸다. 소비자들이 각 단위당 지불의사가 있는 금액과 이들 단위의 기회비용 간의 차이가 [그림 2-4]가 나타내는 것이라는 것에 유의하라. [그림 2-3]과의 관계는 다음과 같다. [그림 2-3]에서 거래되는 첫째 단위는 차이 $\gamma_d-\gamma_s$만큼의 사회적 잉여를 제공한다. [그림 2-4]에서 이 차이가 수직축에서의 절편이다. [그림 2-3]에서 x_0에서 공급과 수요가 일치할 때 사회는 생산을 추가적으로 한 단위 늘리거나 그렇지 않거나 무차별한데, 그 이유는 [그림 2-4]에서 볼 수 있듯이 이 마지막 단위의 순사회적 편익이 0이기 때문이다. 만일 우리가 x_0를 초과하면 (한계) 잉여는 음이 된다. 이것이 x_0가 최적인 이유이다. 3장에서 간접효과들이 경쟁시장에서 단지 한계 변화일 때 프로젝트의 이러한 효과들을 고려하지 않는 것을 정당화하기 위해 우리는 이 논리를 사용한다.

이전의 분석은 또한 조세 도입의 두 가지 주요 효과인 소득이전과 효율성 손실을 검토하는 데 유용하다. 조세징수의 행정비용이 0이라고 가정하면 이전의 경쟁시장에서 단위세(τ)를 도입하는 경우를 [그림 2-5]에서 볼 수 있는데, 조세수입($\tau bx_1 0$)을 올리기 위해 사회가

[그림 2-5] 조세의 사회적 비용

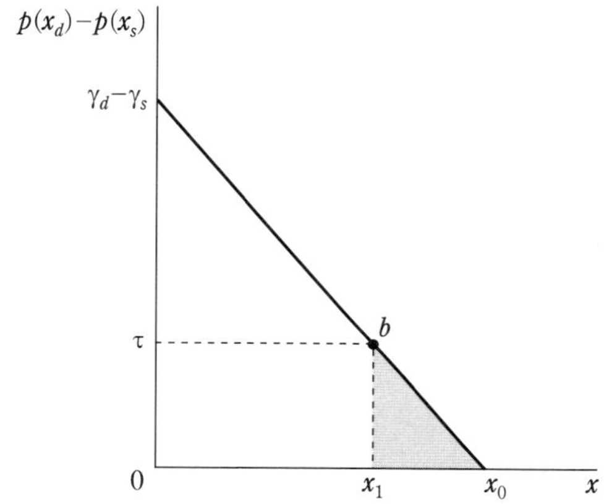

겪은 잉여의 손실(bx_0x_1)이라는 점에서의 비용을 나타낸다. 이것은 소위 조세의 자중손실(deadweight loss)과 왜 조세에 의해 조달되는 프로젝트 투자비용이 종종 그들의 기회비용을 반영하기 위해 어떤 변환요소가 곱해지는지를 설명한다. [그림 2-5]에서 소득이전 $\tau bx_1 0$으로 표현되는 투자비용은 bx_0x_1의 추가적인 사회적 비용을 갖는다.

이제 조세가 0이라고 가정하고 [그림 2-6]의 도움을 받아 음의 외부효과의 사회적 비용을 분석하기로 한다. 재화의 소비와 생산은 그것을 소비하거나 생산하는 개인들에게만 편익과 비용을 창출하는 것이 아니다. 어떤 재화의 공급은 다른 개인들이나 기업들에게 양 또는 음의 외부효과를 창출할 수 있다(예를 들어 강을 오염시키는 생산자는 어부와 보행자들의 후생을 감소시킨다).

이 경우 소비자잉여와 생산자잉여 변동의 합계는 사회적 잉여를 과장하게 된다. 재화생산과 연관하여 음의 외부효과에 의해 영향을 받는 개인들의 후생손실을 감안하기 위해 식 (2.2)에 ΔES로 표현된 '사회의 나머지 구성원'의 잉여 변동을 추가해야 한다.

[그림 2-6] 외부효과로 인한 사회적 잉여의 손실

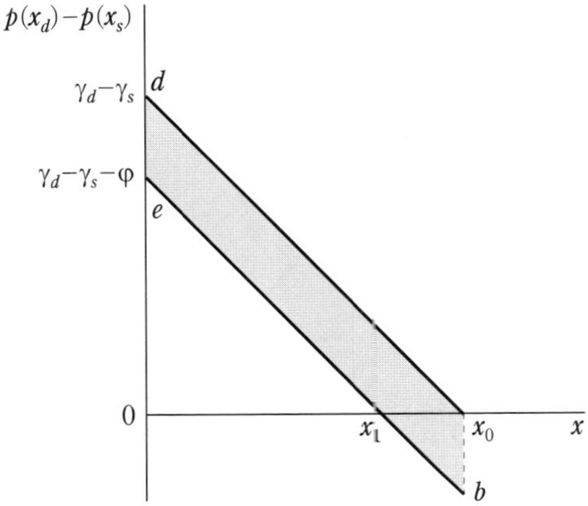

우리가 단위당 일정한 크기 φ라고 가정한 음의 외부효과의 영향을 [그림 2-6]에 있는 사회적 잉여에 표현하기 위해서는 사적 단위비용에 외부효과를 더하기만 하면 된다. 균형 수량이 변하지 않는다고 전제하면(기업들은 외부효과를 내부화하지 않는다) 잉여에 대한 효과는 외부효과의 크기만큼 잉여곡선을 이동시키는 것으로 표현될 수 있다.

외부효과 φ는 면적 dx_0be만큼 사회적 잉여를 감소시키는 효과를 갖는다. 초기의 면적 dx_00에서 손실을 공제함으로써 이제 잉여는 $ex_10-x_1x_0b$가 된다. x_1에서 x_0까지 이 시장에서 재화 또는 서비스의 생산은 후생에 음의 효과를 갖는데, 그 이유는 소비자의 지불의사액이 사회적 기회비용보다 낮기 때문이다. 그러면 왜 그것이 생산되나? 생산자들은 외부효과의 비용을 내부화하지 않으므로 사회적 기회비용을 반영하지 않는 비용함수를 가지그 시장에서 의사결정을 한다(이것이 시장실패라고 불리는 것이다).

제 4 절 사회적 편익 측정을 위한 대안적 접근법

1. 실질 값과 명목 값

비용-편익분석은 프로젝트의 생애동안 편익과 비용의 흐름을 비교하고자 한다. 적절한 개념은 개인 효용 증가로부터 도출된 사회적 편익과 자원의 기회비용이다. 이러한 편익과 비용을 표현하는 데 사용되는 측정단위는 관계가 없다.

자료는 경상 값이나 불변 값으로 표현될 수 있다.[13] 평가결과는 변하지 않을 것인데, 그 이유는 변수들은 불변 값 또는 경상 값으로 표현되기 때문이다. 일반적으로 편익과 비용의 흐름은 대개 기준 연도의 일정한 단위, 즉 인플레이션을 무시한 불변 값으로 표현된다. 우리는 명목 값의 전개에는 관여하지 않지만 프로젝트와 관련된 자원의 사용과 편익의 흐름에는 관심이 있다.

그러나 분석자는 경상 단위로 표현된 자료를 가지고 작업할 수도 있다. 때때로 변수들은 (실질 변동과 인플레이션을 반영하는) 이러한 단위로 표현된다. 사용자들이 사용에 대해 지불하고 민간부문이 관리자나 영업권 소유자로 개입하는 기간시설 프로젝트의 경우가 그렇다.

흐름이 불변 값 또는 경상 값으로 표현된 이유가 무엇이든 간에 유일한 권고는 일관적이어야 한다는 것이다. 만일 자료가 각 연도의 경상 단위로 표현된다면 우리는 경상 이자율을 사용해야 한다. 만일 자료가 기준연도의 화폐 단위로 표현된다면 실질할인율이 올바른 것이다.

13) 비용과 편익은 시장가격 또는 요소비용(간접세를 공제하고 보조금을 더해)으로 표현될 수 있다. 이것들을 시장가격으로 표현하고 예를 들어 시장가격이 자원의 기회비용을 반영하지 못할 때에는 필요한 교정을 하는 것이 바람직해 보인다(4장 참조).

어떤 항목의 가격은 일반적 인플레이션 이상 또는 이하로 전개되는 것이 가능하다. 이 경우 우리는 그 차이를 고려해야 한다. 예를 들어 가령 20년의 프로젝트 수명동안 예상되는 연간 인플레이션이 2%라고 하고 프로젝트에서 상당한 규모로 사용되는 원자재 가격의 예상 변동을 인플레이션과 기회비용을 반영하여 5%로 하였다고 하자. 변수들을 기준 연도의 화폐단위로 표현함으로써 우리는 일반적 인플레이션 요소(2%)만 교정하고 자원의 실질가치의 변동을 반영하기 위해 원자재의 가격이 3%의 비율로 증가하는 것은 허용한다. 비록 이 접근법은 20년 이상 지속되는 프로젝트에 대해서는 올바른 것이지만 비용과 편익의 각 요소에 대한 가격의 전개를 예상하는 것이 항상 가능한 것은 아니다.

실질 및 경상 NPV 간의 관계는 다음과 같다.

$$\sum_{t=0}^{T} \frac{B_t - C_t}{(1+i)^t} = \sum_{t=0}^{T} \frac{(B_t - C_t)(1-\Psi)^t}{(1+i_n)^t} \tag{2.7}$$

여기서 B_t, C_t는 불변 값으로 표현된 편익과 비용, Ψ는 인플레이션율, i는 실질할인율, i_n은 명목할인율이다.

식 (2.7)로부터

$$\frac{1}{1+i} = \frac{1+\Psi}{1+i_n} \tag{2.8}$$

i에 대해 풀면 우리는 실질할인율을 계산하는 공식을 얻는다.

$$i = \frac{i_n - \Psi}{1+\Psi} \tag{2.9}$$

식 (2.9)는 종종 $i_n - \Psi$로 근사된다. 식 (2.9)에 의하면 6%의 명목할인율과 3%의 인플레이션율에 대해 실질할인율은 2.9%로서 명목할인율에서 인플레이션율을 빼서 직접 구한 3%와 큰 차이가 없다. 우리는 단순화를 위해 i와 Ψ가 시간이 흐름에 따라 일정하다고 가정한다.

2. 잉여의 합계 또는 지불의사액의 변동과 자원

우리가 편익과 비용의 흐름을 시장가격에서 불변 값으로 측정하기로 결정했다고 가정하자. 아직 두 대안적 접근법 간에 선택이 남아 있다. 첫째는 상이한 사회 구성원들의 잉여 변동의 합계이다. 둘째는 소득이전을 무시한 채 지불의사액과 자원의 변동을 계산하는 것이다. 두 방법은 적절하게만 사용되면 동일한 결과를 가져온다. 비용-편익 분석에서 가장 흔한 과오 중의 하나가 편익의 이중계산이고 그것을 방지할 수 있는 최선의 교정법 가운데 하나가 일단 위에서 설명된 두 방법 중 하나가 선택되면 체계적이 되어야 한다는 것이다.

다음의 예는 두 접근법의 적용을 설명하고 있다. 두 가지를 섞지 않는 것의 중요성은 강조할 가치가 있다. [그림 2-7]에서 설명되듯이 완전고용이 이루어진 국가에서의 경쟁시장의 경우를 보자. 수요곡선은 각 가격에서 연간 수요량을 나타내고 공급곡선은 각 가격에서 연간 제공되는 수량을 나타낸다. 그림에서 표현되는 시장에 반영되는 것 외에 경제에는 다른 영향이 존재하지 않는다. 프로젝트가 없을 때 거래량은 x^0인데 상첨자 0은 '프로젝트가 없을 때'를 나타내고 가격은 p^0이다. 이 가격에서 제공되는 수량은 수요량과 같게 되어 시장은 균형이 되고 소비자잉여(면적 $\gamma_d bp^0$)와 생산자잉여(면적 $p^0 b\gamma_s$)는 최대 사회적 잉여를 창출한다.

묘사된 환경에서 어떤 종류의 프로젝트가 사회를 나아지게 하나? [그림 2-7]에서 프로젝트가 없을 때 $p^0 = c^0$이다. 가령 만일 정부가 새로운 기술에 공적자금(I)을 지출하면 한계생산비용은 생산량에 관계없이 c^0에서 c^1으로 감소한다고 하자. 만일 정부가 기업들에

[그림 2-7] 프로젝트의 영향

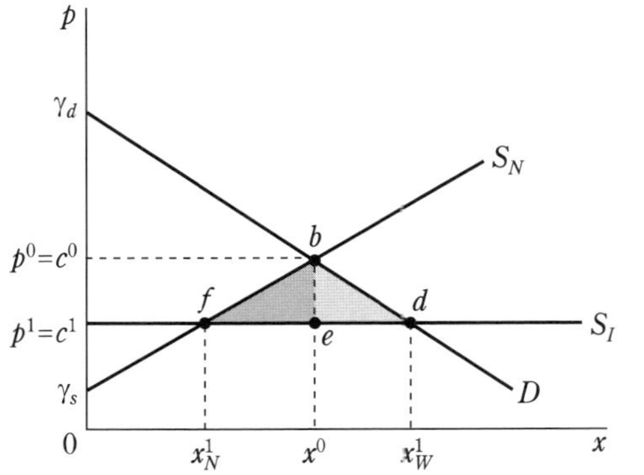

게 0의 비용으로 I를 투자한다면 원래의 공급곡선(S_N)으로 표현되는 비용으로 또는 새로운 공급곡선(S_I)으로 생산이 가능하다. 두 기술은 양립하는 것으로 가정한다. x_N^1 이상일 때에만 새로운 기술로 생산하는 것이 더 저렴하다는 것을 알 수 있다.

프로젝트의 편익이 비용을 능가하는지를 결정하기 위해 연도 1의 초기에 정부의 투자(I)와 프로젝트의 생애(T)동안의 사회적 편익을 비교해야 한다. 이때 B와 C는 연도 말에 발생하는 것으로 가정한다. 만일 조건 (2.10)이 충족된다면 프로젝트는 사회적으로 바람직하다.

$$\sum_{t=1}^{T} \frac{B_t - C_t}{(1+i)^t} > I \tag{2.10}$$

신기술의 도입으로 [그림 2-7]에서 볼 수 있듯이 시장가격이 p^1으로 하락하는데, 이것이 새로운 한계생산비용이고 기회비용 c^1을 지불할 의사가 있는 소비자들이 제품을 파는 누군가를 찾을 수 있음에 따라 연간 수량은 x_W^1으로 증가한다. 재미있는 것은 거래되는 새로운 수량(x_W^1)이 모두 새로운 기술로부터 생산되는 것이 아니고 수량(X_N^1)

을 생산하는 것은 이전 기술이 아직도 더 효율적이라는 것이다.

상이한 주체들의 **잉여의 변동**을 보자. 소비자잉여는 프로젝트가 없는 상황(면적 $\gamma_d bp^0$)에서 프로젝트가 있는 상황(면적 $\gamma_d dp^1$)으로 바뀌어 소비자잉여의 증가는 면적 p^0bdp^1과 같다. 프로젝트가 없을 때 생산자잉여는 면적 $p^0b\gamma_s$이고, 프로젝트가 있을 때는 $p^1f\gamma_s$이어서 p^0bfp^1만큼 감소한다. 소비자잉여와 생산자잉여의 변동을 더하면 면적 bdf에 해당하는 순이득을 얻는다.

소비자잉여의 변동은 다음과 같이 표현될 수 있다.

$$(p^0 - p^1)x^0 + \frac{1}{2}(p^0 - p^1)(x^1_W - x^0) \tag{2.11}$$

식 (2.11)은 소비자잉여의 두 구성요소를 보여준다. 첫 번째 항은 초기의 수량(x_0)에 영향을 미치는 가격 하락에 기인하는 잉여를 나타낸다. 두 번째 항(가격이 하락할 때의 추가적 수요량)은 1/2이 곱해지는데, 그 이유는 첫 번째 단위의 잉여가 초기 가격이고 마지막 단위의 잉여가 0(지불의사액은 가격과 같다)이기 때문이다.

식 (2.11)로부터 우리는 실제 비용-편익분석에서 '반의 법칙'이라고 알려진 식을 얻게 된다.[14)]

$$\frac{1}{2}(p^0 - p^1)(x^0 + x^1_W) \tag{2.12}$$

생산자잉여의 변동은 다음과 같다.

$$p^1x^1_W - p^0x^0 - C^1 + C^0 \tag{2.13}$$

---

14) 반의 법칙은 여타 모든 가격들이 불변이라고 가정하는데, 그렇지 않으면 (공급곡선뿐만 아니라) 수요곡선이 이동할 수 있기 때문이다. 더욱이 그것은 선형 수요곡선을 가정한다.

여기서 C^0는 프로젝트가 없을 때의 비용이고 C^1은 프로젝트가 있을 때의 비용이다.

식 (2.12)와 (2.13)을 더하면 다음과 같이 사회적 잉여의 변동을 얻는다.

$$\frac{1}{2}(p^0 - p^1)(x_W^1 - x_N^1) \tag{2.14}$$

보다 자세하게 이 편익의 원천을 검토하자. 가격 하락은 소비자 잉여를 면적 p^0bdp^1만큼 증가시켰다. 그러나 그 이득 중 일부(p^0bfp^1)는 생산자로부터 소비자로의 이전이므로 사회적 잉여에 영향을 미치지 않는다. 면적 bdf로 표시되는 편익에는 이런 일이 발생하지 않는데, 왜냐하면 그것은 프로젝트가 없으면 존재하지 않기 때문이다. 이 편익은 두 가지 원천을 가지고 있다. 첫째는 생산량의 증가($x_W^1 - x^0$)에 의한 것인데, 이것은 생산자잉여를 증가시키지 않는다. 그 이유는 한계비용에서 가격이 결정되었기 때문이다. 그러나 그것은 소비자들이 $bdx_W^1x^0$를 지불하고자 하는데, 단지 $edx_W^1x^0$만 지불하므로 소비자 잉여(bde)를 증가시킨다.

프로젝트 편익의 둘째 원천은 수량 $x^0 - x_N^1$을 생산하는 데 있어서의 비용절약이다. 즉 이전에는 $fbx^0x_N^1$의 비용으로 생산하였으나 이제는 $fex^0x_N^1$의 비용으로 생산된다. 비용절약은 전적으로 소비자에게 돌아가는데, 그 이유는 우리가 경쟁시장 상태에 있기 때문이다. 프로젝트의 생애동안 소비자와 생산자잉여의 변동에다 우리는 납세자 잉여의 변동($-I$)을 더해야 한다.

이 대신 두 번째 접근법은 이전은 무시한 채 **지불의사액과 자원의 변동**에 초점을 맞추는 것이다. 지불의사액의 증가(면적 $bdx_W^1x^0$)는 시장에서 팔리는 추가적 단위로부터 나오고, 자원의 변동은 새로운 생산의 추가적 비용(면적 $edx_W^1x^0$)과 새로운 기술로 인해 $x^0 - x_N^1$을 생산하는 데 있어서의 비용절약(면적 fbe)과 같다. 연간 총편익은 면적 bdf로 나타내진다. 일단 우리가 프로젝트의 생애동안 할인된 연간 편익을 더한 다음 투자비용(I)을 공제해야 한다.

연간 순사회적 편익이 시간에 걸쳐 일정하고($\overline{B}$로 표기) [그림 2-7]에서 면적 bdf와 같으며 T가 무한대로 간다면 NPV는 다음과 같다.[15)]

$$NPV = \sum_{t=1}^{T} \frac{B_t - C_t}{(1+i)^t} - I = \frac{\overline{B}}{i} - I \tag{2.15}$$

$\overline{B}/i > I$이면 NPV는 양의 값이고 프로젝트는 사회적으로 바람직하다.

[그림 2-7]에 표현된 경우는 공공정책에 대해서도 동일하게 적용될 수 있다. 예를 들어 가령 [그림 2-7]의 시장은 초기에 가격이 p^0이고, (전적으로 국내)생산이 x^0인 균형 상태에 있고 국제교역이 존재하지 않는 경제에 해당된다고 하자. 평가되는 공공정책은 경제를 개방하여 더 낮은 가격(p^1)에서 수입을 허용하는 내용이라고 하자. 수입이 허용되므로 앞에서 논의되었던 신기술에 대한 투자 프로젝트의 경우와 마찬가지로 수요가 증가한다. 두 가지 경우의 유일한 차이는 신기술의 도입 경우보다 지금의 경우가 NPV가 더 크다는 것이다. 외부 교역에 경제를 개방하는 것의 순사회적 편익은 $\overline{B}/i$와 같다. 사실 국제교역의 개방은 0의 투자비용으로 신기술을 도입하는 것과 같다.[16)] 우리는 보다 싼 가격으로 생산할 수 있고 (처음에 $x^0 - x_N^1$을 생산하는 데 사용되었던) 자원을 보다 생산적인 활동에 배분할 수 있다. x_N^1

15) 편익이 영원히 $\overline{B}$로 일정한 경우 할인된 현재가치는 $\overline{B}/i$가 된다(7장 참조).

16) 이 서술은 국제무역이 나름대로의 거래비용을 유발하는 한 자유무역의 편익을 지나치게 단순화한다.

이상인 경우 국내에서 생산하는 것보다 수입하는 것이 더 싸다. 만일 자원의 기회비용이 S_N으로 표현된다면 이 정책은 후생 증가를 가져오는 비용이 들지 않는 신기술의 도입과 같다.

3. 조세의 취급

우리는 조세가 존재할 때 위에서 설명된 두 가지 대안적 접근법을 적용할 수 있다. 이제 납세자잉여는 잉여의 합계에 포함되어야 한다. 지불의사액과 실질 자원의 변동을 통해 우리는 이전을 무시해야 하고, 이 '새로운' 지불의사액이 조세를 통해 부분적으로 납세자들에게 이전된다는 사실과 독립적으로 팔리는 추가적 단위에 상응하는 지불의사액을 포함해야 한다.[17)]

생산에 대한 단위세를 도입함으로써 조세의 출현이 어떻게 '반의 법칙'에 영향을 미치는지를 보자. 시장가격(p_0)은 단위비용(c_0)에 조세(τ)를 더한 것과 같다. 프로젝트로 인한 변동은 단위 생산비용의 감소($c_1 < c_0$)와 뒤 이은 수요량의 변동($x_1 > x_0$)에 기인하는 가격 하락이다.

프로젝트가 없을 때에는 $p_0 = c_0 + \tau$이다. 프로젝트가 존재하면 가격($p_1 = c_1 + \tau$)은 초기 가격(p_0)보다 작은데 그 차이는 단위비용($c_0 - c_1$)과 같다. 사회적 잉여의 변동은 소비자잉여의 변동, 생산자잉여의 변동(이 경우 0임), 그리고 납세자잉여의 변동과 같다.

만일 편익의 계산이 지불의사액과 자원 사용의 변동을 통해 실현된다면 프로젝트가 없을 때 초기 수량의 생산비용이 감소하게 되고 지불의사액에서 새로운 생산에 사용되는 자원비용을 뺀 액수가 증가한다.

반의 법칙을 적용하면 소비자잉여(CS)의 변동은 다음과 같이 표현된다.

---

17) 이것은 동일한 세율이 부과되는 다른 시장으로부터 전환된 돈으로 새로운 수량에 대해 지불되지 않을 때만 타당하다.

$$\Delta CS = \frac{1}{2}(p^0 - p^1)(x^0 + x^1) \tag{2.16}$$

가격은 단위비용에 조세를 합한 것이고, 조세는 변하지 않으므로

$$\Delta CS = \frac{1}{2}(c^0 - c^1)(x^0 + x^1) \tag{2.17}$$

생산자잉여(PS)의 변동은 이윤의 변동(이 경우 0)과 같다.

$$\Delta PS = (p^1 - c^1 - \tau)x^1 - (p^0 - c^0 - \tau)x^0 \tag{2.18}$$

납세자잉여(GS)의 변동은 팔리는 수량의 증가 결과(단위세는 불변)에 따른 조세수입의 증가에 한정된다.

$$\Delta GS = \tau(x^1 - x^0) \tag{2.19}$$

사회적 잉여의 변동은 다음과 같다.

$$\Delta SS = \frac{1}{2}(c^0 - c^1)(x^0 + x^1) + \tau(x^1 - x^0) \tag{2.20}$$

추가적인 수요가 기존의 다른 활동으로부터의 수요의 전환으로부터가 아니라 소득증가로 인한 것이라는 조건이 성립하면 앞의 주장은 맞다. 만일 수요량의 증가($x^1 - x^0$)가 다른 활동으로부터 전환된 것이라면 이들 활동에서 조세수입은 감소할 것이고 세율이 상이하지 않는 한 납세자잉여는 영향받지 않을 것이며 이 경우 단지 차이가 중요하다. 이것은 '조세는 소득이전이기 때문에 무시되어야 한다'는 일반적 규칙을 적용하면 때때로 잘못될 수 있다는 것을 보여준다. 새로운 수량이 다른 활동으로부터 전환된 것이 아닐 때 또는 그렇다 하더라도 이들 활동이 상이한 세율로 과세될 때 간접세는 이윤 또는 소비자잉여와 동일한 점에서 (전부 또는 부분적으로) 편익이다.

제 5 절 이득을 보는 자와 손실을 보는 자

거의 모든 투자 프로젝트와 공공정책들은 사회를 구성하는 상이한 집단의 사람들에게 서로 다르게 영향을 미친다. 어떤 프로젝트도 비용과 편익을 고르게 배분할 것 같지는 않다. 납세자들이 전적으로 그 비용을 부담하면서 편익은 특정 집단에게 집중되는 다수의 프로젝트들이 있다. 예를 들면 거주 지역 내에 공원을 건설하는 것은 이 지역의 토지소유자들, 방문객들, 그리고 지나가는 사람들에게 편익을 준다. 한 지역에 발전소를 건설하는 것과 같은 경우에는 더 큰 집단이 편익을 얻지만 예를 들어 배기가스를 통한 음의 외부효과는 주로 발전소 가까이 사는 사람들에게 돌아간다.

종종 편익은 목표 집단의 경계를 넘어 발생하고, 창출된 외부효과는 그 영향을 보다 더 광범위한 인구에게 분배한다. 이러한 것의 예가 면역운동인데 감염의 가능성을 줄이므로 예방백신을 맞지 않은 사람을 포함한 모든 사람들의 일반적 건강을 증진시키는 경우이다.

프로젝트의 최종적 수혜자를 찾아내는 일은 해볼 만한 과업이다. 관개비용을 감소시키는 수자원 정책은 만일 시장이 경쟁적이라면 이제 낮은 생산비가 드는 생산자들, 또는 농산물의 소비자들에게 이롭게 된다. 그러나 만일 토지가 희소하다면 고정생산요소의 소유주들은 토지가격의 변동으로 인해 수혜자들이 된다.

왜 우리는 비용-편익분석에서 분배적 이슈에 대해 걱정해야 하나? 근본적 이유는 이렇다. 만일 사회가 B보다 A의 효용에 더 큰 가치를 부여하고 프로젝트로 인해 개인들의 효용은 동일하게 증가하면서 A는 100을 얻고, B는 100을 잃도록 순편익이 배분된다면 정부는 이 프로젝트가 제로섬게임이 아니라고 여긴다. 더군다나 심지어 A에게 효용 한 단위는 B와 사회적으로 동일하다고 가정하더라도 만일 소득의 한계효용이 A와 B가 같지 않다면 소득 한 단위는 동일한 효용 증가를 가져오지 않는다.

1. 소득변화의 후생으로의 전환

재무분석이 아니라 비용-편익분석을 수행할 때 수행자는 승자와 패자의 효용 변동을 모두 더한 사회전체의 순편익을 얻고자 한다. 만일 이러한 효용 변동을 측정하고 비교하는 것이 가능하다면 그 결과는 프로젝트의 수행으로부터 발생하는 사회후생 변동의 좋은 척도일 것이다.

11장에서 수행되는 분석에 따르면 사회를 구성하고 있는 m명의 개인들에 의해 소비되는 n종의 재화의 수량 변동에 따른 사회후생의 변동(ΔW)은 다음과 같이 표현될 수 있다.

$$\Delta W = \sum_{j=1}^{n} \sum_{i=1}^{m} \frac{\Delta W}{\Delta U_i} \frac{\Delta U_i}{\Delta x_{ij}} \Delta x_{ij} \tag{2.21}$$

식 (2.21)의 오른쪽에서 왼쪽으로 이동하면 개인 i가 소비하는 재화 j의 증가가 궁극적으로 사회후생에 영향을 미치는 과정을 볼 수 있다. 첫째, 프로젝트로 인해 개인 i의 재화 j 소비가 Δx_{ij}만큼 증가한다. 소비 증가는 $\Delta U_i / \Delta x_{ij}$의 값에 따라 크든 적든 그 개인의 효용($U$)을 증가시킨다. $\Delta U_i / \Delta x_{ij}$은 그 개인에게 있어서 해당 재화의 한계효용인데, 그 값은 프로젝트에 의해 유발된 재화에 대한 개인의 선호와 현재 그 개인이 가지고 있는 부존량에 의존한다. 재화 j의 변화량에 그 재화의 한계효용을 곱해 주면($\Delta x_{ij}(\Delta U_i / \Delta x_{ij})$), 우리는 프로젝트의 물리적 단위를 효용 단위로 전환시킨 것을 볼 수 있다. 그리고 나서 우리는 사회적 한계효용($\Delta W / \Delta U_i$), 즉 개인 효용 1단위의 사회적 가치를 곱하여 사회후생의 변동에 도달한다.

개인효용이 관찰될 수 없다는 것을 고려하면서 식 (2.21)에서 사회적 편익의 측정을 가능하도록 하기 위해 우리는 $\Delta U_i / \Delta x_{ij}$를 $(\Delta U_i / \Delta M)p_j$로 대체하는데, 왜냐하면 우리는 개인 I가 그의 효용을 극대화하기 위해서는 $\Delta U_i / \Delta x_{ij} = (\Delta U_i / \Delta M)p_j$이 성립해야 하는 것을 알기 때문이다.[18] 여기서 $\Delta U_i / \Delta M_i$는 개인의 소득의 한계효용이다. 따라서 식 (2.21)은 다음과 같다.

$$\Delta W = \sum_{j=1}^{n}\sum_{i=1}^{m}\frac{\Delta W}{\Delta U_i}\frac{\Delta U_i}{\Delta M_i}p_j\Delta x_{ij} \tag{2.22}$$

조건 (2.22)는 프로젝트의 결과로 개인이 소비하는 재화의 변동이 후생변동을 어떻게 일으키는지를 보여준다. 오른쪽에서 왼쪽으로 해석을 하면 재화의 소량 증가가 지불의사액(소규모 변동에서는 가격)을 곱하여 화폐단위로 전환된다.[19] 개인이 소비하는 재화량의 변동을 추정하는 것으로는 충분하지 않고 우리는 또한 소득이 변할 때 효용의 변동($\Delta U_i / \Delta M_i$)과 개인이 경험한 개선을 사회는 얼마나 가치를 매기는지($\Delta W / \Delta U_i$)를 알 필요가 있다.

$(\Delta W / \Delta U_i)(\Delta U_i / \Delta M)$이 개인 i의 소득의 사회적 한계효용(우리는 이것을 β_i로 부르기로 함)이라는 것을 고려하면 식 (2.23)은 개인들이 받는 (양 또는 음의) 편익의 가중합계이다.

$$\Delta W = \sum_{j=1}^{n}\sum_{i=1}^{m}\beta_i p_j \Delta x_{ij} \tag{2.23}$$

소득의 차이를 감안하기 위한 가중치의 도입으로 (가중치가 1이 아니라는 전제하에) 프로젝트의 순사회적 편익은 바뀐다. 가중치가 소득수준 또는 다른 기준에 의존하도록 함으로써 우리는 상이한 β값

18) 우리는 내부해(interior solution)가 존재하는 것으로 가정한다.

19) 변동이 가격에 영향을 미치는 경우 $p_j\Delta x_{ij}$는 '반의 법칙'으로 계산된다.

을 얻을 수 있는데, β_i가 크면 클수록 사회가 개인 i의 편익과 비용에 부여하는 가중치는 더욱 커진다.

이 접근법이 갖는 문제점은 우리는 β_i의 값을 모르고 프로젝트의 경제적 평가는 우리가 선택하는 값에 의존한다는 것이다. 가중치의 도입으로 프로젝트의 결과가 달라지는데, 왜냐하면 영향받는 개인의 편익과 비용은 추정하기 매우 어려운 모수의 값에 따라 변하기 때문이다. 질문은 '식 (2.23)에 따라 가중치를 도입함으로써 효율성 결과가 바뀔 때 의사결정자가 얻는 것은 무엇인가?'하는 것이다.

2. 실용적 접근법

의사결정자에게는 소득수준, 지역 및 여타 흥미로운 특징으로 분류해서 제시되는 가중되지 않은 NPV가 사회적 가중치를 적용하여 얻은 하나의 수치보다 더 유익할 수 있다.

더욱이 효율성 측면에서 사회적으로 가치가 없는 프로젝트도 만일 특정 개인들에 대한 가중치가 충분히 높다면 채택될 수 있는데, 그것은 소득의 직접적 이전과 비교하기 전에는 사리에 맞지 않는다. 만일 재분배가 목적이라면 가장 효율적인 분배 방법을 선택하는 것이 이익이 된다.

NPV 계산에 내재하는, 잠재적 보상기준을 사용한다는 것은 소득의 사회적 한계효용의 값이 1이고 따라서 프로젝트가 사회적으로 바람직한지 여부를 결정하기 위해 우리는 단지 편익과 비용을 비교하기만 하면 된다는 것을 의미한다. 비록 프로젝트의 분배적 영향을 생략하면 평가가 단순화하지만 잘못된 결과를 얻을 위험에 처하게 된다.

그러나 분배적 영향이 항상 분석에 포함시킬 만큼 충분히 중요한 것은 아니다. 더욱이 다수의 프로젝트들이 프로젝트의 바람직하지 않은 재분배 효과를 개선시키기는 하지만 불완전한 보상 구조(예를 들어,

합법적 몰수)를 포함하고 있다.

다수의 공공정책(건강, 초등교육)과 투자 프로젝트(전기, 통신)들은 최종효과가 고려되면 아마도 다수 인구에게 이익을 줄 것이다. 경쟁시장에서 전화서비스의 비용을 하락시키는 공공투자는 궁극적으로 최종 이용자들에게 이익을 줄 것이고, 이것은 실제로 선진국 경제에서 전 인구가 될 수도 있다. 이러한 성격의 정책을 평가하는 데 있어서 재분배 효과는 무시할 만하다.

재분배 효과는 의미심장할 수 있지만 승자와 패자를 식별하고, 얼마나 얻고 얼마나 잃었는지를 식별하는 비용이 선험적으로 고려할 때 매우 커서 분배적 효과에 대한 정보로부터 발생하는 이득이 그러한 정보를 얻는 데 드는 비용을 능가하지 못할 수 있다. 영향을 받는 사람들이 많고 이질적인 경우에는 특히 그렇다.

비용-편익분석을 실행할 때 형평성 가중치는 거의 포함되지 않고, 평가를 하거나 또는 평가를 의뢰하는 공공기관이 프로젝트로 인해 영향을 받는 집단이나 지역으로 프로젝트의 효과를 분해하는 것과 프로젝트의 결과로 만들어지는 일자리 수에 대한 추정치를 얻는 데 관심이 있다는 것이 더 보편적 현상이다. 그러나 만일 프로젝트 편익의 계산에서 노동이 이미 그것의 기회비용으로 가격이 매겨졌다면 이중계산의 위험을 기억하라(4장 참조).

요점정리

- 사회에 대한 단순화된 모형을 설정하고 측정하기 전에 프로젝트의 주요 영향에 대한 명확한 생각을 갖는 것은 가치가 있다. 문제의 특징에 대해 생각하고 단순화된 구조 내에서 그것의 평가가 합리적으로 이루어질 수 있는지 여부를 진단하는 데 시간을 투입하는 것은 편익의 식별과 측정을 위한 필수요건이다.
- 수입은 사회적 편익과 동의어가 아니다. 몇몇 조건하에서 프로젝트에 대한 지불의사액은 사회적 편익이고 수입은 이 편익의 일부이다. 나머지는 소비자잉여라 불리고 수입과 같은 속성의 편익이다. 무료인 시설은 수입을 창출하지는 않지만 사회적 편익은 사회적 대리인의 손 안에 있다.
- 측정을 하기 위해 이용 가능한 두 가지 주요 접근법이 존재한다. 경제주체의 잉여변동의 합계와 이전을 무시한 채 지불의사액과 실질 자원 변동의 합계가 그것이다. 둘 다 동일한 결과를 얻지만 그들은 항상 별개로 다루어져야 한다. 조세에 대해 조심하라. 항상은 아니지만 일반적으로 조세는 소득이전으로 취급될 수 있다.
- 비용-편익분석은 실질적 가치를 다룬다. 실질적인 사물의 변동—생명을 구하고 수질 개선, 동일한 양의 식품을 생산하는 데 소요되는 자원의 감소 등—이 진정으로 중요한 것이다. 실질적 가치를 측정하는 단위는 중요하지 않아서 유일한 경고는 일관적이어야 한다는 것이다. 프로젝트의 순현재가치는 인플레이션이 포함되는지 여부에 따라 변하지 않을 것이다.
- 가능하다면 승자와 패자를 식별하라. 누가 이득을 보고 누가 피해

를 보는지에 대한 명단을 수반한 프로젝트의 순현재가치는 의사결정자에게 도움이 될 수 있다. 적어도 NPV 합계는 영향을 받는 편이 어느 쪽이든 간에 편익 한 단위와 비용 한 단위에 동일한 가치를 부여하는 효율성 척도라는 것을 잊지 말라.

CHAPTER 3

간접효과의 경제적 평가

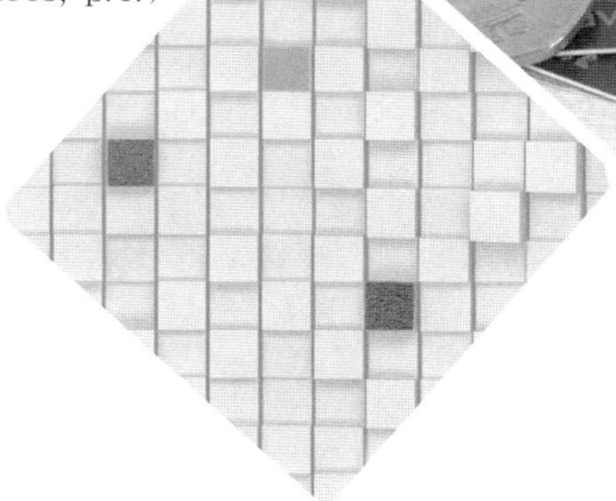

… 어떤 프로젝트도 다른 산업에서 생산되는 재화의 수요와 공급에 인지할 만한 영향을 미칠 수 있는데, 이 유형의 주요 효과들은 프로젝트에서 사용되는 자재를 공급하는 산업 내에서와 프로젝트의 산출물과 보완적이거나 경쟁적인 재화를 공급하는 산업 내에서 발생할 것이다. 만일 프로젝트의 결과로 한계적으로 사회적 편익과 사회적 비용이 일치하는 산업의 생산량에서 변동이 일어난다면 조정을 할 필요가 없다.

(Arnold C. Harberger, 1965, p.47)

제1절 서　　론

투자 프로젝트와 공공정책이 제 1 차 시장의 눈에 보이는 효과를 넘어서는 경제에 의미심장한 영향을 미친다고 주장하는 많은 사람들에 따르면 제 1 차 시장의 변동을 통해 프로젝트의 사회적 NPV를 계산하는 것은 부적절하다. 프로젝트는 생산비용의 감소나 환경질의 개선을 수반할 수 있다. 이러한 직접적 효과 외에 프로젝트로 인해 앞 장에서 설명된 직접효과보다 더 광범위한 다른 효과, 예를 들어 다른 시장에서의 경제활동 활성화, 노동생산성의 증대, 기업입지의 변동 등이 가능한 것으로 주장된다. 이런 여타 효과를 간접효과라 부르고 보다 광범위한 경제적 편익이다.

비용-편익분석은 투자 프로젝트의 모든 적절한 경제적 편익을 포함하나 아니면 경제에 대한 몇몇 중요한 간접효과를 무시하나? 간접효과는 프로젝트에 의해 제 1 차 시장을 넘어 초래되는 효과이다. 에너지 가격을 낮추는 풍력발전단지를 건설할 때 직접효과는 전력시장에서 나타나지만 이것은 또한 풍차를 건설하거나 풍력산업단지에 투입물을 공급하는 기업들에게 영향을 미친다.

제 1 차 시장의 제품인 전기공급이 풍차에 의해 생산된 전력과 보완적이거나 대체적인 제품을 생산하는 다른 시장과 연관되기 때문에 다른 간접효과들이 존재한다. 예를 들어 화력발전소에서 생산하는 전기는 풍차로부터 생산되는 전기와는 대체재이고, 가전기구는 보완재이다(예를 들어, 만일 전기 가격이 하락하면 전기난로에 대한 수요는 증가한다).

제 1 차 시장과 다른 시장 간 또 다른 관계가 존재하는데, 이것은 앞에 설명된 것과 혼동되기 쉽지만 3절에서 볼 수 있듯이 그 성격이 완전히 다른 것이다. 전기나 수송과 같이 프로젝트로 인해 영향을 받는 제 1 차 시장의 제품이 다른 재화의 생산에 투입물로 사용될 때 관계가 성립된다. 전기가 투입물로 사용되는 재화의 경우 그 명단은 (이 책의 전체 생산과정을 포함하여) 끝이 없다.

따라서 우리는 제 1 차 시장을 넘어서는 프로젝트의 효과를 측정하기 위한 광범위한 후보시장 집합을 갖는다. 일반적으로 그 효과가 발생하는 시장에서 사회적 한계편익과 사회적 한계비용이 같다는 전제하에 간접효과는 무시될 수 있는데, 이것은 분석자의 일을 상당히 단순화시켜 준다.

따라서 외부효과나 조세와 같은 시장왜곡이 존재하지 않는 경쟁시장에서 간접효과는 0이다. 시장왜곡이 존재하는 경우 간접효과는 포함되어야 하지만 이 간접효과가 반드시 사회적 편익을 증가시키는 것은 아니라는 것을 명심해야 한다. 다수의 프로젝트들이 소득이 일정하게 유지될 만큼 소규모이므로 만일 2차 시장에서의 수요가 증가한다면 어떤 다른 시장에서는 감소할 것임에 틀림없다. 그래서 상이한 시장에서 가격과 한계비용 간의 불일치 크기는 기본적으로 거의 철학적 문제이다. 어떠한 경우에도 분석자가 계산 가능한 일반균형 모형을 이용하지 않는 한 이 효과를 추적하는 것은 매우 어렵다.

우리는 간접효과의 분석을 두 부분으로 다룬다. 첫째는 2절에서 다루어지는데, 진짜로 간접적이라고 불릴 수 있는 효과를 포함한다. 둘째는 1차 시장의 제품이 다른 시장에서 투입물로 사용될 때인데, 3절에서 분석된다. 일반적으로 우리는 마치 나머지 간접효과들이 걸러져 빠져 나가듯이 주요 간접효과에 집중해서 진행하는 몇몇 시장을 식별하는 것이 가능하다고 가정한다.

일반적으로 비용-편익분석에서 편익을 식별하는 도전은 이중계산되는 효과로부터 진짜 간접효과를 분리시키는 것이다. 이 목적을 위해서 직접이 아닌 경제적 효과 내에서 간접효과와 4절에서 다룰 보다 광범위한 경제적 편익을 구별하고, 둘 다 모두 프로젝트의 사회적 편익을 증가 또는 감소시킬 수 있다는 것을 강조하는 것이 유익하다. 마지막으로 5절에서는 사회기반시설 투자 프로젝트에 의해 유발되는 소위 입지효과와 지역발전을 다룬다.

제 2 절 간접효과

레크리에이션을 위해 사용되는 자연지역에 대한 투자는 프로젝트에 의해 영향받는 지역 인근의 마을에 호텔과 음식점에 대한 수요를 증가시킨다. 이 효과는 프로젝트의 많은 간접효과 중 하나이다. 새로운 레크리에이션 지역을 이용하는 개인들의 지불의사액을 측정한 제 1 차 시장에서는 발생하지 않는다. 이 효과는 제 2 차 시장에서 발생하고 문제는 이 효과들이 프로젝트의 NPV 계산에 포함되어야 하는지 여부이다. 그 대답은 가격과 한계비용을 상이하게 만드는 시장에서의 왜곡의 존재에 달려 있다.

프로젝트의 경제적 수익성을 계산하는 데 포함될 간접효과는 가격이 변하지 않는다고 가정하면 다음 식에 반영된다.

$$\sum_{t=1}^{T}\sum_{j=1}^{n}\frac{(p_{jt}-c_{jt})(x_{jt}^{1}-x_{jt}^{0})}{(1+i)^{t}} \tag{3.1}$$

여기서 분자의 괄호 안의 첫 번째 항은 주어진 시점 t에서 각 2차 시장 j에서의 가격과 한계비용 간 차이이고, 두 번째 항은 프로젝트로 인해 1차 시장에서 발생한 변동의 결과 2차 시장에서의 생산량의 증가 또는 감소이다. 둘의 합계는 이 효과들이 할인율 i로 할인된 프로젝트의 T년에 걸친 n개 2차 시장에서 고려된다는 것을 나타낸다. 2차 시장이 하나이고 현재에만 효과가 발생한다고 가정하면 식 (3.1)은 다음과 같이 단순하게 된다.

$$(p-c)\Delta x \tag{3.2}$$

간접효과는 종종 단지 이전에 존재하던 경제활동의 재배치라는 것을 강조하는 것이 중요하다. 따라서 어느 시내에서 호텔 객실의 점유 증가($\Delta x > 0$)는 다른 도시에서 발생하는 호텔 점유 감소($\Delta x < 0$) 또는 프로젝트가 없을 때 방문객들이 지불한 여타 활동과 정확히 같은 방식으로 설명되어야 한다(곧 어떻게 하는지 보게 됨).

사회적 한계편익이 사회적 한계비용과 같을 때($p=c$), 프로젝트로 인한 수요변동 결과, 2차 시장에서의 생산증가 또는 감소는 사회적 잉여를 변동시키지 않는다. 경쟁시장에서 가격변동이 없으면 간접효과는 포함되어서는 안 되는데, 그 이유는 가격이 한계생산비용과 같기 때문이다. 이들 조건에서 1차 시장과 보완 또는 대체관계로 유발된 수량의 증가 또는 감소는 사회적 잉여를 변동시키지 않는데, 그 이유는 생산증가에 대한 지불의사액은 그것의 기회비용과 같기 때문이다.

2차 시장에서 왜곡이 존재하고 이 시장의 제품이 1차 시장의 제품과 대체 또는 보완관계가 있을 때 간접효과는 프로젝트의 편익을 증가시키거나 감소시킬 수 있다. 프로젝트의 NPV에 대한 이 효과의 궁극적 부호는 2차 시장에서의 가격이 사회적 한계비용보다 높은지 또는 낮은지와 재화가 보완재 또는 대체재라는 사실과의 결합에 달려 있다.

이 절에 나와 있는 그림에서는 단순화를 위해 2차 시장에서 수요가 오른쪽으로 이동(식 (3.2)에서 $\Delta x > 0$)한다는 가정에 기초하고 있다. 1차 시장에서 무슨 일이 발생하는지(가격의 상승 또는 하락, 수량의 변동 등)와 2차 시장과의 보완재 또는 대체재 관계에 따라 수요는 오른쪽 또는 왼쪽으로 이동할 수 있다. 1차 시장에서 가격과 한계비용이 같다고 가정하고 2차 시장에서 가격이 한계비용과 같은지 여부에 따라 몇 가지 경우를 볼 수 있다.[1)]

1. 경쟁시장에서의 간접효과

가령 전기요금이 하락하면 전기에 대한 수요(1차 시장)가 증가하고 전기난로에 대한 수요(2차 시장)가 이동한다고 하자. 전기요금 하락의 간접적 효과는 [그림 3-1]에 나타나 있다.

전기요금의 하락은 2차 시장에서 전기난로에 대한 수요를 증가시키고 수요는 [그림 3-1]에서 D^0에서 D^1으로 변하는데, 1차 시장에서 전기에 대한 지불의사액이 그것 사용의 효용을 포함하고 있고 [그림 3-1]에서와 같이 공급이 완전탄력적이라고 가정하고 있으므로 전기난로의 가격은 변하지 않는다. 혹은 양의 기울기를 갖는 공급곡선의 경우 전기난로에 대한 시장에서 수요의 변동은 한계적이기 때문에 가격은 일정하게 남아 있다.

생산자잉여에는 무슨 일이 발생하는지 보자. 전기난로 시장에서 전기요금의 감소로 유발된 수요의 증가는 2차 시장에서 재화의 가격

[그림 3-1] 간접효과(가격변동과 왜곡이 없을 때)

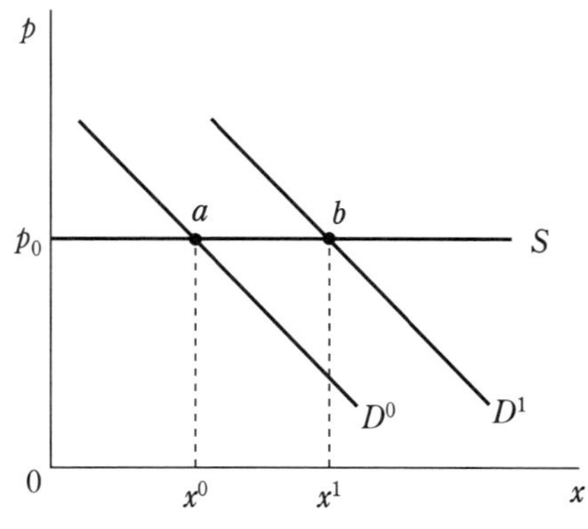

1) 만일 1차 시장에서 가격이 사회적 한계비용과 동일하지 않다면 가능한 경우의 수는 증가한다.

을 변동시키지 않아서([그림 3-1]에서와 같이 공급이 완전탄력적임) 추가적 수입은 추가적 비용(면적 abx^1x^0)과 같다. 따라서 이 시장에서 생산자잉여는 변하지 않는다.

[그림 3-1]에 묘사된 경우는 프로젝트에 의해 직접적으로 영향받는 재화의 보완재의 경우이다. 대체재의 경우에도 분석은 유사한데, 수요변동의 방향이 바뀌어서 이제는 왼쪽으로 이동하지만 동일한 결과를 가져온다. 즉 2차 시장에서 사회적 잉여가 변하지 않아 간접효과가 후생에 영향을 미치지 않으므로 우리는 역시 간접효과를 무시할 수 있다.

2. 음의 외부효과와 보조금

2차 시장에서 가격이 사회적 한계비용보다 낮을 때 [그림 3-2]에서 보는 것처럼 음의 외부효과나 (양의 외부효과를 내부화하지 않는) 보조금의 경우가 된다.

(대기오염, 소음 등과 같은) 음의 외부효과의 경우를 보자. 처음에는 산출물 단위당 φ에 해당하는 일정한 음의 외부효과가 존재하는 2차

[그림 3-2] 외부효과 또는 보조금이 존재할 때의 2차 시장

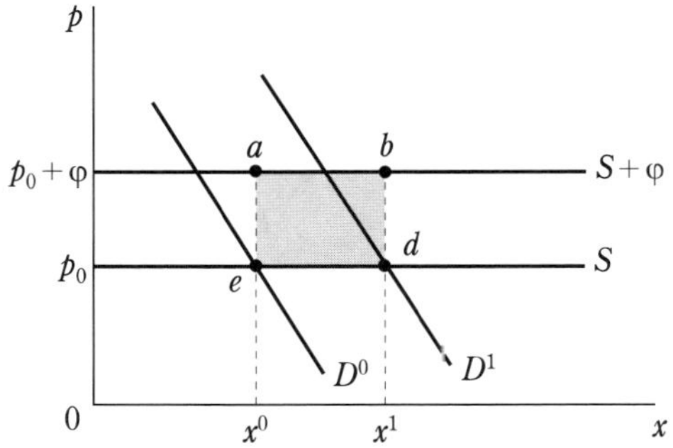

시장에서 균형점은 e 이다. 수요증가가 가격에 영향을 미치지는 않지만 이제 사회적 비용은 사적 비용보다 높다. 초기 균형에서 사회적 한계비용은 사용자가 지불하는 비용보다 φ 만큼 능가한다. D^0 에서 D^1 으로 수요의 증가로 소비자 또는 생산자잉여(수입 edx^1x^0 는 사적 비용과 같다)는 변하지 않지만 면적 $abde$ 로 표현되는 사회적 비용의 추가적 증가가 존재하여 '나머지 사회'의 잉여를 감소시키므로 이것은 포함되어야 한다.

[그림 3-2]에서 φ 를 보조금으로 해석하면 분석은 이전의 것과 유사하다. 사회적 한계비용은 $p_0 + \varphi$ 이지만 기업은 마치 비용이 p_0 인 것처럼 생각하고 생산한다. 2차 시장에서 수요가 오른쪽으로 이동하면 소비자 및 생산자잉여에는 변화가 없고 도리어 납세자잉여가 면적 $abde$ 만큼 줄어든다.[2)]

경제 내에 또 다른 왜곡이 존재하지 않는다면 (또는 여타 왜곡된 시장들이 고려되고 있는 프로젝트에 의해 영향을 받지 않는다면) 이 분석은 타당하다. 즉 모든 다른 영향을 받는 시장들이 [그림 3-1]에서와 같은 유형이라면 이 분석은 타당하다.

3. 조세와 실업

이전의 경우에 2차 시장에서의 생산증가는 프로젝트의 사회적 편익을 감소시킨다. 수입을 가져오는 조세와 비자발적 실업의 경우 식 (3.2)에서 가격은 한계비용보다 높고 2차 시장에서 생산증가의 간접효과는 프로젝트의 NPV 에 양의 효과를 갖는다.

[그림 3-3]에 나타나듯이 2차 시장에서 시장가격에 포함된 단위세의 경우를 보자. 이제 한계비용은 p_0 가 아니라 $p_0 - \tau$ 이고 따라서

2) 단순화를 위해 우리는 $abde$ 금액만큼 보조금을 주기 위해 소요되는 조세에 의해 유발되는 자중손실은 무시한다(4장 8절 참조).

[그림 3-3] 조세가 존재할 때의 2차 시장

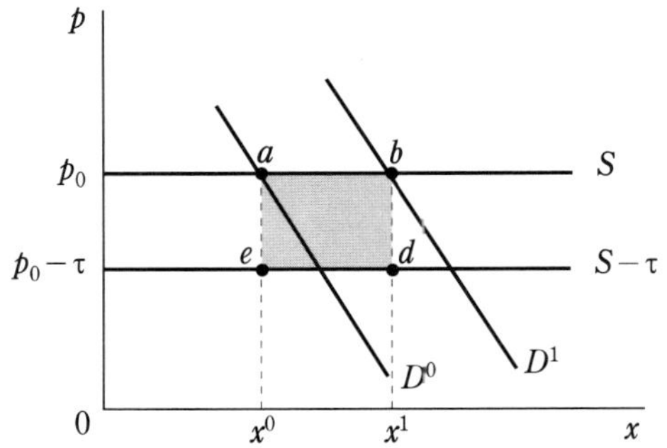

1차 시장에서 전기 가격의 하락에 의해 유발된 2차 시장에서의 전기난로에 대한 수요의 증가는 조세수입 $abde$와 동일한 사회적 잉여의 증가를 가져온다.

수요의 변동으로 가격은 변하지 않지만 사회적 비용은 이제 사적 비용보다 낮다. 처음에 사회적 한계비용은 $p_0-\tau$이다. 수요가 D^0에서 D^1으로 증가할 때 소비자 또는 생산자(수입 abx^1x^0은 사적 비용과 같다)의 효용은 변하지 않지만 면적 $abde$에 해당하는 납세자잉여의 증가가 존재한다. 이 경우 조세는 프로젝트의 사회적 편익의 증가로 간주되어야 한다. 이 경우 조세는 (또 다른 2차 시장에서 조세수입의 유사한 감소가 발생하지 않는다면) 이중계산을 피하기 위하여 무시되어야 하는 소득의 이전이 아니다.

실업이 존재하여 노동의 기회비용이 시장임금보다 낮은 경우 $p_0-\tau$는 실업과 최저임금 규제가 존재하는 상황에서 전기난로를 생산하는 사회적 기회비용으로, 그리고 p_0는 그것의 시장가격으로 해석될 수 있다. 면적 $abde$는 사회적 편익(근로자잉여의 증가)으로 포함되어야 하는데, 그 이유는 2차 시장에서 수요의 증가가 있을 때 생산을 증가시키기 위해 사용되는 자원의 실질비용은 edx^1x^0(생산의 기회비용)와 같기 때문이다. 면적 *abde*는 일자리 창출의 편익을 측정하는 것이다(보다 상세한 취급은 4장 7절 참조).

제 3 절 파생수요로 측정된 직접효과

다수의 기업들이 사용하는 투입물의 비용을 감소시키는 프로젝트의 편익을 측정하는 지름길은 상이한 경제주체들의 잉여를 기업별로 계산하는 대신 투입물 시장에서 편익을 계산하는 것이다. 수송비를 감소시키는 새로운 사회기반시설을 건설할 때 그 효과는 이윤이 증가하는 기업이나 또는 더 낮게 보편화된 가격으로 여행을 하든지, 더 싼 가격으로 재화를 소비하는 소비자들이 누리는 것이다.

수송수요는 최종재와 서비스에 대한 시장에서의 필요로부터 파생된다. 이것을 **파생수요**라 부르고 수송비용의 감소가 사회적 잉여에 미치는 직접효과를 측정하는 데 매우 유익하다. 수송비용을 감소시키는 투자 프로젝트의 평가에서 재미있는 결과는 우리는 (그들이 경쟁적인 한) 다른 시장에서의 변동을 걱정할 필요 없이 수송비용의 감소가 발생한 시장에 주의를 집중할 수 있다는 것이다.

수송에 대한 수요의 측정에 노력을 집중함으로써 우리는 다수의 기업들과 소비자들의 잉여 변동의 식별과 측정을 피할 수 있다. 이것은 수송비용을 감소시키는 프로젝트로부터 수송서비스를 이용하는 다른 시장의 기업들이 이익을 받지 않는다거나 낮은 가격으로 인해 소비자들이 이익을 받지 않는다는 것을 의미하는 것이 아니다. 이것은 단지 동일한 효과를 두 번 계산하는 것을 피하는 것인데, 왜냐하면 그러한 비용감소의 편익은 수송에 대한 1차 시장에서 측정되었기 때문이다.

[그림 3-4]의 윗 그림은 재화의 공급에 대한 수송비용 감소의 효

[그림 3-4] 파생수요에 의한 편익의 측정

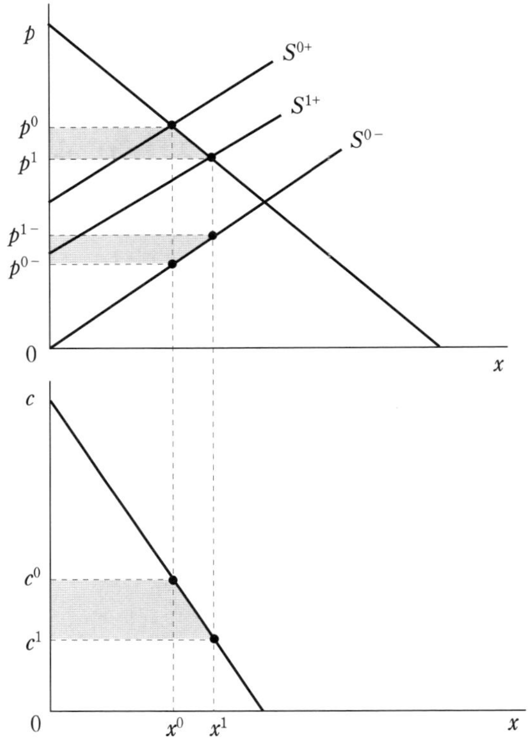

과와 생산자잉여와 소비자잉여에 대한 그것의 효과를 보여주고 있다. S^{0+}와 S^{0-}는 프로젝트가 없을 때의 공급곡선인데, 각각 수송비용이 포함되었을 때와 포함되지 않았을 때를 나타낸다. 프로젝트가 없을 때의 상황은 경쟁시장에서의 균형을 보여주는데, 우리는 생산자들은 공간상 동일한 위치에 입지하고 있지만 소비자들은 생산자로부터 상이한 거리에 위치하고 있다고 가정한다. 이때에는 공급곡선 S^{0+}에 의해 생산물이 제공된다. 프로젝트가 없을 때 공급(S^{0+})과 수용에 의해 가격 p^0와 생산량 x^0에서 균형이 된다.

소비자들이 지불하는 시장가격 p^0를 전부 생산자들이 수령하지는 않는데, 왜냐하면 수송비용(수송시장에서 가격은 한계비용과 같다고 가정)은 생산자들이 받는 가격(p^{0-})을 감소시키기 때문이다. 생산되는 모든 단위들은 최종소비자들에게 수송되고 따라서 프로젝트가 없을 때 수송비용 c^0(p^0-p^{0-}와 같다)에서 생산량은 실제로 수송되는 양과 같다.

지금까지 이 그림은 별 도움이 안 되었다. 그러나 우리가 프로젝트로 인해 수송비용이 감소한다고 가정하게 되면 [그림 3-4]는 얼마나 수송에 대한 파생수요가 후생변동을 측정하는 데 유용한지를 보여준다. 프로젝트가 있을 때 수송비용은 감소하고 위에 있는 그림에서 공급곡선은 오른쪽으로 이동하여 새로운 공급곡선 S^{1+}와 수요곡선에 의해 새로운 균형이 결정되는바, 프로젝트하에서의 새로운 가격 p^1과 생산량 x^1이 균형이다. 아래 그림에서 x^0는 x^1으로 증가한다.

위의 그림에서 사회적잉여의 변동은 소비자잉여와 생산자잉여의 변동으로 구성된다. 반의 법칙(2장 참조)을 적용하면 소비자잉여의 변동은 다음과 같다.

$$\frac{1}{2}(p^0-p^1)(x^0+x^1) \tag{3.3}$$

그리고 생산자잉여의 변동은 다음과 같다.

$$\frac{1}{2}(p^{1-}-p^{0-})(x^0+x^1) \tag{3.4}$$

이것들은 (완전경쟁 가정하에서) 수송비용 감소의 효과이다. 최종재에 대한 시장에서 그러한 잉여를 측정하는 데 있어서의 어려움은 쉽게 상상할 수 있다. 그러나 [그림 3-4]의 아래 그림에서 표현되듯이 수송에 대한 수요는 수송비용과 수송이 실현되었을 때 반의 법칙을 적용함으로써 사회적 잉여의 변동을 측정하는 지름길을 보여준다.

$$\frac{1}{2}(c^0 - c^1)(x^0 + x^1) \tag{3.5}$$

식 (3.5)는 (3.3)과 (3.4)의 합과 같다. 식 (3.5)에 따라 수송 투입물에 대한 시장에서 사회적 잉여의 변동을 측정할 때 우리는 수송을 투입물로 사용하는 경쟁시장에서의 재화들에 대해 수송비용 감소의 시장에 대한 효과를 편익으로 더할 수 없다. 만일 우리가 더한다면 우리는 편익을 이중계산하게 된다.

제 4 절 보다 광범위한 경제적 효과

우리는 간접효과와 보다 광범위한 경제적 편익을 구별하였다. 간접효과는 보완성 또는 대체성의 관계로 1차 시장과 연결되는 2차 시장에서 발생하는 효과로서 3장 2절에서 이미 분석하였듯이 이 시장에 왜곡이 존재하고 교차탄력성이 0이 아니면 이 효과는 언제나 포함되어야 한다고 결론 내렸다. 간접효과의 최종 부호가 양인지 또는 음인지는 영향받는 시장의 여건에 달려 있어서 이를 선험적으로 결론내리기가 불가능하다는 것도 강조되었다.

시장의 왜곡은 소위 **보다 광범위한 경제적 편익**이라는 또 다른 효과를 창출하는데, 원칙적으로 이것은 프로젝트의 사회적 수익성의 계산에 포함되어야 한다. 그 이유는 그것은 이중계산이 아니고 어떤 상황에서는 중요할 수 있기 때문이다. 총망라한다는 의도는 없고 우리는 수송을 투입물로 사용하는 시장에서의 집적경제, 불완전경쟁 그리고 프로젝트의 수행 결과 경쟁 증가의 효과 등 중 몇 가지를 논의하기로 한다.

1. 집적경제

집적경제는 사실상 어떤 기업들이 다른 기업들에 가깝게 입지할 때 그 기업들이 유발하는 양의 외부효과이다. 만일 지역 내 기업 밀도의 증가로 생산성이 증가한다면 생산성은 각 기업의 입지 결정에 달려 있다. 한 기업이 공장을 건설할 장소를 결정할 때 자신의 편익만 고려하고 다른 기업들의 이윤의 증가는 고려하지 않는다.

수송 프로젝트에 따른 시간절약의 편익은 기업들에 의해 가치가 매겨지는데, 이로 인해 입지가 달라지고 도시 또는 산업단지 내의 기업밀도가 증가(파생수요함수에 의해 측정됨)하지만 모든 기업들이 누리는 생산성의 증가보다는 낮을 것이다. 같은 논리에 따라 처음에 기업들이 입지한 지역 내에서 기업밀도가 감소하면 생산성이 감소하고 따라서 이것은 고려되어야 하는 음의 효과이다.

기업밀도가 높은 지역에 있는 기업들이 더 생산적이고, 다른 결함들 중 더 높은 노동 및 토지비용에도 불구하고 이들 입지를 선택하는 몇 가지 이유가 존재한다. 이 이유에는 더 넓은 시장에 대한 접근성, 기업의 필요에 부응하는 보다 전문화된 노동시장의 이용 가능성, 지역 내 기업의 기술과 생산과정의 접근 가능성 등이 포함된다.

유효밀도를 (일반화된 수송비용으로 가중치가 부여된) 지역 및 주변지역 내 고용과 같은 집적 정도의 척도로 이해할 때 더 높은 유효밀도가 생산성에 양의 효과를 미친다는 실증적 증거가 존재하여 유효밀도의 증가는 지역의 평균생산성을 증가시키는 것으로 보인다.

수송비용을 감소시키는 프로젝트는 그 프로젝트로 인해 이제 도시 또는 산업단지로 이동할 의사가 더 큰 근로자들의 통근비용을 감소시킴으로써 집적경제가 존재하는 지역 내 일자리 집중의 증가를 유발할 수도 있다. 그러나 만일 수송비용의 감소가 경제활동의 분산을 조장한다면 반대의 경우가 발생할 수도 있다. 도시 내의 수송비용을 감소시키는 도시 프로젝트의 경우 양의 효과가 지불할 가능성이 큰 한편 도시 간 수송 프로젝트의 경우 지역 간 토지가격, 임금 차이 등과 같은 지역요소의 집합에 따라 분산이 증가할 가능성도 배제할 수 없다(Duranton and Puga, 2004; Graham, 2007; Venables, 2007 참조).

집적경제로 인해 발생하는 생산성 이득은 경제활동 증가의 결과 거두어지는 추가적 조세수입을 포함해야 한다. 예를 들어 고용밀도가 가장 높은 지역으로 이주할 결정을 할 때 근로자들의 추가적 이득은 조세를 차감한 금액이다. 그럼에도 불구하고 조세수입 역시 생산성 이득이다(Venables, 2007). 참고로 이것은 조세가 종종 단순한 이전이지만 또 다른 경우에는 후생이득을 나타낸다는 또 다른 예이다.

2. 수송을 투입물로 사용하는 시장에서의 불완전경쟁

수송비용을 감소시키는 프로젝트의 후생이득을 추정하기 위해 앞에서 보았듯이 프로젝트에 의해 영향받는 모든 시장에 대한 효과를 측정하는 어려움을 피하기 위해 파생수요를 이용하는 것이 매우 실용적이다. 최종효과가 수송시장에서 계산되는 필요조건은 생산물 시장이 완전경쟁이라는 것이었다. 시장지배력이 존재하는 경우에는 어떻게 되나?

불완전경쟁시장에서는 가격이 기회비용보다 높고 소비자들이 한계비용 이상으로 지불할 의사가 있는 점에서 균형이 된다. 이것이 교과서에서 전형적인 독점의 경우이다. 만일 생산자가 가격차별을 할 수 없다면 새로운 고객을 유인하기 위한 가격하락은 첫 번째 단위에 대한 수입을 감소시키고 따라서 산출량을 늘리거나 줄이고자 결정할 때 독점기업이 한계비용과 비교하는 것은 가격이 아니라 한계수입이다.

이윤을 극대화하는 독점기업의 경제적 결과는 잘 알려져 있듯이 최적에 못 미치는 균형수량과 그에 따른 효율성 손실이다. 이 사실은 시장지배력을 가진 기업들에 대해 수송비용을 감소시키는 프로젝트를 평가할 때 어떻게 영향을 미치나? [그림 3-5]에는 단위비용이 c^0에서 c^1으로 변하는 이윤극대화 독점기업에 대한 수송비용 감소의 효과가 나타나 있다. 처음에 그 기업은 점 a에서 균형이었는데, 이제 p^0에서 p^1으로 소비자가격의 하락으로 균형은 점 b가 된다. 생산자잉여의 증가는 면적 c^0fhc^1으로 나타난다. 소비자잉여는 면적 p^0abp^1만큼 증가한다.

수송시장에서 이 면적은 식 (3.5)에 반영된 반의 법칙을 적용함으로써 [그림 3-4]에서 총잉여의 변동에 의해 측정된다고 생각할 수도 있다. 그러나 이것은 생산물의 한계변동이 0의 가치를 갖는 경쟁시장의 경우이지만 가격-한계비용 차이가 양의 값을 갖는 불완전경쟁시장에서는 해당되지 않는다.

이것을 직관적으로 보기 위해 우리는 [그림 3-4]에서 매우 작은 변화에 대해 생각해 보자. 그러면 그림에서의 면적은 다음과 같이 표현된다.

[그림 3-5] 사회적 편익의 측정과 불완전경쟁

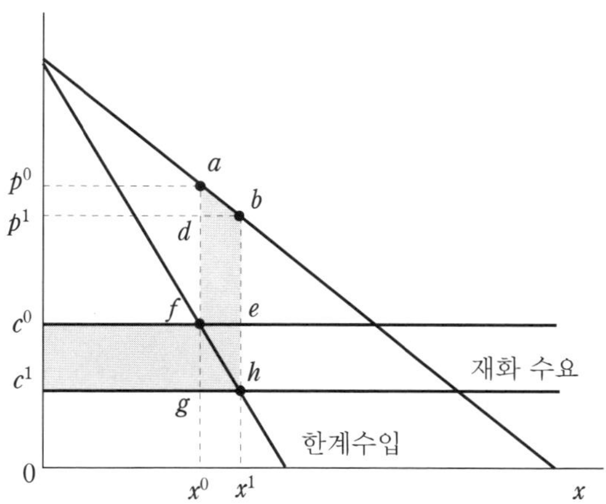

$$-x\Delta c+(p-c)\Delta x \tag{3.6}$$

만일 수송을 투입물로 사용하는 재화시장이 경쟁적이라면 ([그림 3-4]에서 보는 바와 같이) 가격이 한계비용과 같기 때문에 거래되는 마지막 단위의 사회적 가치는 0에 가깝고 따라서 식 (3.6)은 (3.5)와 동일하다. 한편 불완전경쟁의 경우 마지막 단위의 가치는 가격 - 한계비용([그림 3-5]에서 보는 바와 같이 0보다 큼)과 같아서 식 (3.5)를 적용하면 식 (3.6)의 둘째 항을 무시하는 것이다. 비록 소비자들은 추가적 단위에 대해 균형가격보다 더 많이 지불할 의사가 없고 생산자들은 생산할 의사가 없지만(왜냐하면 한계수입이 한계비용과 같기 때문) 수송 프로젝트로 인해 가능한 한계 단위를 생산하는 데 따른 추가적 편익이 존재하고 그것은 $(p-c)$와 같다.

이전을 무시하면 총잉여의 변동은 x^0를 생산하는 데 있어서의 비용감소(면적 c^0fgc^1)와 Δx의 (비용을 차감한) 지불의사액(면적 $abhg$)의 합계이다.

1차 시장에서 측정된 사회적 잉여의 증가 외에 이제 우리는 1차 시장에 포함되지 않은 추가적 편익을 가지고 있는데, 그것은 불완전경쟁의 존재로 인해 발생하는 자중손실의 감소인데 이것은 가격과 한계비용 간의 차이에 생산 증가분을 곱한 것과 같다(Venables and Gasoriek, 1999). 만일 시장지배력을 가진 2차 시장에서 기업들이 덜 판다면 효과는 음일 수 있다는 것을 주목해야 한다. 기업들이 덜 파는 경우는 예를 들어 수송비용의 감소가 2차 시장에서의 제품에 대해 대체재인 재화에 양의 방향으로 영향을 미치는 경우이다.

3. 더 치열한 경쟁

수송비용이 높을 때 그것을 감소시키는 프로젝트들은 프로젝트가 없을 때 사실상 수송비용에 상당하는 진입장벽에 의해 기존 기업들이 보호받는 상황과 비교하여 그들의 제품을 제공하는 수송비용이 감소할 때 불완전경쟁시장에서 생산의 확장으로 인해 유발되는 후생상의 이득과 혼동되어서는 안 된다. 앞에서 논의된 이 효과는 경쟁을 증가시키지는 않지만 (예를 들어, 제품 차별화가 존재하는 시장에서) 시장지배력을 갖는 기업들은 수송비용이 감소할 때 생산을 증가시키는 것이 유리하다고 할 수 있다.

새로운 기업의 진입과 같은 순수 경쟁효과는 성숙한 사회기반 네트워크가 존재하는 나라에서는 일어날 가능성이 적다. 이러한 나라들에서는 수송 프로젝트가 수송시간을 감소시킨다는 사실로부터 기인하는 상당한 효율성 증가는 예상되지 않는다. 그러나 국가의 일부 서로 연결이 잘 안 된 지역에 영향을 미치는 프로젝트와 빈약한 접근가능성으로 인해 몇몇 기업들이 시장지배력을 누리는 프로젝트의 경우 그 효과는 중요할 수 있다.

4. 보다 광범위한 경제적 편익에 대한 문헌에서의 최근 연구결과

보다 광범위한 경제적 편익의 속성과 크기에 대한 최근의 연구는 아직도 시간, 돈 그리고 기술적 자원에 대한 통상적인 제약하에서 수송 프로젝트의 경제적 평가에 대한 실용적인 규칙을 만들어내는 것과 거리가 있다.

몇 가지 권고들은 다음과 같다(OECD, 2007). 전형적인 비용-편익 분석에서 포착되지 않는 추가적 경제효과들이 존재하고 그것들은 규모에 대한 수익 증가, 집적경제, 시장지배력 또는 보다 광범위한 노동시장의 편익 등의 존재에 뿌리를 가지고 있다. 더욱이 기업과 가계는 수송비용의 변동에 반응하는 데에 장기적 결정을 한다. 그러나 이 효과의 부호와 크기는 프로젝트 간 매우 달라서 평가되고 있는 새로운 프로젝트에 이것들을 전하는 것은 불가능하다.

소규모 프로젝트에 대한 실용적인 제안은 보다 광범위한 경제적 편익이 존재하지 않거나 중요하지 않다는 가정하에서 작업하는 것이다. 비록 이 접근법은 그것이 중요한 경우에도 무시하는 위험이 있지만 이 위험이 이중계산 위험의 제거와 상쇄되고 프로젝트 평가를 지연시킨다는 사실에 대한 합의가 존재한다. 대규모 프로젝트나 투자 프로그램의 평가에서는 보다 정교한 분석을 수행하는 것이 정당화될 수 있다.

세계적인 영향에 초점을 맞춘 총체적인 연구는 인과관계의 방향을 알아내는 데 문제가 있다. 더욱이 프로젝트를 평가하는 데 유용한 결과를 가져오는 특정한 사회기반시설에 대한 충분한 수준의 상세한 정보를 포함하고 있지 않다. 이와 더불어 이러한 연구들이 표준적인 비용-편익분석에서 무시되는 보다 광범위한 경제적 효과를 측정하는지 또는 이미 측정된 직접효과의 최종적 영향만 측정하는지에 대한 혼동이 존재한다.

기업과 가계의 내부적 재편에 대한 수송비용 감소의 효과를 파악하고자 하는 보다 상세한 '미시적인' 연구는 드물다. 이것은 놀라운 일이 아닌데, 왜냐하면 이러한 유형의 장기적 반응은 시장에서의 상호작용을 분석하는 미시적 초점의 모형설정에 통합하는 것이 어렵기 때문이다. 그러나 기업들과 가계들은 새로운 수송조건에 부응하여 재편 결정을 하는 것으로 알려져 있다.

사후적 연구 역시 드물다. 기존의 연구들은 보다 광범위한 경제적 편익의 존재에 대한 강건한 증거를 찾지 못했다. 가장 최근의 연구에서는 만일 어떤 가능한 추가적 편익을 포함시키기 위하여 전형적인 비용-편익분석을 넘어 진행하고자 한다면 직접적 편익과 생산성, 경쟁 및 노동시장에 대한 영향을 구별해야 한다고 제안한다. 더군다나 보다 광범위한 편익을 포함하고 있는지와 관계없이 공간적 일출효과

(spillover effect)가 존재할 때 만일 분석되는 지리적 면적의 크기가 다르다면 평가에서 상이한 결과를 예상해야 한다. 더욱이 집적경제도 역시 음의 효과를 가질 수 있는데, 왜냐하면 심지어 음의 보다 광범위한 경제적 편익을 가져올 수 있는 교통 혼잡의 증가 때문이다.

일출효과의 경우와 마찬가지로 집적효과를 모형화할 때 프로젝트의 평가에서 미심쩍은 효용의 '블랙 박스'를 사용하는 데 대한 우려가 존재한다. 집적편익에 대한 '미시적' 분석을 진행하는 것은 생산, 제품의 배분 및 투입물에 대한 접근 가능성에 대한 효과를 더 잘 이해하고, 수송비용의 감소로 인한 적시의 진행과정을 통해 활동을 전개하는 경향이 있는 메커니즘에 대해 더 잘 이해하며 임금에 대한 상승압력을 피하기 위해 별개의 공장을 갖는 이점에 대해 더 잘 이해하는 데 매우 유용하다.

지리적 일출효과의 존재는 지역의 집적효과를 추정하는 데 극도의 주의를 요한다. 예를 들어 런던의 **크로스레일** 연결에 대한 연구는 집적효과를 포함시키면 전형적인 비용-편익분석의 편익이 20% 증가해야 한다고 결론 내렸으나 이 보다 광범위한 편익이 타 지역에 손실을 미치는 정도는 제시할 수 없었다.

이용 가능한 실증적 증거와 전형적인 비용-편익분석이 프로젝트의 사회적 수익성을 측정하는 데 충분한지에 대한 전문가들의 평가에 따른 일반적 권고는 극히 조심해야 한다는 것인데, 왜냐하면 비록 경제학자들은 지식과 보다 광범위한 효과의 측정을 하며 진행하지만 비용-편익분석에 포함시키기 위해 그 결과를 실용적 법칙으로 전환하려면 아직도 멀었다.

이중계산의 위험이 매우 높기 때문에 최선의 접근법은 소규모 프로젝트에서는 보다 광범위한 경제적 편익을 포함시키지 않고 직접효과에만 노력을 집중하는 것이다. 이용 가능한 증거가 있을 때 만일 보다 광범위한 효과의 크기가 가변적이라는 것을 감안한다면 다른 연구로부터 백분비나 유사한 절차를 사용하거나 정체로 인한 음의 효과가 집적편익을 능가할 때 심지어 부호 사용까지도 타 결과를 옮겨오는 것은 적절하지 않은 것으로 보인다.

제 5 절 입지효과와 지역발전

더 광범위한 경제적 효과가 없고, 프로젝트의 편익은 적절히 식별되고 측정된다고 가정하더라도 공공투자 결정을 고려할 때 순사회적 편익과 함께 이 편익의 위치는 대개 의사결정자에게 중요한 요소이다.

기업의 위치와 경제활동의 유발된 증가는 공공 사회기반시설에 대한 투자 프로젝트를 옹호하는 데 이용되는 주장 중 하나이다. 예를 들어 가난한 지역에서 또 다른 보다 발전된 지역으로의 수송비용을 감소시키는 고속도로 또는 철도의 건설은 기업들이 가난한 지역으로 더 많이 입지할 수 있어서 가난한 지역이 더 높은 경제성장을 할 수 있게 한다.

이 주장은 실증적 증거에 의해 지지되지 않는다. 도로는 가난한 지역에서 부유한 지역으로 재화를 수출하는 데 이용될 수 있으나 부유한 지역에서 가난한 지역으로의 이동에도 이용될 수 있다. 따라서 원칙적으로 두 지역 간의 수송비용의 감소는 바람직한 입지효과를 보장하지 못한다. 집적경제의 존재를 인정하면 수송비용의 감소는 부유한 지역에서의 더 큰 활동의 집중을 가능하게 하여 가난한 지역에서 직접 생산하는 것이 아니라 보다 낮은 가격으로 생산된 부유한 지역의 제품을 가난한 지역에 수출할 수 있다.

가난한 지역에서의 기업의 입지효과를 강조하는 것은 프로젝트가 승인되기를 원하는 정부나 로비단체들에게는 흥미로울 수 있다. 그러나 경제 전체의 입장에서 보면 심지어 처음에 계획했던 것과는 반대 방향으로 실현될 수 있는 의심쩍은 기업의 입지효과를 편익으로 집어넣는 것은 적절치 않아 보인다. 소위 새로운 경제지리학은 덜 발전된 지역에서 수송비용의 감소는 프로젝트의 특성에 의존할 뿐만 아니라 경제적 상황에도 의존한다는 것을 보여준다.[3] 사회간접자본의 입지효과를 선험적으로 설정하는 것이 어렵다는 사실을 단순화해서 다음과 같이 설명할 수 있다.

부적절한 수송 인프라(수송 시간, 도로 관리, 안전성 등 초기의 질적 수준은 '나쁘다'고 하자)로 나누어진 잘 사는 지역(R)과 못 사는 지역(P) 등 두 지역으로 구성된 국가를 생각해 보자. 생산요소는 노동으로 유일하고 임금은 초기에 양 지역에서 동일하다.

지역 R과 지역 P 간의 경제활동과 기업 입지는 균형상태에 있다. R에 더 많은 기업들이 존재하고 P에 더 많은 실업이 존재한다. 균형은 인프라 수준을 포함한 몇 가지 요소로 설명된다. 첫째, 인프라를 이용하여 R에서 생산하고 P에 수출하는 것이 P보다 R에서 더 낮은 단위비용을 가능케 하는 집적경제(예를 들어, 규모의 경제와 전문화된 투입물에 대한 접근 가능성)를 획득하는 이점을 갖는다. P에 기업이 위치하는 것은 R에서 생산하고 P에 수출할 때 발생하는 수송비용을 피하는 이점을 갖는다.

한 지역에서 생산하는 것의 찬부 간 상충관계는 우리가 출발점으로 여기고 한 지역은 '부유하고' 다른 지역은 '가난하다'고 부르도록 허용하는 초기 경제활동 수준과 기업의 입지로 인해 해결되었다.

가령 사회기반시설이 '나쁜' 수준에서 '좋은' 수준으로 옮겨 가서 두 지역 간 수송비용을 감소시키는 프로젝트를 평가해야 한다고 하자. 이 프로젝트는 어떻게 두 지역 간의 기업 입지에 영향을 미치나? 종종 사회기반시설에 대한 투자 프로젝트는 가난한 지역의 발전을 가

3) 다른 논문들도 있지만 Krugman and Venables(1996)와 Puga(2002) 참조.

능토록 함으로써 그 지역의 상태를 개선한다고 주장된다. 실증적 결과는 몇몇 가능한 결과와 함께 그리 낙관적이지 않다.

여기서 묘사되는 단순화된 세계에서 더 나은 사회기반시설의 이용 가능성은 초기 균형을 변동시킨다. 발생하는 유일한 변동은 수송비용의 감소이어서 R에서 생산하고 집적경제의 이점을 이용하고 개선된 사회기반시설을 이용하여 P로 수출하는 것이 더 이익이 된다. 그 결과는 R에서의 기업의 재배치이다. 새로운 경제활동은 R에서의 임금을 증가시키고 P로부터 R로 노동력을 유인하는데, 이것은 임금의 억제와 R에서의 재배치 강화를 가능토록 한다.

가령 이제 새로운 프로젝트로 인해 사회기반시설이 '좋은' 수준에서 '매우 좋은' 수준으로 개선되고 수송비용이 좀더 감소한다고 하자. 우리는 두 가지 그럴 듯한 시나리오를 상상할 수 있다. 첫 번째 국가 수준에서 임금계약이 협상된다. 만일 그렇다면 더 싼 비용은 지역 R에 이득이 되는 재배치 효과를 강화시킬 것이다. 둘째 시나리오는 지역의 임금협상을 수반한다. 이 경우 지역 R에서는 임금이 오를 것이고 지역 P에서는 떨어지거나 일정할 것이다.

만일 임금 격차가 매우 크고 수송비용은 매우 작다면 회사들이 가난한 지역으로 이주하여 부유한 지역으로 수출하는 일이 발생할 수 있다. 모든 것은 R에서의 집적경제의 편익과 P에서의 낮은 생산비용 간 상충관계에 달려 있다.

지금까지의 예는 종종 사회기반시설 자체보다 더 중요한 노동시장 상황과 같은 다른 요소들을 통합하지 않은 채 사회기반시설 투자 프로젝트의 최종적 입지효과나 지역발전효과를 예측하는 것의 어려움에 대해 조심하라는 주의이다. 기업들이 입지 결정을 할 때 일련의 요소들을 고려하는데, 그 가운데 하나가 수송비용이다. 한 요소의 감소는 균형을 변동시키고 관련된 요소 집합의 통합효과에 따라서 집적 또는 분산을 조장할 수 있다.

요점 정리

- 프로젝트의 직접효과가 발생하는 1차 시장의 변동에 의해 2차 시장은 영향을 받는다. 간접효과와 보다 광범위한 편익이 중요할 수 있다.
- 수송 프로젝트의 경우에서와 같이 직접 편익의 측정은 종종 투입물 파생수요로 수행될 수 있다. 파생수요는 직접적 편익 계산을 단순화하는 가치 있는 경제적 정보에 집중하는 이점을 가지고 있다.
- 1차 시장과 2차 시장 재화 간의 보완성 또는 대체성 관계(교차탄력성은 0이 아님)와 왜곡의 존재에 따라 간접효과는 양이 될 수도, 음이 될 수도 있다.
- 예를 들어 어떤 프로젝트가 한 지역 내의 고용밀도를 증가시키는 데 도움이 될 때 생산성 증가를 유발하는 집적경제로 인해 보다 광범위한 경제적 편익도 나타날 수 있다.

  집적경제로부터 도출되는 몇몇 양의 효과들은 정체 또는 기업과 근로자들을 잃게 되는 지역에서의 유사한 편익의 감소라는 부작용을 갖는다.
- 합리적인 행동방침은 *NPV*를 계산할 때 정확성 측면에서 편익을 정당화하기에는 측정하는 데 너무 비용이 많이 드는 다수 시장에서의 미세한 조정은 무시한 채 직접효과의 식별과 측정, 그리고 왜곡된 시장에서 가장 밀접한 대체재와 보완재에 주의와 노력을 집중하는 것이다.

- 지역발전은 가난한 지역에서의 주요 사회기반시설 프로젝트를 옹호하는 데 이용되는 주장 중 하나이지만 이 주장은 실증증거에 의해 지지받지 못 하고 있다. 수송 사회기반시설은 양 방향으로 사용될 수 있고 두 지역 간 수송비용의 감소는 바람직한 입지효과를 보장하지 않는다.

CHAPTER

4

기회비용, 시장과 잠재가격

다음 문제의 답에 동그라미를 치시오.

당신은 Eric Clapton 콘서트를 볼 수 있는 (재판매 가치는 없는) 무료 티켓을 얻었다. Bob Dylan도 같은 날 공연하고 이것은 당신의 차선의 대안적 활동이다. Dylan의 공연을 보는 티켓은 $40이다. 어느 날 당신은 Dylan 공연을 보기 위해 $50까지 지불할 의사가 있다. 어느 공연을 보든지 또 다른 비용은 없다고 가정한다. 이 정보에 기초하여 Eric Clapton 공연을 보는 기회비용은 얼마인가?*

A. $0; B. $10; C. $40; D. $50

* Ferraro and Taylor(2005). 2절에서 당신의 답을 점검하시오.

제1절 서　　론

공공부문 내에서 평가되는 정책과 프로젝트들은 그것의 사회적 편익이 사회적 비용을 능가할 것으로(적어도 이것이 바람직할 것임) 예상되기 때문에 수행된다. 아무 비용도 들이지 않고 편익이 존재하는 상황을 찾기는 어렵다. 일반적으로 편익을 얻기 위해서는 대개 기회비용이 0보다 큰 생산요소를 사용하는 것이 필요하다. 환언하면 다른 것을 얻기 위해서는 어떤 재화를 포기해야만 한다.[1)]

비용의 올바른 척도는 어떤 경제적 평가에서도 필수적이다. 어떤 프로젝트를 수행하는 데 사용되는 생산요소의 시장가격이 항상 기회비용을 반영하지는 않는다. 프로젝트의 비용은 토지와 천연자원, 노동과 자본의 사용으로부터 발생할 수 있다. 경제적 관점에서 투입물의 비용은 프로젝트를 수행하기 위해 잃게 된 최선의 이용 가능한 대안에서의 사회적 편익이다.

흔히 프로젝트의 투입물에 대한 수요가 투입물 시장규모와 비교할 때 작다면 그것의 시장가격은 그것의 사용으로 유래된 사회적 비용의 훌륭한 근사치이다. 만일 프로젝트가 몇몇 투입물의 시장가격 변동을 수반한다면(예를 들어, 단기 공급에 이용 가능한 특정 투입물의 경우) 이 투입물의 경제적 평가를 위해서는 새롭게 공급되는 자원과 요소시장에서 투입물수요의 이동으로 초래된 가격상승의 결과로 다른 사용으로부터 전환된 자원을 구별할 필요가 있다.

1) 그리고 종종 총체적으로 사회적으로 바람직한 결과를 얻기 위해서 어떤 시장에서는 효율성의 손실이 발생할 수 있다. 어떤 환경에서는 가격과 한계비용이 일치하도록 정하는 것이 불가능한 대체재 또는 보완재가 존재할 때 규제받는 시장에서 가격을 한계비용 위로 또는 아래로 정하는 것이 적정할 수 있다. 이 정책은 차선이론에서 도출된다(Lypsey and Lancaster, 1956).

2절에서 4절까지 우리는 기회비용, 피할 수 있는 비용 대 매몰비용 또는 증분비용 대 평균비용과 같이 프로젝트 비용의 식별과 평가를 위한 유용한 개념들에 대해 논의한다. 5절에서는 우리는 프로젝트가 있을 때와 없을 때에 비용이 어떻게 변하는지 분석한다. 그리고 6절에서는 투입물의 시장가격이 생산요소에 대한 기회비용의 합리적인 근사치가 되는 상황을 보여주고, 그것을 교정하고 소위 잠재가격을 추정하는 것이 적절한 상황을 보여준다. 7절에서는 노동시장에서 비용 변동을 추정하기 위한 공급과 수요의 상호작용에 대해 논의한다. 8절은 공적자금의 비용을 다루는 법을 설명하고 마지막으로 9절에서는 잠재가격으로 평가될 때 사회적 NPV는 양의 값이지만 재무적 결과는 음의 값이 나오는 프로젝트의 문제를 분석한다.

제 2 절 기회비용의 근사치로서의 요소가격

Eric Clapton 공연을 보는 것의 기회비용은 얼마인가? 이 장의 제일 앞에서 인용한 것은 필라델피아의 학술 모임에서 학생들과 함께 수행된 서베이에 포함된 유일한 질문이었다. 200명의 응답자 가운데 45%는 현재 미국 경제학과의 상위 30위에 속하는 학교에 소속되어 있었고 표본의 1/3은 학생이었으며 응답자의 약 60%는 대학 수준에서 경제학 기초를 배웠다. 당신의 답을 점검하기 전에 결과가 다음과 같다는 것을 주목할 필요가 있다.

A. $0(25.1%), B. $10(21.6%), C. $40(25.6%), D. $50(27.6%)

위의 숫자는 응답자들이 가능한 답변들에 걸쳐 무작위 분포하는 것처럼 보인다는 것을 시사한다. 넷 중 오직 하나만 올바른 답이다. 왜 $10이 올바른 답인지 보자. Eric Clapton 공연을 보러감으로써 당신이 (차선의 대안인) Bob Dylan 공연을 보러 가는 것에 대해 부여한 가치인 $50을 잃게 되지만 Dylan 콘서트에 가기 위해 소요되는 $40을 절약한다. 따라서 실질적인 손실은 잃게 되는 순가치 ($50－$40)이다.

Clapton 콘서트에 대해 당신이 매긴 가치는 이 콘서트의 기회비용에 대한 질문에 답하는 것과 무관하다는 것을 강조할 가치가 있다. 더욱이 당신이 Clapton 콘서트에 갈지 안 갈지 우리는 모른다. 유일하게 우리가 아는 것은 만일 당신이 가면 Clapton 콘서트의 가치는 적어도 $10이 된다는 것이다.

프로젝트의 비용은 그것의 수행으로 인해 재화의 특정 집합을 포기함으로써 사회가 잃는 것이다. 그 비용은 우리가 포기해야만 하는 재화가 아니라 이들 재화를 포기함으로써 잃게 되는 효용이다. 화폐단위로 표현된 이 가치는 더 이상 생산되지 않는 재화에 대해 개인들이 지불할 의사가 있는 금액이다.

만일 교량이 건설된다면 그것의 비용은 새로운 사회기반시설에 대한 보답으로 우리가 포기한 모든 재화의 순가치이다. 엄격한 의미에서 교량의 비용은 만일 교량의 건설에 사용된 생산요소들이 교량건설 대신 최선의 이용 가능한 대안에 사용되었다면 생산될 수 있었던 재화의 손실에 기인한 개인들의 효용 손실이다.

식 (4.1)은 이 개념을 반영하고 있다.

$$C_j = \sum_{k=1}^{s} p_k dx_k \tag{4.1}$$

여기서 C_j는 재화 j(예를 들어, 교량) 생산의 총비용이고, dx_k는 재화 j를 생산하기 위해 잃게 되는 재화 k의 생산량의 한계 감소이고, p_k는 (소규모 프로젝트라는 가정하에) 그 재화들에 대한 한계 지불의사액이다. 실제적으로 특정 프로젝트가 수행되기 때문에 어느 재화가 더 이상 생산되지 않는지 식별하는 것은 매우 어렵다. 이 정보문제에 대한 한 가지 해결방안은, 수요는 재화에 대한 시장에서 발생하고 있는 것으로부터 파생되고 요소공급은 그 요소의 기회비용을 반영하는 요소시장에서 근사치를 찾는 것이다. 재화 k의 경우 단순화를 위해 그것의 생산함수는 두 생산요소 z_1, z_2에 의존한다고 가정한다.

$$x_k = f(z_{k1},\ z_{k2}) \tag{4.2}$$

식 (4.2)를 전미분하면 산출량의 변동은 사용되는 요소의 양과 그것의 한계생산성에 의존한다는 것을 보여준다.

$$dx_k = \frac{\partial x_k}{\partial z_{k1}} dz_{k1} + \frac{\partial x_k}{\partial z_{k2}} dz_{k2} \tag{4.3}$$

식 (4.3)을 (4.1)에 대입하면 다음 식이 된다.

$$C_j = \sum_{k=1}^{s} p_k \left(\frac{\partial x_k}{\partial z_{k1}} dz_{k1} + \frac{\partial x_k}{\partial z_{k2}} dz_{k2} \right) \tag{4.4}$$

우리는 경쟁시장에서 기업들은 생산요소의 한계생산물가치가 그것의 가격과 일치할 때 생산요소의 추가적 단위를 구입한다는 것을 알고 있다. 균형에서 재화 k를 생산하는 기업은 다음 식이 성립할 때까지 추가적 단위의 생산요소를 사용한다.

$$p_k \frac{\partial x_k}{\partial z_{k1}} = w_1,$$

$$p_k \frac{\partial x_k}{\partial z_{k2}} = w_2 \tag{4.5}$$

여기서 w_1, w_2는 요소가격이다.

식 (4.5)를 (4.4)에 대입하고 dz_{k1}과 dz_{k2}의 합계가 각각 dz_{j1}과

dz_{j2}이라는 것을 고려하면 우리는 식 (4.6)을 얻게 되는데, 이것이 프로젝트의 비용을 계산하는 운영공식이다. 그러나 언급되어야 할 사항은 (4.6)은 완전경쟁 재화시장 가정하에서 도출된 것이라는 점이다. 우리는 밑에서 완전경쟁 가정이 완화될 때 프로젝트의 비용을 측정하기 위해 이루어져야 하는 교정을 분석한다.

$$C_j = w_1 dz_{j1} + w_2 dz_{j2} \tag{4.6}$$

이제 식 (4.6)을 가지고 프로젝트의 비용(재화 j의 생산)을 j의 생산에 소요되는 요소의 양(dz_{j1}과 dz_{j2})과 그들의 가격(w_1과 w_2)으로 계산할 수 있다. 식 (4.6)은 요소 사용에 있어서 작은 변동에 대해서만 유효하다는 것이 강조되어야 한다. 나중에 요소시장에 왜곡(조세와 보조금)이 존재할 때 이루어져야 할 변동은 물론 프로젝트에 소요되는 요소의 양이 한계적이 아닐 때 이루어져야 할 교정도 분석할 것이다.

제 3 절 피할 수 있는 비용과 매몰비용

[그림 4-1]은 $C = K + cx$로 주어진 비용함수를 갖는 독점기업에 의해 공급되는 재화의 경우를 보여준다. 이 비용함수에 의하면 평균가변비용은 c인데 이것은 또한 한계비용을 나타낸다. 고정비용 K(매몰로 가정)의 존재로 인해 평균비용은 한계비용 c보다 크다. 이 그림에서 표현된 경우에는 부과되는 가격 p_0는 평균비용 c^*보다 높다. 이윤은 면적 p_0abc^*와 같다.

가령 우리는 [그림 4-1]에서 표현된 제품의 가격이 소규모로 변동하는 정책을 평가한다고 하자. 비용은 어떻게 변하나? 만일 공급능력 한계가 존재하지 않는다면 가격 감소의 결과 x_0로부터 생산의 변동은 비용을 $c^*\Delta x$가 아니라 $c\Delta x$만큼 증가시키는데, 그 이유는 고정

[그림 4–1] 고정비용과 피할 수 있는 비용

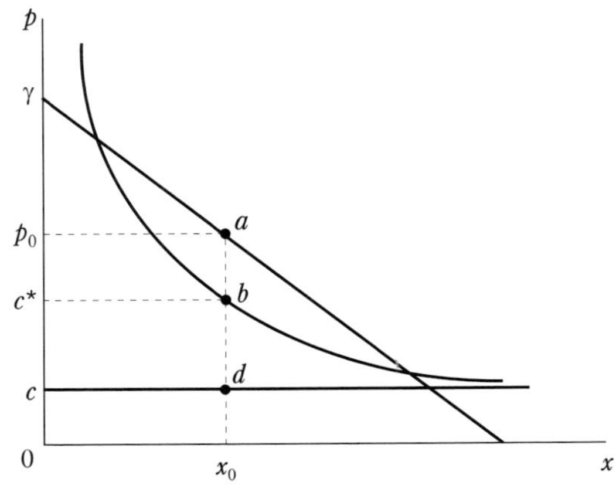

비용 K는 정책으로 인해 변하지 않기 때문이다.

가령 이제 프로젝트는 기업을 닫는 것으로 이루어져 있다고 하자. 비용 절약은 얼마나 되나? 후생 변동은 얼마나 되나? 잉여 측면에서 생각한다면 소비자잉여는 소비자들의 지불의사액($\gamma a x_0 0$)과 그들이 실제로 지불하는 금액($p_0 a x_0 0$) 간 차이만큼 감소되어 기업을 닫는 것은 소비자잉여를 $\gamma a p_0$만큼 감소시킨다. 생산자잉여의 변동이 이 크기에 더해져야 한다.

처음에 생산자는 그가 받는 이윤 — 수입 $p_0 a x_0 0$와 생산비 $c^* b x_0 0$ 간의 차이 — 을 잃는다고 생각할 수 있지만 사실상 K가 매몰비용인 한 그렇지 않다. 만일 K가 매몰이라면 생산자는 수입 $p_0 a x_0 0$을 잃고 단지 피할 수 있는 비용 $c d x_0 0$를 절약한다. 즉 기업을 닫음으로써 이윤 $p_0 a b c^*$와 고정비용 $c^* b d c$를 잃는다. 기업을 닫는 데 따른 사회적 잉여의 감소는 면적 $\gamma a d c$와 같다.

지불의사액과 자원 사용의 변동 측면에서 기업을 닫는 정책은 고정비용을 피할 수 있는 비용으로 전환시키지 못하는데, 그 이유는 그것들은 회복 불가능한(매몰된) 것이고 우리는 단지 가변비용만 절약할 수 있다. 기업이 닫으면 수량 x_0에 대한 지불의사액에 해당하는 총사회적 편익의 손실과 피할 수 있는 비용에 국한된 자원의 절약을 수반하여 면적 γadc에 해당하는 사회후생의 순손실을 초래한다.

가령 이제 K가 고정되어 있지만 기업이 닫으면 고정요소는 다른 목적으로 사용될 수 있다(즉 그것은 매몰비용이 아니다)고 하자. 예를 들어 [그림 4-1]은 이 항로를 운항하는 항공기에 상응하는 고정비용을 갖는 특정 항로를 나타낼 수 있다. $x > 0$일 때 이 비용은 고정되어 있지만 $x = 0$일 때는 가변적이 되고 항로는 폐쇄된다(그러면 항공기는 다른 항로를 지정받는다). 이 경우 잃은 소비자잉여는 γap_0로 남아 있지만 잃은 생산자잉여는 이제 단지 p_0abc^*인데, 왜냐하면 기업이 닫았을 때 피할 수 있는 비용은 이제 c^*bx_00이기 때문이다.

경제적 평가에서 고정비용과 매몰비용을 구별하는 것이 매우 유용한데, 왜냐하면 이전의 경우에서 보았듯이 프로젝트에 따라 비용의 변동이 매우 클 수 있기 때문이다. 엄격한 분류를 따르는 것은 타당하지 않다. 이전 항로의 예에서 항공기는 고정요소로 간주될 수 있지만 매몰은 아니다. 그럼에도 불구하고 예를 들어 만일 항공기의 공급 과잉이 존재한다면 항로를 폐쇄할 때 항공기는 여타 장소에서 필요하지 않게 되어 항공기 비용은 매몰비용이 된다.[2)]

제 4 절 증분비용과 평균비용

보건, 레크리에이션 또는 수송 서비스를 시작하고 업그레이드 또는 폐쇄하는 것을 계산하는 것은 단지 사용자당 평균비용과 사용자

---

2) 몇몇 경우에 잔존가치를 더해야만 한다. 특정 활동이 종결된 후에 대부분의 건물과 기계들은 그와 같은 가치를 갖는다.

수를 곱한 것에 기초할 수는 없다. 비용 배분에 있어서 통상적인 과오의 원천은 증분비용이 아닌 평균비용을 사용하는 것이다. 서비스를 제공하는 데 있어서의 증분비용은 그러한 행동에 기인한 총비용의 변동이다. 증분비용을 추정하는 절차는 보건 서비스에서 침상의 수와 직원 근무시간, 수송 서비스에서 운전사가 일하는 거리와 시간 등등과 같은 활동단위라는 개념을 도입하는 것이다.

다음 예를 보자. 어떤 서비스가 지방공공단체에 의해 제공되는데, 총비용은 C로 표시된다. 다음 식은 총비용을 어떤 활동단위와 적절히 연관시킨 비용의 소집단으로 나눈 것이다.

$$C = LC + CC + VC \tag{4.7}$$

여기서 LC는 직원에 들어가는 총비용, CC는 자본장비의 비용, VC는 사용자의 수에 직접 의존하는(예를 들어, 제공되는 식사 또는 약의 처방) 가변비용을 나타낸다. 일단 서비스가 분석되면 총비용은 다음 식에 따라서 서비스를 수행하는 전문가들의 총 근로시간(H), 사용되는 장비 단위의 수(E)와 서비스를 받는 사용자의 수(U)의 함수로 나타난다.

$$C = hH + eE + uU \tag{4.8}$$

여기서

$$h = \frac{LC}{H};\ e = \frac{CC}{E};\ u = \frac{VC}{U} \tag{4.9}$$

만일 한 프로젝트가 여지껏 포함되지 않았던 주민들에게로 서비스를 확장하는 것이고, 이 프로젝트의 평가는 증분 대신 평균비용에 기초한다면 이 프로젝트의 비용을 계산할 때 실책이 발생할 가능성이 있다. 더욱이 실책은 사용자의 이질성이 클수록 증가한다. 만일 사용자들이 사용자당 전문가 시간과 사용자당 자본 비율에서 상이하다면 평균비용을 사용하는 경우 평가받는 서비스를 확장하는 증분비용을 과소 또는 과대 추정한다.

프로젝트의 비용을 계산하는 절차는 대상이 되는 인구에 의해 소요되는 서비스의 유형을 식별하는 것이다. 즉 활동단위가 얼마나 많이 소요되는지를 결정하고 나서 계수 h, e, u를 이용하여 서비스 확장비용을 계산한다. 다음의 수치 예는 사용자들이 소요되는 서비스의 유형 측면에서 상이할 때 프로젝트의 평가에서 증분비용 대신 평균비용을 사용한 결과를 보여준다.

100명의 사용자에게 보건 서비스를 제공하는 공공센터의 총비용은 $1,000이다. 이 비용을 분류하면 다음과 같다. 직원비용($600), 장비비용($300) 그리고 사용자 수에 따라 변하는 비용($100)이다. 비용이 영향을 받는 활동단위의 총가치는 전문가 투입시간 200시간(H), 장비사용 10시간(E), 사용자 100명(U) 등이다. 〈표 4-1〉에서 배분된 바와 같

〈표 4-1〉 비용 배분

서 비 스	활동단위		
	H	E	U
A	40	2	70
B	120	3	20
C	40	5	10
합　계	200	10	100

〈표 4-2〉 총비용과 평균비용($)

서 비 스	hH	eE	uU	총 비 용	평균비용
A	120	60	70	250	3.6
B	360	90	20	470	23.5
C	120	150	10	280	28

이 활동단위를 사용하는 세 가지 상이한 서비스(A, B, C)가 존재한다.

이 배분이 주어지고 식 (4.9)에 따라 단위비용이 $h=3$, $e=30$, $u=1$을 고려하면 세 서비스의 총비용과 평균비용은 〈표 4-2〉에서 보는 바와 같이 계산된다.

이 자료를 가지고 35명의 사용자에게 보건서비스를 확장하는 것으로 구성된 정책을 평가할 필요가 있다고 가정한다. 이 서비스는 다음의 활동단위를 필요로 한다. 즉 자본 장비 1시간 추가 사용, 전문가 근무 시간 20시간 추가 등이다. 평균비용($10)을 사용하면 서비스 확장비용은 $350이지만 증분비용($\Delta C$)을 계산하면 확장은 다음과 같은 비용이 든다.

$$\Delta C = 20h + e + 35u = 125 \tag{4.10}$$

많은 경우에 평균비용은 증분비용의 훌륭한 근사치이지만 이 예에서 볼 수 있듯이 평균비용은 그르치기 쉬울 수 있어 실제 증분비용을 과대 또는 과소 추정에 이르도록 할 수 있는데, 왜냐하면 프로젝트의 사용자당 자본, 사용자당 시간 또는 여타 관련된 비율이 평균값과 다르기 때문이다.

제 5 절 프로젝트가 있을 때와 없을 때의 비용

많은 프로젝트들이 특정 재화를 생산하거나 서비스를 제공하는 비용을 줄이는 것을 목표로 한다. 물, 전기, 수송비용은 어떤 새로운 기술을 결합하는 투자나 생산역량 확대를 통해 감소된다. 예상되는 절약을 정량화할 때 두 기술비용이나 두 생산역량 수준의 비교만으로는 충분치 않다. 우리는 수요의 행태를 고려해야 하고 어떻게 새로운 균형이 비교에 적절한 비용을 결정하는지를 결정해야 한다.

[그림 4-2]부터 [그림 4-4]까지의 도움으로 이용자비용의 감소가 존재하는 프로젝트의 편익이 공급 측면의 조사만으로는 어떻게 예측될 수 없는지를 쉽게 보여준다. 기존 이용자들의 비용절약은 투자(신기술, 생산역량 확대 등)에만 달려 있는 것이 아니다. 수요의 행태 역시 프로젝트의 사회적 편익 계산에 있어서 중요하다. 비용과 수요 간의 상호작용과 프로젝트의 NPV에 대한 그것의 영향이 아래의 네 개 그림에 반영되어 있다.

[그림 4-2]에서는 프로젝트로 인해 평균비용곡선이 AC^0에서 AC^1으로 이동한다. 이 비용곡선은 대상이 되는 서비스나 시설(예를 들어, 주어진 수요 수준에 있어서의 도로)을 이용할 때 각 소비자가 투자하는 시간을 보여준다. 교통량이 적은 경우 운행시간은 이용자의 수에 따라 변하지 않는다. 균형에서 일반화된 가격(단순화를 위해, 시간의 가치×시간)은 g^0이다. 비용을 AC^0에서 AC^1으로 감소시키는 프로젝트의 편익은 두 부분으로 분해될 수 있다. x^0까지 편익은 프로젝트가 없을 때와 있을 때의 비용곡선 간의 면적(g^0adg^1)으로 측정된다. 수량증가 (x^1-x^0)의 편익은 지불의사액(abx^1x^0)과 수요를 충족시키는

[그림 4-2] 비용감소의 편익(정체가 없을 때)

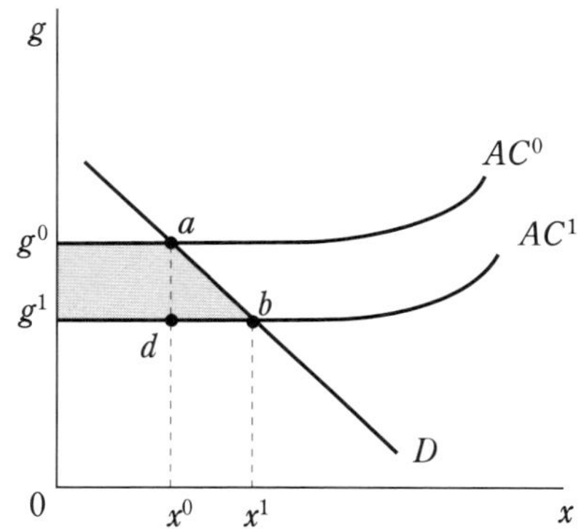

[그림 4-3] 비용감소의 편익(정체가 있을 때)

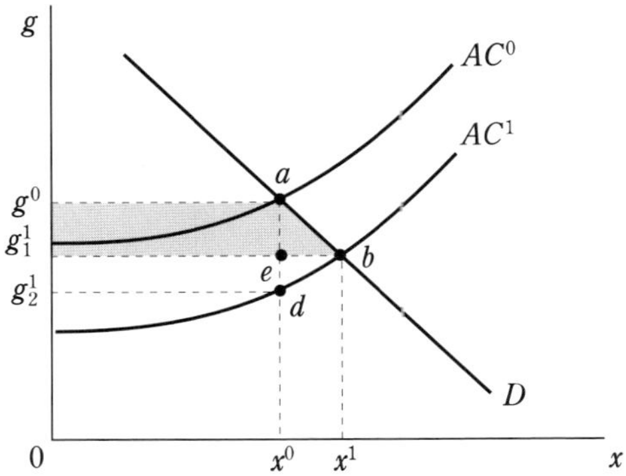

데 드는 증분비용(dbx^1x^0) 간의 차이로 측정된다.

창출된 수송의 편익은 [그림 4-2]에서 면적 abd이고, [그림 4-3]에서 면적 abe이다. 우리는 여기서 기존의 수송에 대한 편익에 생기는 차이에 관심이 있다. [그림 4-2]에서 프로젝트가 없을 때 정체가 없고 투자는 운행의 일반화된 가격을 g^0에서 g^1으로 감소시킨다(예를 들어, 터널의 건설). 프로젝트의 잠재적 운행시간 절약은 g^0-g^1과 같고 정체가 없는 상황에서 이 잠재적 절약은 실제 절약이 된다. [그림 4-3]에 표시된 경우는 그렇지 않은데, 이때에는 프로젝트가 있을 때와 없을 때 정체가 존재한다. 이제 이용자의 잠재적 절약($g^0-g_2^1$)은 실제 절약($g^0-g_1^1$)이 아닌데, 그 이유는 운행시간 감소가 이용자 수의 증가를 유발하고 그로 인한 정체는 g_2^1보다 더 높은 일반화된 가격을 초래한다.

이제 모든 이용자들에게 일반화된 가격 g_1^1이 적용되면서 균형은 점 b에서 이루어진다. 기존의 수량에 대한 비용 차이는 $g^0-g_1^1$인데 이것은 $g^0-g_2^1$보다 작다. 만일 우리가 비용과 수요 간의 상호작용을 고려하지 않는다면 우리는 프로젝트의 편익을 과대 추정할 수 있다.

[그림 4-4] 완전탄력적 수요일 때의 비용감소의 편익

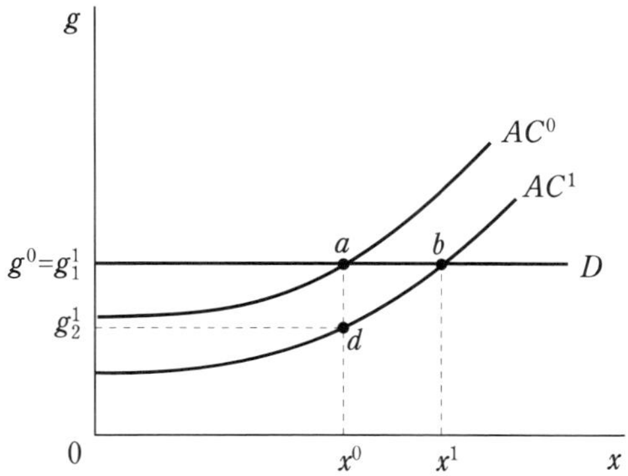

수송능력 확장 프로젝트를 평가할 때 수요의 행태를 고려하는 것의 중요성을 보여주는 극단적인 경우가 [그림 4-4]에 나타나 있다. 만일 프로젝트가 수행된다면 잠재적 시간 감소 $g^0-g_2^1$은 수요증가의 결과 실현되지 않는다. 이 경우를 보다 자세히 살펴보자.

[그림 4-4]에 표현된 경우는 새로운 수용능력이 단시간 내에 새로운 수송량에 의해 흡수된다고 판단할 때 도로에 대한 신투자에 반대하는 사람들이 주장하는 생각을 반영하고 있다. 가령 두 도시 사이에 A와 B 두 도로가 있다고 하자. 만일 정체가 없다면 (수직축과 AC^0의 교차) 도로 A를 이용하는 경우([그림 4-4]에 표현된 것) 30분이 걸리지만 AC^0의 기울기에 의해 볼 수 있듯이 A는 빠르게 정체가 되는 좁은 길이다.

도로 B는 더 큰 수송능력을 가지고 있어서 결코 정체가 되지 않지만 그것의 설계는 A처럼 일직선이 아니다. 운행 시간은 교통량에 관계없이 45분(g^0)이 걸린다. 다른 특징에 관한 한 두 도로는 동일하고 운전자들은 항상 빠른 도로를 선택한다. B가 A보다 훨씬 더 많은 교통량을 가지고 있다고 가정한다. 그러면 B보다 A를 이용하는 것

이 더 빠른 한 새로운 운전자들은 B로부터 A로 전환될 것이다. A에서의 완전탄력적인 수요곡선은 g^0가 45분일 때 이 사실을 반영한다.

프로젝트가 없을 때 일반화 가격 g^0에서 A를 이용하는 x^0의 이용자들이 a와 다른 균형이 없다는 것을 볼 수 있다. 차량 수가 x^0보다 적을 때 A에서의 운행시간은 g^0보다 적고(즉 B에 투자되는 45분보다 적음) 이리하여 양쪽 길에서 운행시간이 동일해질 때까지 추가적인 이용자들은 B를 떠나 A로 온다. 동일한 방식으로 A에서의 수송은 x^0를 능가할 수 없는데, 왜냐하면 이 경우 A에서의 운송시간은 45분보다 많아 B로 전환하는 것이 더 낫기 때문이다.

A의 차선 수를 증가시키는 프로젝트를 고려해 보고(일반화 비용곡선이 AC^0에서 AC^1으로 이동하는 것으로 표현됨) B에서의 교통량이 A가 수용할 수 있는 양보다 더 많다는 것을 기억하라. 만일 교통량이 x^0에서 고정되어 있다면 운행시간 절약은 $g^0-g_2^1$이고 [그림 4-4]에서 ad이다. 우리는 투자의 연간 편익을 $(g^0-g_2^1)x^0$에 창출된 교통량의 편익을 더한 값으로 추정할 유혹을 받을 수 있다. 그러나 A에서의 운행시간 감소는 두 도로에서 운행시간이 일치할 때까지 새로운 이용자들을 끌어들인다. 프로젝트가 있을 때의 새로운 균형은 교통량은 x^1이고 운행시간은 $g_1^1=g^0$인 점 b에 위치하는데, 이것은 프로젝트가 사회적 편익을 창출하지 못한다는 것을 의미한다.[3]

3) 우리는 이 상황에서 수송능력에 대한 투자는 항상 나쁜 정책이라고 생각할 수도 있다. 그러나 여기에 묘사된 것과 같은 투자 프로젝트로 사회적 편익을 얻는 대안들이 존재한다. 도로 가격설정의 도입은 총편익을 가져올 것이다. 더욱이 도로 가격설정은 새로운 수송능력에 대한 투자가 결정되기 전에 고려되어야 할 대안이다.

1. 수요의 이동과 편익의 추정

비용곡선의 기울기가 주어졌을 때 비용감소 후의 연간 편익 크기는 우리가 보았듯이 프로젝트가 있을 때의 비용감소와 수요곡선의 기울기에 달려 있다. 기울기가 크면 클수록 비용을 감소시키는 프로젝트의 수행 후 기존 수요에 대한 편익이 더욱 크다. 한편 기울기가 작으면 작을수록 편익은 더 작아지고 수요가 완전탄력적일 때 편익이 0이 되는 극단적인 경우([그림 4-4]에서 보듯이)가 된다.

비용과 수요의 상호작용은 여기에서 끝나지 않는데, 왜냐하면 수요가 시간에 걸쳐 일정하게 지속되지 않기 때문이다. 수요는 소득 또는 인구의 변동으로 인해 매년 이동하고 우리는 일어날 균형을 재추정해야만 하고 이것이 편익의 크기에 영향을 미칠 것이다. 만일 평균비용이 x의 함수이고 외생적 요인으로 인해 수요가 변한다면 첫 해에 편익을 계산한 다음 연간 성장률을 적용하는 것으로는 충분치 않다.

[그림 4-5]는 수요 크기의 증가에 따른 평균비용곡선을 나타내고 있다. 비록 프로젝트가 AC^0와 AC^1 간의 거리와 동일한 운행의 일

[그림 4-5] 프로젝트의 편익과 연도 t+1에서의 비용의 변동

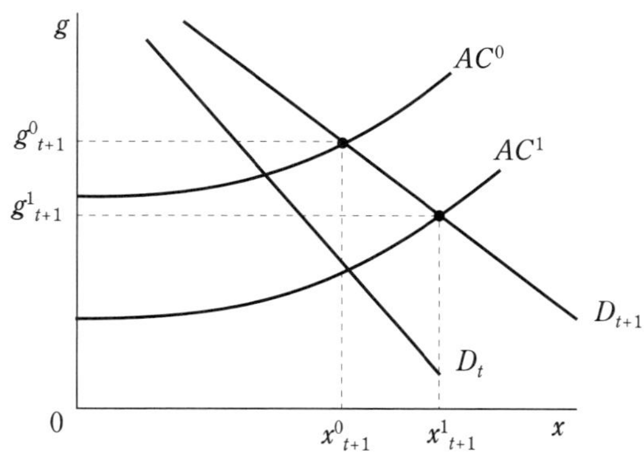

반화 가격의 잠재적 감소를 나타내지만 가격 감소 후의 수요 이동은 x_t^0에서 x_t^1으로의 수요량의 증가를 유발하여(여기서 t는 시기를 나타냄) (더 많은) 정체를 초래하여 최종적인 일반화 가격(g_t^1)이 처음에 예상된 것보다 크게 한다. 이것이 우리가 [그림 4-3]에서 본 것이다. 다음해 $(t+1)$에는 무슨 일이 생기나? 우리가 구체화해야 하는 주요 변화는 수요곡선의 이동이다. 미래연도의 편익을 계산하기 위해서 프로젝트의 존속기간 동안 매년마다 프로젝트가 있을 때와 없을 때의 균형을 결정하는 것이 필요하다.

[그림 4-5]에서 $t+1$기에 소득, 인구, 기호 등의 외생적 변동으로 인해 수요가 증가하는데, 비용의 변동은 사회적 편익의 추정에 영향을 미친다는 것을 보여준다. 연간 편익을 계산하는 데 필요한 수요량은 이제 T기(프로젝트 존속기간의 마지막 연도)에 도달할 때까지 $t+1$기에는 x_{t+1}^0와 x_{t+1}^1이고 $t+2$기에는 x_{t+2}^0와 x_{t+2}^1 등이다.

$t+1$기에 프로젝트가 없을 때의 수량은 x_{t+1}^0이고 그때 일반화 가격은 t기에서보다 높은데, 그 이유는 수요의 외생적 변동 때문이다. 측정을 위해 적절한 수요 수준은 D_{t+1}인데, 이때 AC^1과 AC^0 간의 거리는 $g_{t+1}^0 - g_{t+1}^1$과 같다.

제 6 절 시장과 요소의 잠재가격

프로젝트의 경제적 평가에서 만일 가격이 자원의 기회비용의 타당한 근사치라면 투입물은 그것의 시장가격으로 가치가 매겨진다. 불행히도 공공프로젝트에 사용되는 생산요소의 시장가격은 항상 기회비용을 반영하는 것은 아니어서 교정이 이루어져야 한다. 새로운 가격에 붙여진 이름이 **잠재가격**이다. 예를 보도록 하자.

[그림 4-6] 고정 공급 투입물 시장

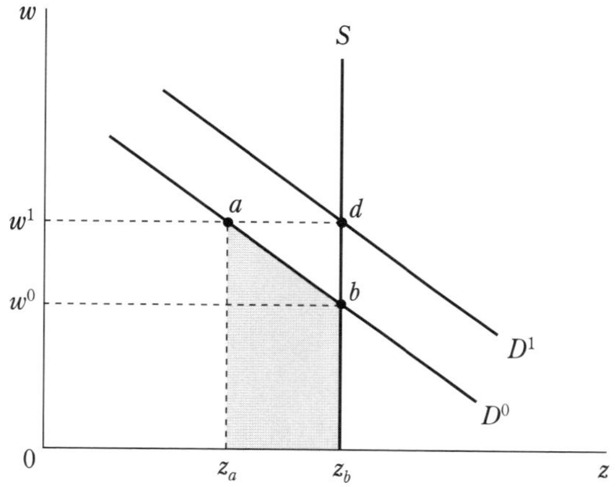

1. 토지의 비용

상당수의 프로젝트들이 토지를 필요로 하고 때로는 이 토지가 대체 가능성이 제한된 곳에 위치하기도 한다. 예를 들면 댐과 공항이 이러한 경우이다. 토지시장이 경쟁적 조건에서 작동하고 실질가격이 투입물의 진정한 기회비용과 다르게 하는 왜곡이 존재하지 않는 한, 원칙적으로 사회기반시설 투자 프로젝트에 필요한 토지의 비용을 결정하는 것은 큰 문제점을 표출해서는 안 된다.

사회기반시설의 건설에 사용되는 토지의 기회비용은 그 토지의 최상의 가능한 대안에 대한 이용에서 잃은 순편익이다. 예를 들어 최상의 대안적 이용이 농업에서일 때 토지의 시장가격은 그 프로젝트를 위해 토지가 사용되는 기간 동안 농업생산의 할인된 시장가치(가변비용 공제)를 반영할 것이다. 해당 토지에서의 생산이 가치가 크면 클수록, 그리고 다른 토지로의 대체 가능성이 작으면 작을수록 이 가격은 더 높아진다. 따라서 만일 시장이 완전경쟁이면 토지의 가격은 확실히 기회비용을 반영할 것이다.

공급량이 고정된 완전경쟁시장에서 토지가격의 결정은 [그림 4-6]에 나타나 있다. 점 b에서 공급곡선 S와 토지에 대한 초기 수요 D^0는 교차하여 가격 w^0를 결정하는데, 그 가격에서 모든 이용 가능한 토지는 더 높은 지불의사액을 갖는 목적으로 사용된다. 프로젝트의 결과 이 시장에서의 수요의 한계적 증가는 b에서의 균형을 의미있게 변동시키지 않을 것이어서 가격 w^0는 토지 단위비용의 근사치로 사용될 수 있을 것이다.

[그림 4-6]에 표시된 경우에서와 같이 프로젝트가 토지에 대한 수요의 상당한 변화를 나타낼 때 D^0에서 D^1으로의 수요곡선의 이동은 프로젝트가 ad만큼의 거리로 표현된 토지 규모를 필요로 한다는 것을 반영하고 균형이 b에서 d로 변하여 가격이 w^1으로 상승한다. 토지에 대한 초기 수요는 z_a로 감소하고 프로젝트에 $z_b - z_a$만큼의 토지가 사용된다. 그 토지의 기회비용은 면적 abz_bz_a로 나타난다. 즉 가격인상으로 인해 더 이상 수요에 포함되지 않는 양인 $z_b - z_a$에 대한 민간부문의 지불의사액이다.

면적 abz_bz_a는 초기와 최종 가격, 그리고 초기와 최종 수량을 이용하여 추정될 수 있다.

$$w^0(z_b - z_a) + \frac{1}{2}(w^1 - w^0)(z_b - z_a) \tag{4.11}$$

또는 다음과 같다(반의 법칙).

$$\frac{1}{2}(w^0 + w^1)(z_b - z_a) \tag{4.12}$$

여기서 우리는 여타 가격들은 실제로 변하지 않는다고 가정한다.

식 (4.12)의 적용은 간단하다. 초기와 최종 가격의 평균을 프로젝트가 필요로 하는 토지의 양으로 곱해 주어야 한다. 토지의 기회비용을 결정하는 데는 토지시장에 대한 투기와 인근 지역의 토지이용에 따른 외부효과와 연관된 추가적 어려움이 존재한다.

예를 들어 고속도로가 유일한 야생생물이 살고 있는 국립공원을 통과할 때처럼 종종 사회기반시설 프로젝트는 시장에서 거래되지 않는 토지의 이용을 필요로 한다. 이 토지비용의 경제적 평가는 요구되는 수용비용에 더해 토지의 원래 이용에 대한 사회기반시설의 영향으로 인해 사회가 포기하고 있는 가치를 추정해서 투입물의 기회비용을 계산하는 것이 필요하다. 더욱이 사용되는 토지의 비용을 계산하는 것만으로는 충분치 않은데, 왜냐하면 인근 지역은 이러한 유형의 프로젝트로 인해 음의 영향을 받게 되어 필요한 토지의 기회비용을 더욱 증가시키기 때문이다.

2. 장비, 재료 및 에너지 비용

사실상 모든 투자프로젝트에서 자본 장비, 에너지 및 재료의 사용은 가격을 이용하여 투입물의 양을 곱해 투입물의 비용을 얻는다.

예를 들어 고속철도 건설의 비용-편익분석은(10장 참조) 건설비용과 차량, 유지 및 운영 등을 구별한다. 기관차, 화차와 전력비용이 수요와 그 수요를 충족시키기 위해 필요로 하는 기차의 수에 대한 예측을 바탕으로 추정되었다. 소요되는 서비스의 수와 운행거리를 가지고 에너지 소비 소요규모가 계산되었다.

이 물리적 단위를 화폐단위로 전환하는 데 사용되는 가격은 조세를 차감한 시장가격이다. 이 선택은 요소시장에서 수요가 한계적이거나 국가 수준에서 한계적 수요가 아니더라도 가격 w_0에서 공급이 완전탄력적인 세계시장이 존재하는 대부분의 프로젝트에 적용 가능

[그림 4-7] 조세가 부과된 투입물 시장

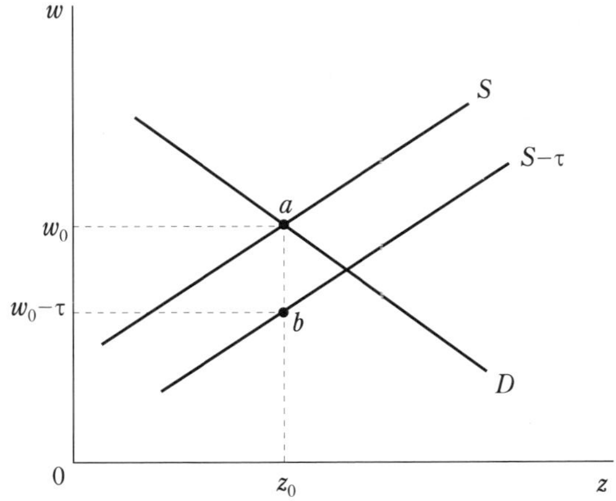

하다.[4] [그림 4-7]은 투입물시장을 나타내고 있고 프로젝트를 위한 이 투입물의 수요는 전체 요소시장에 비해 한계적이라고 가정되고 있다. 수요곡선 D의 이동은 무시할 만하여 균형가격 w_0는 프로젝트로 인해 변하지 않는다. 조세의 존재로 인해 시장가격 w_0는 투입물 사용의 기회비용과 다르게 된다. 이 경우 잠재가격은 $w_0-\tau$인데 τ는 절대치로서 단위당 조세규모이다. 이 경우 조세는 단지 소득의 이전이다.

제 7 절 노동의 시장가격과 사회적 기회비용

사실상 어떠한 투자 프로젝트도 노동의 사용을 필요로 한다. 공

4) 우상향의 공급곡선을 갖는 투입물 시장에서와 프로젝트가 상당한 정도로 수요를 이동시키는 경우에는 노동시장과 동일한 논리를 적용할 수 있다([그림 4-8]과 [그림 4-9]).

공 사회기반시설의 건설을 위해 상이한 기술을 가진 근로자들이 필요하다. 더욱이 일단 건설이 끝나면 프로젝트의 수명동안 유지와 운영을 위해 추가적 노동이 요구된다. 교육이나 건강 관련 프로젝트에서뿐만 아니라 자연환경의 피해를 회복하기 위한 프로젝트의 경우에도 노동은 필요하다.

일단 우리가 프로젝트에 소요되는 근로자 수를 추정한 다음 노동비용을 계산할 가격이 필요하다. 우리는 총임금을 사용해야 하나 아니면 순임금을 사용해야 하나? 실업률이 높은 지역에서의 새로운 일자리 창출을 어떻게 감안해야 하나?

프로젝트에 의해 수요되는 노동 규모에 관한 세 가지 가능한 원천을 구별하는 것이 유용하다.

- 이미 다른 생산활동에 고용된 근로자들
- 현재 임금 수준에서는 자발적으로 실업 상태에 있지만 한계적으로 더 높은 임금 수준에서는 일할 근로자들
- 현재의 임금 수준에서 일자리가 있다면 일할 의사가 있는 비자발적으로 실업상태인 근로자들

일단 프로젝트를 위한 노동의 소요규모와 세 원천의 비율이 추정되고 나면 노동의 기회비용을 찾아야 한다. 이 절에서의 노동시장에 대한 논의는 프로젝트가 균형임금을 변화시키는 상당한 영향을 가지고 있다고 가정한다. 비록 실제로 임금이 프로젝트로 인해 크게 변하지 않는다 하더라도 목표는 상이한 노동시장 조건에서 노동의 잠재가격을 얻는 방법을 보여주는 것이다. [그림 4-8]에 나타나 있는 것처럼 조세나 실업급부금이 존재하지 않는 완전경쟁 노동시장이라는 가장 단순한 경우로 시작하자.

요소공급곡선은 근로자들의 여가의 한계가치를 반영하고 수요곡선은 기업 입장에서 노동(L)의 한계생산물가치를 반영한다. 만일 프

[그림 4-8] 노동시장에서의 잠재가격 결정

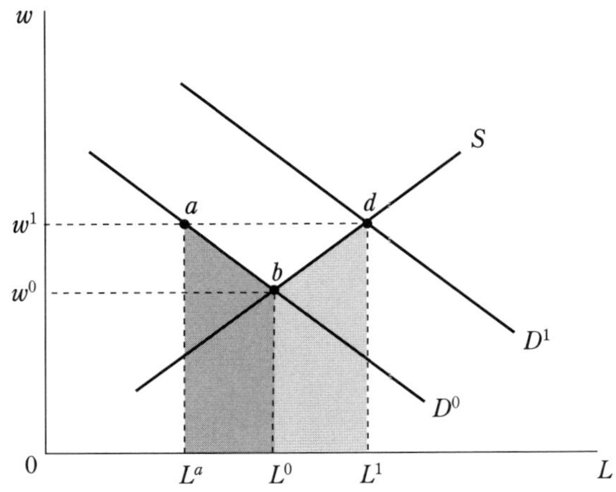

로젝트에 소요되는 노동 규모가 한계적이라면 우리는 균형임금 w^0를 사용할 수 있다. 가령 이와는 달리 [그림 4-8]에 나타나 있듯이 프로젝트로 인해 수요곡선이 D^0에서 D^1으로 이동하여 거리 ad에 해당하는 $(L^1 - L^a)$만큼의 노동단위가 필요하다고 하자.

a에서 d로 노동에 대한 수요가 증가함으로써 시장임금은 w^0에서 w^1으로 상승하고 노동시장에서 고용되는 근로자의 수는 L^0에서 L^1으로 증가한다. 프로젝트에서 어떤 잠재가격이 사용되어야 하는지를 보기 위해 평가되고 있는 프로젝트에 흡수되는 피고용자들의 원천을 알 필요가 있다. [그림 4-8]은 어떻게 노동의 사용이 L^0에서 L^1으로 늘어나는지 그래서 프로젝트에서 이만큼의 노동량을 고용한 결과 사회가 잃는 것에 의해 피고용자의 수 $L^1 - L^0$가 어떻게 가치가 매겨지는지를 보여준다. 그들은 자발적으로 실업상태이었으므로 프로젝트로 인해 그들이 고용될 때 잃는 것은 그들의 여가의 가치(면적 bdL^1L^0)이다.

프로젝트로 인해 고용되는 나머지 노동은 어떤가? [그림 4-8]은 나머지 노동량 (L^0-L^a) 단위는 임금이 w^0에서 w^1으로 오른 후에 L^a 이상으로 노동을 고용하는 것이 더 이상 이득이 되지 않는 여타 생산활동으로부터 온다. 다른 생산활동으로부터 노동을 옮긴 결과 잃은 생산의 총가치는 프로젝트에서 이 근로자들을 고용한 사회적 기회비용이다(면적 abL^0L^a).

소득세가 존재할 때 프로젝트의 수행 덕에 고용된 새로운 근로자들의 가격을 교정하기 위해 이전의 분석은 확장될 필요가 있다. [그림 4-9]는 [그림 4-8]에 묘사된 것과 유사한 상황을 보여주는데, 단지 한 가지 추가적 요소는 소득세(단순화를 위해 노동 1단위당 일정한 규모(τ)로 표시됨)의 도입인데, 이로 인해 시장공급곡선(S)은 여가의 한계가치인 ($S-\tau$)와 다르게 된다. 따라서 근로자들 L^1-L^0의 기회비용은 이제 bdL^1L^0가 아니라 efL^1L^0인데, 그 이유는 조세의 총규모 $bdfe$는 소득의 이전이기 때문이다. 다른 활동으로부터 전환된 근로

[그림 4-9] (조세가 존재할 때) 노동시장에서의 잠재가격 결정

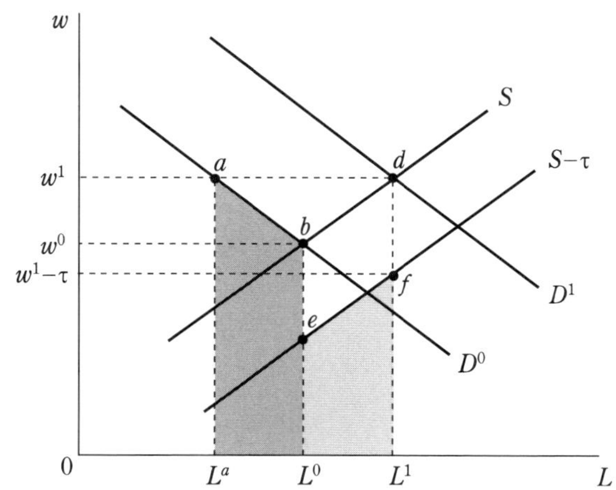

자들의 경우 면적 abL^0L^a는 계속 전환된 근로자들 $L^0 - L^a$를 고용하는 비용을 나타낸다.

마지막으로 비자발적 실업의 경우를 살펴보자. [그림 4-10]은 임금 w^0에서 현재 필요로 하는 규모(L^0)보다 일하고자 하는 근로자들이 더 많은 상황을 나타낸다. 수요 수준 D^0에서 비자발적 실업이 존재한다. 프로젝트로 인해 노동수요가 D^1으로 이동하는데, 이는 이전에 실업상태에 있던 노동 $L^1 - L^0$에 대한 수요의 증가를 의미한다. 비자발적으로 실업상태인 근로자들을 고용하는 것의 사회적 비용은 무엇인가? 만일 이들 근로자들에 대해 조세나 실업급부금이 없다면 기존의 임금 w^0가 노동 1단위의 사회적 비용이 되고 총비용은 면적 abL^1L^0로 나타난다.

소득세(τ)와 실업 급부금(σ)이 존재할 때 총사회적 비용은 면적 fgL^1L^0로 나타나는데 왜냐하면 조세수입($abed$)과 실업 급부금($degf$)은 소득의 이전이어서 공제되어야 하기 때문이다. 따라서 노동의 잠

[그림 4-10] 비자발적 실업이 존재할 때의 잠재가격

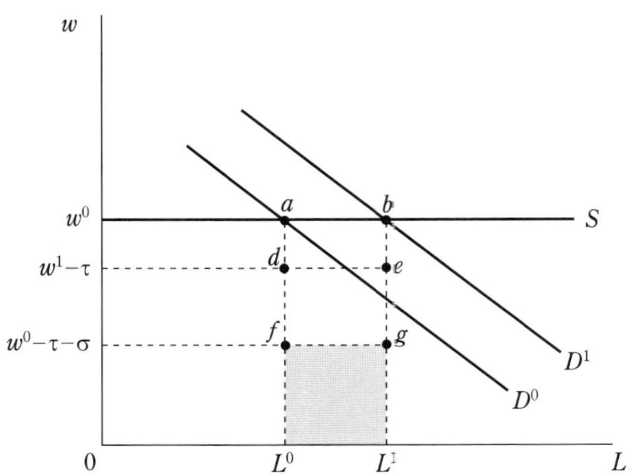

재가격은 여가의 한계가치로 축소되는데, 이 규모는 근로자의 총임금에서 소득세와 실업급부금을 공제해서 얻을 수 있다. 즉 보수 $(w^0-\tau-\sigma)$는 여가의 한계가치와 동일하다. 어떠한 경우에도 그것은 프로젝트에서 근로자 고용으로 인해 사회가 잃는 것이다.

다음의 수치 예는 근로자가 w^0보다 낮은 임금을 수락하지 않는 이유를 보여준다. 실업상태인 근로자가 $100의 보조를 받고 자신의 여가 가치를 $40로 매긴다고 가정할 때 그 근로자는 $150 이하의 임금인 경우 일자리를 수락하지 않는데, 왜냐하면 계약을 한 후에 그는 $10의 조세를 지불해야 하기 때문이다. 이 수치 예를 통해 노동시장에 들어가는 근로자의 사적 기회비용($150)과 사회적 기회비용($40)을 구별하는 데 도움이 될 수 있다. 후자는 프로젝트에 사용되는 노동의 잠재가격이다.

최저임금 규제가 존재할 때 우리는 또한 프로젝트에서 근로자들을 고용함으로써 사회가 잃는 것을 알아내어 위에서 묘사된 바와 같은 방식으로 노동의 사회적 기회비용을 감안하기 위해 시장임금을 교정할 필요가 있다. 일을 수락하는 어느 누구도 최저임금보다 낮은 유보임금을 갖지 않을 것이고 프로젝트에 고용된 어느 누구의 유보임금도 최저 유보임금보다 높을 수 있을 것이기 때문에 이것은 최저임금과 최저 유보임금의 평균을 통해 다루어질 수 있을 것이다. 최저 유보임금에 대한 정보가 없는 경우 잠재임금은 최저임금의 절반(즉 최저 유보임금이 0이라고 가정)으로 추정될 수 있다.

실업이 존재할 때 노동의 잠재가격에 대한 지금까지의 취급은 프로젝트로 인해 창출되는 산출물에 일어나는 일은 고려하지 않고 있다. 만일 프로젝트로 인해 창출된 생산이 완전경쟁시장에서 팔리고 가격을 하락시킨다면 민간경제 부문에서의 사업 폐쇄로 인해 노동이 감소할 수도 있지만, 프로젝트와 연관된 제품 또는 서비스가 다른 경쟁시장과 보완적이어서 일자리 창출을 촉진시킬 수도 있다(3장 참조).

이들 경우에 진정한 잠재가격을 결정하는 것은 즉각적이 아니다. 어떠한 경우에도 프로젝트와 밀접하게 연관된 시장과 시장에 대한 잠재적 영향을 조심스럽게 분석하는 것이 평가자에게 도움이 될 수 있다 (Johansson, 1991 참조).

제 8 절 공적자금의 잠재가격

다수의 프로젝트들이 공적자금을 필요로 한다. 때때로 무료도로의 경우와 같이 사용자들은 공급되는 서비스에 대해 요금이 부과되지 않거나 자연보전지역과 같이 공적자금이 소요되는 수입 창출 프로젝트의 경우 총비용을 충당하기에는 부족한 입장료가 부과된다. 두 경우 모두 조세에 의해 일부 또는 전부 비용이 조달될 수 있다. 효율성 관점에서 조세수입의 문제는 조세징수가 소비자, 생산자와 정부 간의 단순한 소득의 이전이 아니라는 것이다. 조세를 통한 자금의 이전과 관련하여 조세의 자중손실 문제에 이르는 효율성 손실이 존재한다.

왜 공적자금의 잠재가격을 추정하는 것이 필요한지를 단순하게 보기 위해 [그림 4-11]에 나와 있듯이 프로젝트와 관련이 없는 시장에서 (연도 0에) 간접세가 존재하는 경우를 보자.[5] 연도 0에만 투자비용(I_0)이 발생하는 프로젝트를 완전히 조달하기 위해 조세가 부과된다. 그것은 T년이라는 프로젝트의 생애 각 연도마다 일정한 연간 편익($\overline{B}$)을 창출한다. 실질이자율은 0이고, 편익 $\overline{B}$는 전적으로 소비자 잉여이다(재화에 대해 전혀 요금이 부과되지 않는 것으로 가정).

5) 단순화를 위해 조세의 유일한 효과가 이 1차 시장에서만 발생한다고 가정한다. 조세의 도입으로 인해 영향을 받는 여타 생산물 시장과 투입물 시장이 없다. 1차 시장과 보완성 또는 대체성 관계로 연관되는 다른 시장에 대한 영향은 3장 참조. 우리는 또한 최적 과세, 즉 자중손실을 최소화하도록 조세수입을 거두는 방법, 문제를 무시한다.

프로젝트의 NPV는 편익의 흐름과 초기 비용의 차이와 같은 것으로 여겨진다.

$$NPV = -I + T\overline{B} \tag{4.13}$$

그럼에도 불구하고 [그림 4-11]을 보면 프로젝트의 조달에 내재된 사회적 비용은 I보다 크다는 것을 알 수 있는데, 왜냐하면 조세 도입의 영향이 소득 이전에 국한되지 않기 때문이다. 처음에 시장은 가격 p_0, 수량 x_0인 균형 b에 위치한다. 조세의 도입으로 소비자가 지불하는 가격을 p^+로 증가시키고 수요량을 x_1으로 감소시켜 시장균형이 변하게 된다. 생산자들이 받는 가격은 p^-이고 조세수입은 면적 p^+adp^-로 나타나는데 이것은 I와 같다.

조세의 도입으로 인해 수량이 x_0에서 x_1으로 감소하였다. 기회비용이 면적 dbx_0x_1으로 표시되는 재화 또는 서비스에 대해 소비자들은 면적 abx_0x_1을 지불할 의사가 있기 때문에 이 수량 감소는 경제에 음의 영향을 나타낸다. 더 이상 생산되지 않는 $x_0 - x_1$으로 야

[그림 4-11] 공적자금의 잠재가격

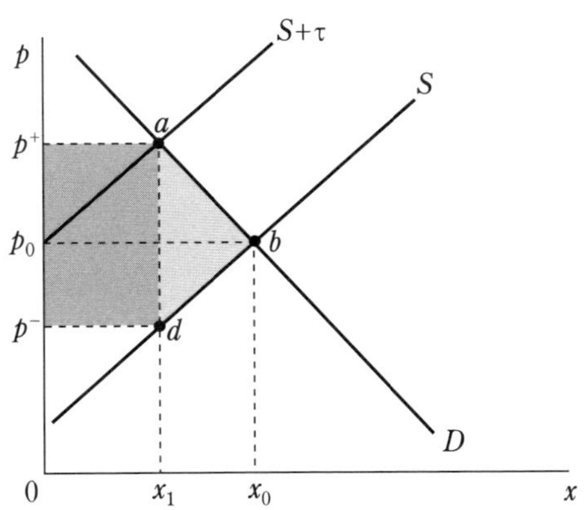

기되는 효율성의 순손실은 면적 abd이다. 공적자금을 얻는 추가적 비용은 프로젝트의 평가에 포함되어야 한다.

예를 들어 면적 abd는 조세수입의 25%라고 가정하면 공적자금의 잠재가격(또는 잠재승수)은 1.25가 되고 프로젝트의 비용은 $1.25I_0$이다. λ_g를 공적자금의 잠재가격이라 하자. 그러면 우리는 투자의 기회비용을 반영하기 위해 식 (4.13)을 수정해야 한다.

$$NPV = -\lambda_g I + T\overline{B} \tag{4.14}$$

그래서 우리는 NPV가 0보다 크기 위해서는 다음이 만족해야 한다는 것을 알 수 있다.

$$\frac{T\overline{B}}{I} > \lambda_g \tag{4.15}$$

식 (4.15)를 경제학적으로 해석하면 조세에 의해 조달되는 프로젝트가 사회적으로 이득이 되기 위해서는 투자되는 돈 1단위당 얻는 사회적 편익이 공적자금의 기회비용보다 커야 한다는 것을 나타낸다.

이 주장은 프로젝트가 전적으로 조세에 의해 조달되고 운영수입과 비용이 없다는 가정에 기초하고 있다. 보다 일반적인 경우는 다음 식으로 표현된다.

$$NPV = -I_0\lambda_g + \sum_{t=1}^{T} \frac{CS_t + \lambda_g PS_t}{(1+i)^t} \tag{4.16}$$

여기서 CS_t는 연도 t의 소비자잉여, PS_t는 연도 t의 생산자잉여, i는 사회적 할인율이다.

식 (4.16)은 공적자금의 잠재가격이 비용과 수입에 모두 적용되어야 한다는 것을 보여준다. 연간 순수입은 공적자금 조달의 필요성을 감소시켜서 조세의 필요성을 감소시키고 프로젝트 생애 중 어느 한

해에 사용자들에게 요금을 부과함으로써 거둔 \$1는 $\lambda_g(1+i)^{-t}$의 현재가치를 갖는다.

제 9 절 사회적 편익과 재무적 균형

재무분석에서와 같이 수입이 아니라 비용-편익분석에서 사회적 편익을 사용하고 시장가격이 아니라 기회비용을 근사하기 위해 잠재가격을 사용하는 것은 근본적 문제를 야기한다. 경제적 평가 결과 양의 사회적 NPV를 얻는 프로젝트들은 종종 빈약한 재무적 결과와 연관된다. 즉 상업적 견지에서 그것들은 실현 가능하지 않다.

[그림 4-12]에 나타나 있듯이 공공서비스를 제공하는 프로젝트의 경우를 보자. 수요함수는 $x = 100 - p$이다. 따라서 이 서비스의 수요량(x)은 가격(p)이 0일 때 단위 기간당 100명의 사용자이고 가격이 \$100일 때 0이다.

가령 시설의 생애인 10년 동안 사용자 수와 관계없이 이 서비스

[그림 4-12] 사회적 편익과 재무적 균형

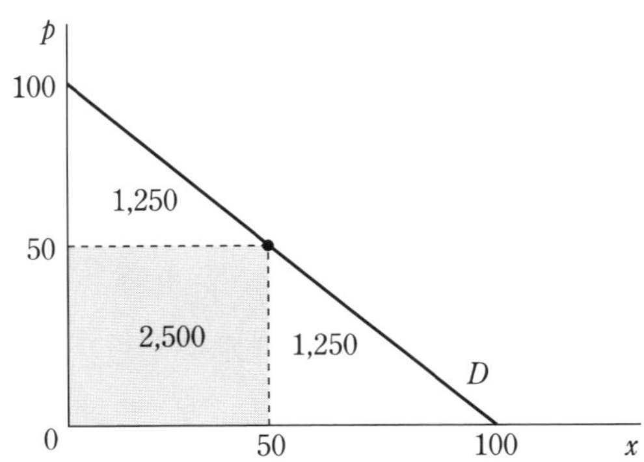

의 비용이 $25,000(이 가운데 $5,000은 사용되는 빌딩 자재에 부과되는 간접세)라고 하자. 사회적 할인율과 이자율은 0이다.

사회적 NPV는 다음과 같이 표현될 수 있다.

$$NPV_s = -20,000 + 10\overline{B} \tag{4.17}$$

여기서 조세(이전)에 해당하는 $5,000은, 프로젝트의 비용을 기회비용으로 표현하기 위해 공제되었고(프로젝트에 사용되는 실제 자원은 $20,000로 가치가 매겨짐) $\overline{B}$는 매기의 일정한 총편익을 나타낸다.

한편 재무적 NPV는 다음과 같다.

$$NPV_f = -25,000 + 10px \tag{4.18}$$

여기서는 사회적 NPV와 대조적으로 비용은 (조세가 포함된) 시장가격으로 측정되고 편익은 거둔 수입으로 축소된다.

상이한 가격으로 시도하면 수입과 소비자잉여, 그에 따른 사회적 및 재무적 NPV를 계산하는 것이 가능하다. 가능한 한 가장 큰 사회적 NPV는 $30,000인데 이것은 가격이 0일 때에 해당하는 것을 볼 수 있다. 이 최대 사회적 NPV는 –$25,000의 재무적 결과와 연관된다. 상업적 적자는 서비스가 무료일 때 고정비용과 같다.

단일 가격으로는 가격이 $50일 때 최상의 재무적 결과가 달성된다. 이 경우 수입은 비용과 같다. 재무적 결과의 개선은 사회적 NPV의 감소와 나란히 가는데 이제 후자는 S17,500이다.

이 경우는 공공 프로젝트를 평가할 때 잠재가격의 사용에 일관성이 있어야 한다는 것의 중요성을 보여준다. 가령 우리가 이 프로젝트를 예산제약 상황에서 평가하는데, 이때에는 일단 평가대상인 서비스가 운영되기 시작하면 비용이 충당되는 것을 필요로 한다.

평가할 때 조세를 공제한 비용을 계산하더라도 재무적 제약에 응하기 위해서는 실제 가격은 조세를 포함한다는 것을 잊어서는 안 된다. 분명히 추정된 수요는 서비스가 무료일 때 얻는 $50,000의 소비자 잉여와 양립하지 않을 것이다.

추정된 수요(100)는 달성되지 않을 것인데, 왜냐하면 예산제약이 최적보다 더 높은 가격으로 운영할 것을 요구하기 때문이다. 만일 소비자들에게 부과되는 가격이 $50이라면 소비자의 수는 반으로 줄고 이에 따라 사회적 편익이 감소한다. 더욱이 다수의 기술적 선택대상이 존재할 때 투입물 조합의 선택은 잠재가격이 낮은 투입물 사용을 선호하는 방향으로 편의가 존재할 수 있는데, 이 경우 사회적 NPV는 증가한다. 서비스를 운영하면서 나중에 이 선택은 프로젝트의 상업적 생존능력과 타협할 수 있는데, 그 이유는 시장가격으로 부과되어야 하기 때문이다.

잠재가격으로 사회적 NPV를 계산할 때 이 가정들의 재무적 함축성과 직면하는 제약들이 동시에 고려되어야 한다. 잠재가격의 사용은 프로젝트의 생애동안 나중에 발생할 일을 고려할 것을 요구한다. 잠재가격의 사용으로 어떤 프로젝트들이 실행 가능하게 할 수 있는데, 이 경우 시장가격을 사용하면 실행 가능하지 않을 것이다.

이 문제를 보여주는 한 예가 구조적 실업이 존재하는 지역에 항구를 건설하는 것이다. 자본집약적 또는 노동집약적 등 두 개의 대안에 직면하였을 때 노동에 대한 잠재가격을 사용하면 덜 자본집약적인 항구를 건설하는 것이 사회적으로 더 이득이 되게 할 수 있다. 일단 항구가 건설되면 항구 운영자에게 시장가격에 따라 수지를 균형시키는 상업적 목표가 부여된다. 모순이 발생하는데, 왜냐하면 그 항구는 자본집약적인 경쟁 항구들에 비해 불리한 위치에 있기 때문이다. 만일 항구당국이 노동의 사용을 (잠재가격을 가지고 사전적 평가를 하여 확인한 것과 같이) 더 싸게 하도록 하는 대응보조금을 받지 못한다면(이것은 경쟁법칙에 의해 금지될 수 있음), 그 항구는 여타 더 효율적인 항구들에 수송을 잃을 것이다.

프로젝트의 경제적 평가에서 설령 시장임금을 낮추기 위한 보조금이 없더라도 잠재가격은 사용될 수 있다. 그러나 만일 항구가 나중에 시장기준하에서 활용된다면 시장가격으로 매겨진 투입물과 양립하는 비용에 상응하는 가격으로 수요가 예측되어야 한다.

요점 정리

- 투입물의 기회비용은 그것의 차선의 대안에서 잃은 순가치이다. 요소시장에서의 시장가격은 기회비용을 근사하는 첫째 후보이다. 조세, 외부효과 또는 실업과 같은 상황이 존재하는데, 그 때에는 참된 기회비용을 얻기 위하여 시장가격이 교정되어야 한다. 이것이 소위 잠재가격이다.
- 증분비용은 투입물 1단위를 사용하는 기회비용을 반영하고 평균비용은 이 투입물의 상이한 단위들의 기회비용의 평균값을 반영하므로 투입물 생산성이 일정하지 않는 한 평균비용은 비용-편익분석에서 부적절하다.
- 공급과 수요 간의 교점은 시간에 따라 변하므로 1차 연도의 편익과 비용은 보통 다음 해의 것과 상이할 것이다. 프로젝트의 생애 동안 매년 프로젝트가 있을 때와 없을 때의 균형을 조사하라.
- 노동은 투입물이지 산출물이 아니다. 비용-편익분석에서 노동의 기회비용은 다수의 여타 투입물과 마찬가지로 투입물의 이전 사용에 달려 있다. 어떤 근로자가 이전에 고용되어 있다면 그의 총임금이 기회비용으로 사용될 수 있다. 비자발적 실업이 존재하는 경우 잠재가격은 근로자의 여가의 가치로 낮아질 수 있다.
- 공적자금의 조달을 필요로 하는 다수의 프로젝트들이 있다. 어떤 프로젝트들은 무료로 제공되고 다른 프로젝트들은 요금을 부과하기는 하나 수지균형을 달성할 정도는 아니다. 프로젝트가 부분적이나 전적으로 조세에 의해 자금조달이 이루어져야 할 때, 우리는 과세의 왜곡효과를 고려해야 한다. 조세징수는 개인과 정부 간의 단

순한 이전이 아니다. 그 과정에 경제적 가치를 잃게 된다. 조세의 자중손실은 공적자금의 잠재가격에 포함되어야 한다.

- 사회적 NPV는 프로젝트의 할인된 순사회적 편익을 나타낸다. 재무적 NPV는 프로젝트가 총비용을 충당하기에 충분한 수입을 창출하는지를 나타낸다. 민간 기업은 재무적 NPV에 관심이 있지만 비용-편익분석의 수행자는 양쪽에 의해 제공되는 정보를 필요로 한다.

CHAPTER 5

비시장재의 경제적 평가(Ⅰ)

바보만 가치와 가격을 혼동한다.

(Antonio Machado*)

* 스페인의 시인(1875-1939).

제1절 서　　론

프로젝트와 공공정책의 양과 음의 영향에 대한 평가는, 그러한 영향에 대한 시장이 존재하지 않을 때 특히 어렵고 논란의 여지가 있다. 때때로 프로젝트는 특별히 환경재를 개선시키거나 악화를 방지하도록 고안된다. 또 다른 경우에는 목적의 성격이 다르고 환경적 영향은 프로젝트의 부작용이다.

예를 들어 직장에서의 사망 위험을 줄이는 안전 정책과 수질을 개선함으로써 호수와 강의 휴양가치를 증가시키는 프로젝트가 존재한다. 이와 대조적으로 지구 온난화를 촉진시키는 산업생산(또는 가축)을 촉진시키는 정책과 공항의 건설과 같이 소음과 경관 파괴와 같은 외부효과를 유발하는 프로젝트도 있다.

프로젝트가 유발하는 음 또는 양의 외부효과를 무시하면 그것의 진정한 기회비용 또는 동등하게 그것의 수행으로부터 사회가 얻는 진정한 편익이 감추어질 수 있다. 만일 프로젝트의 사회적 수익성이 외부효과의 크기에 민감하다면 그것이 심지어 채택-기각 결정을 변화시키거나 만일 일련의 프로젝트들 가운데 선택하는 결정이라면 순위를 바뀌게 할 수도 있다. 문제는 시장에서 거래되는 수량이 없고 그것들의 가치를 매기기 위해 이용 가능한 가격도 없는 재화의 편익과 비용을 어떻게 평가하느냐 하는 것이다.

2절은 어떻게 외부효과와 공공재가 경제적 평가에 대해 도전인지를 설명한다. 프로젝트에 의해 영향을 받는 재화가 거래되는 시장이 없을 때 지불의사액 또는 수용의사액은 '동류' 시장의 이용이나 개인들을 가상적 상황에 집어넣어 우리로 하여금 비시장재의 경제적 가치를 추정하기 위해 적절한 정보를 얻을 수 있도록 하는 질문의 고안과 같은 해법을 찾을 필요성을 부여한다. 측정은 비시장재의 변동과 개인의 후생 배후의 핵심 관계와 이들 관계 역시 생물학적이고 생태학적이라는 것에 대한 사전적 이해를 필요로 한다.

개인들 효용 변동의 화폐 척도는 3절에서 자세히 다루어진다. 공공재의 수량이나 질의 변동은 개인의 후생을 변동시키지만 효용은 관찰할 수 없고 경제학자는 효용 변동의 화폐 척도에 의존한다. 보상변화와 대등변화, 재산권과 그들의 관계 그리고 왜 보통 그것들이 서로 다른지에 대한 이유가 논의된다.

기본적으로 비시장재의 평가에는 두 접근법이 존재한다. 첫 번째는 시현된 선호에 기초하는 것이고 두 번째는 소위 진술된 선호라고 하는 개인들과의 인터뷰를 통한 것이다(6장). 시현된 선호 접근법은 두 가지 주요 방법, 즉 여행비용법과 헤드닉가격법이 있는데, 4절에서 제시된다. 둘 다 수행자는 지불의사액에 대한 정보를 얻는 연관 시장에 의존한다.

제 2 절 비시장재의 경제적 평가

1. 외부효과와 공공재

재화의 사적 비용은 그 재화의 생산에 사용되는 자원의 차선의 대안에서 경제주체에 의해 잃은 순편익인 한편 사회적 비용에서는 이 순편익은 사회가 잃은 것이다. 개인들이 재화를 소비하거나 생산함으로써 시장거래 밖에 있는 다른 사람들의 후생에 영향을 줄 때 그 차이는 타당하다. 이 경우 우리는 **외부효과**가 존재한다고 말하고 사적 비용과 사회적 비용은 상이하다. 외부효과는 양이나 음이 될 수 있고, 기업들이나 소비자들에 의해 유발될 수 있다.

양의 외부효과의 예는 한 개인이 그 대가를 지불하는 보안서비스를 의뢰하는 한편 다른 주민들은 그것에 대해 지불하지 않으면서 더 안전한 이웃으로부터 편익을 받는 것과 연관된다. 음의 외부효과는 공기를 오염시키고 배출에 의해 영향받는 주민들의 건강에 피해를 주는 회사에 의해 유발될 것이다. 첫 번째 경우는 한 개인에 의해 다른 사람들에게 편익을 주는 외부효과인 반면, 두 번째는 개인들에게 피해를 주는 외부효과를 유발하는 회사이다. 상이한 가능성들이 존재할 수 있는데, 그들은 모두 그것들에 대한 시장을 설립하는 것이 어렵거나 아예 시장이 없다는 공통점을 가지고 있다.

사회적 한계비용은 사적 한계비용에 외부효과를 더한 것과 같다. 만일 외부효과나 조세와 같은 여타 왜곡이 존재하지 않는다면 재화 1단위 생산의 사회적 비용은 그것의 사적 비용과 같다. 만일 음의 외부효과가 존재한다면 사회적 비용은 사적 비용에 외부효과가 유발하는 추가적 비용을 더한 것이다. 만일 외부효과가 양이면 사회적 비용은 사적 비용보다 작을 것이다. 사회적 한계비용과 사적 한계비용의 차이(즉 외부효과의 가치)는 일정할 필요가 없고 활동 규모에 따라 증가하거나 감소할 수 있다.

한 개인이 사적재를 소비할 때 다른 개인은 그 재화를 소비할 수가 없고(경합성) 만일 개인이 가격 지불을 거부한다면 공급자는 그를 배제시킬 수 있다(배제성). 우리는 몇몇 재화의 생산 또는 소비가 시장 밖에 있는 다른 사람들에게 영향을 미친다고 주장했지만 **순수 공공재**라고 불리는 비경합성과 비배제성을 갖는 극단적인 경우가 존재한다. 만일 재화가 비경합적이고 비배제적이면 그것은 시장에서 생산되고 팔릴 수 없다. 등대가 계속 고전적인 교과서 예이다.[1)]

1) 등대 예는 Ronald Coase가 등대의 역사를 검토하여 영국과 웨일즈에서는 사적으로 운영되어 왔다는 것을 알아내고 의문을 제기하였지만 다른 사람들은 이것은 단지 공공재를 제공하는 다른 방도의 메커니즘이 존재한다는 것을 의미할 따름이라고 주장한다(이 경우 정부는 근처 항구를 이용하는 배에 대해 요금이 부과되는 것을 허용하였다). GPS

비용-편익분석에서 비록 우리가 지불의사액에 대한 정보를 얻을 수 있는 시장거래는 없더라도 평가될 필요가 있는 (대기오염의 감소 또는 강 수질의 향상과 같이) 공공재 제공의 변동에 대한 경우들이 다수 존재한다.

때때로 공공재 수준의 변동은 1차 목표가 아니지만 프로젝트는 그 수준을 변동시키는 부작용을 유발한다. 경관의 시계를 감소시키는 공공 작업이 이 경우이다. 따라서 경치를 바라보는 즐거움의 감소로 표현되는 사회적 비용이 프로젝트의 비용이다. 또 하나의 완전히 다른 이슈는 이 비용을 프로젝트의 순사회적 편익을 계산하기 위해 하나의 수치로 현명하게 표현하는 데 있어서의 어려움이다.

비용-편익분석에서 또 다른 중요한 비시장재는 건강과 안전과 연관된다. 도로 안전에 대한 투자는 사고건수와 강도를 줄이는 것을 주요 목표로 가지고 있다. 이러한 유형의 프로젝트의 산출물은 구해진 생명과 피하게 된 부상의 수로 측정된다. 비록 프로젝트의 주요 목적이 아니더라도 여타 프로젝트들은 사람들의 건강상태에 영향을 미친다. 예를 들어 전기 생산을 증가시키고 대기질을 악화시키는 발전소를 들 수 있다. 두 가지 경우 모두 영향을 받는 사람들의 후생이 변하고 이들 영향의 경제적 가치를 계산하려고 하는 경제학자는 이들 재화에 대한 시장이 존재하지 않는 문제를 극복해야 한다.

우리의 단순화된 사회에서 위험 수준은 물론 천연자원과 환경재의 변동은 시장을 통해 소비자와 생산자에게 영향을 미친다. 농산물의 가격을 하락시키는 저수지의 수질 상승이 이 경우이다. 또 예를 들

는 공공재에 대한 보다 최신의 예일 수 있다. 아마도 거의 무한대로 다양하게 순수 공공재로부터 엄밀하게 사적재에 걸친 재화들이 존재할 것이다. 만일 운전자가 요금을 지불하지 않는다면 배제될 수 있는 교량이 변형의 한 예이다. 그러나 한계비용이 0인 한 교량의 이용은 비경합적이고 결과는 비효율적이다. 수요가 충분히 클 때 정체가 발생하고 한계비용은 양의 값이 된다.

어 정부가 도시 내에 더 큰 휴양지역을 제공할 때와 같이 시장거래를 통해서가 아니라 직접적으로 소비자들에게 편익을 주는 경우도 있다. 다른 경우에 직접적인 이용자가 아닌 사람들이 겪는 소음을 유발하는 공항의 경우에서 일어나듯이 판매자 또는 구입자로 참여하지 않는 시장거래를 통해서 사람들은 영향을 받는다. 우리는 소비자잉여와 생산자잉여에서 고려되지 않는 외부효과를 구별하기 위해 이 집단을 '사회의 나머지 구성원'이라고 불렀다(2장 참조).

더욱이 생산요소의 소유주들을 생각할 때 영역 내 부근 민간 토지의 가치를 증가시키는 오염된 자연지역의 복구의 경우에서 일어나듯이 공공재의 제공은 공급량이 고정된 생산요소의 지대를 증가시킬 수 있다. 마지막으로 대부분의 경우 납세자들은 투자와 유지비용을 떠안기 때문에 음으로 영향을 받는다.

우리의 단순화된 사회에서 사람들은 하나 이상의 집단에 속할 수 있고 그들의 다양한 '신분'으로 인해 그들의 후생은 상이한 경로를 통해 영향받을 수 있다는 것을 여기서 강조할 가치가 있다. 깨끗한 공기를 위한 규제의 도입으로 인해 '사회의 나머지 구성원'에 속하는 시민의 한 사람으로서 또는 토지 소유주로서 더 나아질 수 있고 전기 생산자와 소비자로서 또는 그가 살고 있는 집에 대해 이제 더 높은 임대료를 내는 임차인으로서 더 나빠질 수 있다.[2)]

이 주장의 실용적 측면은 분석자는 편익과 비용을 정량화하기 전에 모형을 필요로 한다는 것이다. 만일 소비자잉여의 변동이 깨끗한 공기를 위한 규제의 시행에 대해 그들이 얼마나 지불할 의사가 있는지 물어서 얻어졌다면 소비자잉여, 생산자잉여와 '사회의 나머지 구성원'의 변동을 더하면 2중 또는 3중 계산에 도달할 수 있다. 이 경우 보

2) 동일한 선호를 갖는 세상이라는 극단적인 경우 고정 생산요소의 소유주만 이 규제로부터 편익을 얻는다. Lansburg의 저서(1993)의 탁월한 부분인 '무차별 원리'를 참고하기 바란다.

다 엄격한 정책이나 더 높은 대기질에 의해 영향을 받는 기업들의 이윤 감소가 보통 그들의 답변에 포함될 것이다. 사람은 소비자 역할만 하는 것이 아니다. 그는 또한 주주일 수도 있어서 우리가 결과로 나오는 수치를 활용하기 전에 이 사람에 대한 질문은 명확하게 공식화되어야 한다. 이것은 천연자원, 환경적 속성 또는 살아가는 데 있어서의 위험 수준 변동의 금전적 평가에 대해 사람들에게 서베이를 하여 얻은 반응에 기초하여 하는 비시장재의 경제적 평가와 관련된 어려움에 대해 단서를 제공해 준다.

2. 비시장재 변동이 후생에 미치는 효과

환경재의 변동과 사회후생 간의 관계에 대한 이해는 그것의 경제적 내용에만 국한되지 않는다. 환경 및 자원 서비스 흐름의 양과 질의 변동 배후에 있는 생물학적·생태학적 연결고리에 대한 지식이 요구된다. Freeman(2003)은 이러한 흐름의 경제적 가치를 세 가지 집합의 기능적 관계의 산물로 볼 것을 제안하고 있다.

첫 번째는 인간의 개입과 환경재 변동 간의 연결고리이다(예를 들어, 상업적 또는 여가선용적 사용을 위한 어떤 종자의 생물자원 또는 대기질). 여기서는 두 가지 유형의 인간 개입이 타당하다. 하나는 한 공장이 대기를 오염시킬 때 시장에서 발생한다. 다른 하나는 환경에 영향을 미치는 상업활동을 규제하거나(예를 들어, Pigou세를 통한 외부효과의 내부화) 또는 직접적으로 환경재의 보호 또는 향상에 초점을 맞춘(예를 들어, 야생동물 보호구역의 설립) 정부의 행동이다.

환경재에 대한 인간 영향의 효과는 두 가지 경로를 갖고 있는데, 하나는 직접적인 것으로서 정부규제를 통해 토지사용이 제한될 때 동물군이 증가하는 것과 같은 것이고, 다른 하나는 간접적인 것으로 새로운 규제에 따라 민간 경제주체의 행태가 바뀌는 것과 같은 것이다.

환경재에 대한 정부행동의 최종효과를 예측하기 전에 개인과 기업의 반응이 관찰되어야 한다.

일단 환경재의 양 또는 질의 변동이 일어나면 그 재화를 인간이 사용하는 데 대한 효과를 알기 위해 두 번째 관계가 필요하게 된다. 상업적 어획의 경우처럼 자원의 사용은 시장에서 일어날 수 있거나 여가선용 활동을 위한 자원의 질의 수준일 수도 있다(예를 들어, 강에서 스포츠 활동을 하기 위해 수용 가능한 수질을 유지하는 날의 수). 산출물(예를 들어, 잡은 물고기의 중량과 여가선용 활동의 날 수)과 환경재의 (양 또는 질) 수준에 대한 직접효과가 존재하고 환경재 외의 다른 투입물 사용에 의해서도 산출물이 영향을 받음에 따라 간접효과가 존재한다. 그리고 다른 투입물의 양은 환경재 수준의 변동에 따라 변한다(예를 들어, 농부들이 새로운 생산조건에 대응하여 투입물의 사용을 변경함에 따라 기후변화는 농산물 수확에 간접적으로 영향을 미친다).

세 번째 관계는 산출물 또는 자원 흐름과 후생 간의 연결고리이다. 이것은 환경재 변동의 경제적 평가로 구성된다. 경제학자의 계획은 여가선용의 목적으로 강이 개방되는 날 수의 변동이나 환경을 개선하려는 정부의 행동 후에 대기 중 오염물질의 물리적 지수를 측정하는 것이 아니다. 목표는 사회후생의 변동을 측정하는 것이고 이것은 환경재 변동의 사용가치와 비사용가치 등 두 유형의 가치를 포함할 것이다.

제 3 절 지불의사액과 수용의사액

깨끗한 공기, 고요함과 경관과 같은 재화가 갖는 문제는 그것들이 거래되는 시장이 없어서 프로젝트와 관련된 대기오염, 소음 또는 시야방해 수준의 변동을 경제적 단위로 측정하기 어렵다는 것이다.

평가 정보를 얻을 시장이 없는 경우 직접적인 시장거래를 필요로 하지 않는 재화 변동의 경제적 효과를 반영하는 시장이 존재하는 다른 연관된 재화를 찾아야 한다. 예를 들어 부동산 시장은 주택가격에 인근의 공항 운영에 수반된 소음이나 공원의 제공을 반영한다. '동류' 시장을 이용할 가능성이 없을 때에 대안은 그들의 후생에 대한 영향의 경제적 가치를 직접 사람들에게 묻는 것이다. 첫 번째 경우가 시현된 선호라 부르는 것이고 두 번째는 진술된 선호이다.

간접효용함수 $U = V(P,\ M)$으로부터 시작하는데, 여기서 개인의 효용(U)은 간접적으로 소비하는 재화의 가격(P)과 그의 소득(M)에 의존한다(11장 참조). 우리는 간접효용함수에 공공재(Johansson, 1993)를 포함시켜서 식 (5.1)과 같이 개인의 효용을 사적재의 가격 벡터, 공공재의 양 또는 질로 정의된 제공 수준(g), 그리고 그의 소득의 함수로 표현할 수 있다.

$$V(P,\ g,\ M) \tag{5.1}$$

가령 주어진 프로젝트가 공공재 g를 증진시킨다고 하자. 우리는 그것을 환경질이라 가정한다. 가령 프로젝트는 대기질을 증진시키거나 소음을 줄인다고 하자. 개인의 초기 효용은 U^0로 표현되고 일단 프로젝트가 수행되고 나면 최종 효용은 U^1으로 표현된다(상첨자 0과 1은 각각 프로젝트가 없을 때와 있을 때를 나타낸다).

$$U^0 = V(P^0,\ g^0,\ M) \tag{5.2}$$

$$U^1 = V(P^0,\ g^1,\ M) \tag{5.3}$$

공공재의 증진 결과로 일어나는 개인들의 후생의 증가는 $U^1 - U^0$이다. 이상적으로 프로젝트로 인한 효용의 변동은 우리가 측정하여야 하는 것이지만 효용은 관찰할 수 없어서 효용을 직접 측정할 수 없는 경제학자들은 효용변동의 화폐 척도에 의존한다(11장 참조). 비시장재 변동의 개인적 평가를 얻는 데 두 가지 근사법이 있는데, 지불의사액과 수용의사액이다.

개인이 경험한 효용변동을 화폐단위로 측정하는 한 가지 방법은 증진에 대해서 그가 얼마나 지불할 의사가 있는지를 묻는 것이다. 이것이 보상변화(CV)인데, 개인이 성실하게 대응한다고 가정할 때 그는 증진이 없을 때의 초기 상황과 무차별하게 되는 액수(CV)를 지불할 의사가 있을 것이다. 식 (5.4)는 공공재 증진을 어떻게 측정하는지에 대한 착상을 보여준다.

$$U^0 = V(P^0,\ g^0,\ M) = V(P^0,\ g^1,\ M - CV) \tag{5.4}$$

여기서 개인의 소득은 프로젝트에 의해 변하지 않는 것으로 가정한다.

화폐 단위로 개인의 효용 증가를 측정하는 또 다른 방법은 증진 없이 지내는 대신 그가 수용할 소득의 최소 규모에 대해 사람들에게 묻는 것이다. 이것이 대등변화(EV)인데, 개인이 성실하게 대응한다고 가정할 때 증진으로 인해 그가 도달했을 상황과 무차별하게 되는 액수를 그가 수용할 의사가 있을 것이다. 식 (5.5)는 EV 개념을 공공재 증진에 적용한 것이다.

$$U^1 = V(P^0,\ g^1,\ M) = V(P^0,\ g^0,\ M + EV) \tag{5.5}$$

예를 들어 보면 두 개념 간의 차이와 그것들의 실제 용도를 명확히 하는 데 도움이 될 것이다. 만일 공장을 건설하는 프로젝트가 허용되면 오염이 될 강에서 낚시하는 것이 취미인 개인의 경우를 보자. 프로젝트의 사회적 비용 가운데 강물 오염을 프로젝트의 평가에 포함시키기 위해 이 개인의 삶의 질의 예상되는 하락은 가치가 매겨져야 한다. '깨끗한 물'이라는 재화에 대한 시장이 없기 때문에 이 피해를 평가하는 데 어려움이 야기된다. 만일 당신이 이 낚시꾼에게 피해를 피하기 위하여 얼마를 지불할 의사가 있는지 묻는다면 그는 아마도 화를 내며 0이라고 답할 것이고 어떤 경우든 우리는 피해에 대해 그에게 보상해야만 한다.

이제 공장이 오염시킬 권리를 가지고 있는 경우를 보자. 이제 피해를 피하기 위해 이 사람이 얼마를 지블할 의사가 있는지의 질문은 응답자에게 또 다른 함축성을 가지고 있어서 만일 그가 진실하게 답변한다면 그의 소득 한계 내에서 답변은 오염되지 않은 강에서 계속 낚시할 때와 무차별해지게 만드는 최대 액수가 될 것이다.

대신 개인이 오염되지 않은 강에 대한 권리를 가지고 있다고 가정한다. 이제 이치에 맞는 질문은 '강의 오염에 대해 그가 수용할 최소한의 보상은 얼마인가'이다. 그 사람이 낚시에 대해 부여하는 중요성과 대체재의 폐쇄성에 따라 그는 크거나 작은 보상을 요구할 것이다. 이 경우 보상은 그의 소득에 의해 제한되지 않으므로 무한대가 될 수도 있다.[3)]

낚시꾼의 경우는 외부효과의 측정이 유일하지 않고 그것은 누가 재산권을 가지고 있느냐에 달려 있다는 것을 보여준다. 가령 그 사람이 오염된 강에서 낚시를 하고 프로젝트는 낚시 환경을 크게 개선한

〈표 5-1〉 외부효과를 평가하는 방법

	깨끗한 물에 대한 재산권의 귀속	
	낚시하는 사람	공장
오염되는 깨끗한 물	*CV*/ *WTA*	*EV*/ *WTP*
깨끗하게 되는 오염된 강	*EV*/ *WTA*	*CV*/ *WTP*

주: *CV*: 보상변화, *WTA*: 수용의사액, *EV*: 대등변화, *WTP*: 지불의사액.

3) 왜 무한대의 보상이 필요할 수도 있는지를 보여주는 예는 죽을 위험이 높은 경우이다. 일반적으로 비록 보상이 무한대로 간다 하더라도 사람들은 기꺼이 큰 위험을 감수하려 하지 않는다.

다고 하자. 만일 깨끗한 물에 대한 재산권이 낚시꾼에게 속한다면 평가를 위한 질문은 강이 계속 오염된 채로 있도록(즉 개선 프로젝트를 수행하지 않도록) 하는 데 얼마를 수용할 의사가 있는가이다. 여기에서 보상에 대해 소득 제한은 없을 것이다. 공장이 오염시킬 권리를 가지고 있는 경우에 질문은 낚시꾼은 깨끗한 물을 위해 얼마를 지불할 의사가 있는가이다.

이제 답변은 그 개인의 소득에 의해 제한된다(〈표 5-1〉은 다양한 가능성을 나타낸다).

이 예를 통해 어떤 질문에는 소득의 한계가 존재하고 다른 질문에는 그렇지 않다는 것을 보여준다. 더욱이 개인의 생활수준이 답변하는 질문 유형에 따라 다르기 때문에 사람들이 대답하는 수용의사액이나 지불의사액이 같다고 기대할 이유가 없고 만일 소득의 한계효용이 일정하지 않다면 보상변화와 대등변화는 일치하지 않는다(11장 참조).

2장에서의 사회의 모형화에 의하면 환경질을 높이는 프로젝트는 예를 들어 '사회의 나머지 구성원' 집단(여행자가 누리는 더 나은 환경질), '생산자'(높은 질로 인한 비용감소에 따른 이윤증가), '소비자'(낮은 비용을 생산자가 공급하는 재화의 낮은 가격을 통해), '납세자'(조세를 통해 프로젝트 비용을 조달) 등 상이한 사회집단에 영향을 미친다.

실제로 환경재에 의해 경험한 변동의 화폐적 가치를 계산하도록 질문을 올바르게 형식화하는 것은 중요하다. 만일 개인에게 환경개선에 대한 지불의사액을 묻는다면 무조건 소비자로서뿐만 아니라 생산자 또는 납세자로서 개인의 잉여를 포함한 가치를 얻을 것이다. 개인에게 환경재 변동에 대한 그의 평가가 주주로서 또는 납세자로서 그의 소득의 변동을 제외해야 한다고 알리지 않는다면 이 장에서의 단순화된 사회를 구성하는 사회집단의 잉여의 합은 틀릴 것이다.[4)]

---

4) 개인에게 제기되는 질문으로 귀착할 때 대등변화와 보상변화를 어떻게

우리는 *CV*와 *EV*가 다를 수 있다는 것을(보다 상세한 설명은 11장 참조) 보았지만 관찰되는 지불의사억(*WTP*)과 수용의사액(*WTA*) 간의 차이는 소득효과가 설명하는 것보다 크다. 실증분석(Horowitz and McConnell, 2002)에 의하면 상당한 격차가 있는 것으로 결론내리는데, 사적재의 경우 격차는 최소이고 공공재의 경우 *WTA*/*WTP* 비율이 10인데 서베이 관련 문제에서 설명은 찾을 수 없다.

격차를 설명하기 위해 다른 생각들이 제시되었는데, 예를 들어 몇몇 환경재에서 나타나듯이 거의 대체재가 존재하지 않는 경우의 **대체효과**이다. 만일 대체 가능성이 희소하다면 환경재 양이나 질의 감소에 대해 소요되는 보상은 더 클 것이다(Hanemann, 1991). 다른 해석은 개인들이 동일한 크기의 이득보다는 손실에 더 큰 가중치를 준다는 **손실 혐오**와 **참고 의존성** 개념을 인용한다(Kahnemann and Tversky, 2000). 또 다른 주장은 불확실성 맥락에서 비가역성 이념에 기초한다(8장 2절 참조). (환경재가 현 수준에서 유지되지 않을 때) 한 대안을 죽이는 추가적 비용은 그 수준의 감소에 소요되는 더 많은 보상에 반영될 수 있을 것이다(Zhao and Kling, 2001).

제 4 절 시현된 선호를 통한 평가

환경재를 포함한 프로젝트의 편익을 측정하는 데 두 가지 접근법이 존재하는데, 하나는 시현된 선호에 기초한 측정이고 다른 하나는 진술된 선호, 즉 그들의 선호에 대한 정보를 얻기 위해 서베이를 하는 것 등이다.

가장 단순한 경우는 비시장재의 변등이 시장재 생산의 투입물일 때 발생한다. 예를 들어 공공프로젝트로 인해 주거지 식수를 공급하

표현하는지에 대한 정밀한 분석에 대허서는 Johansson(1993) 참조.

는 기업에 있어 투입물로 사용되는 물의 질을 증가시킬 때 공공재 제공의 편익(저수지 또는 지하의 수질)은 물 공급 기업의 비용함수에 영향을 미치는데, 왜냐하면 그것이 음용수 생산의 평균비용을 낮추기 때문이다. 이 비용감소는 수요함수와 상호작용하여 만일 가격이 하락한다면(산출물로서 수질이 일정하다고 가정할 때) 소비자의 효용에 영향을 주고 만일 생산요소 소유주들의 잉여가 증가한다면 그들의 효용에 영향을 준다.

공공재의 평가를 위한 시장을 가지고 있지 않다는 문제는 환경재에 영향을 미치는 행동의 두 가지 예로 보여줄 수 있다. 첫 번째 예는 도시에 녹지대를 제공하는 시의 프로젝트이다. 두 번째 예는 인근 주거지역에 소음을 증가시키는 공항의 건설이다.

두 가지 경우 모두 평가자는 프로젝트로 인한 사회적 편익의 변동을 알 필요가 있다. 한 가지 경우에 개인들의 편익은 새로운 녹지대로부터 창출되고, 다른 경우에는 공항에 의해 유발된 소음의 결과 사회적 편익의 감소가 초래된다. 두 번째 경우에 우리가 집에 소음장치를 하는 데 얼마가 드는지를 알기 때문에 소음의 비용을 가구당 비용에 소음지대 내의 주택수를 곱하여 추정할 수 있다고 생각할 수도 있다. 이것이 정말로 소음의 비용인가? 실제는 아닌데, 왜냐하면 사람들이 외부로 나가거나 창문을 열 때 소음에 대한 노출을 피할 수 없기 때문이다.

회피행태(즉 소음이나 질병이 걸릴 높은 위험을 피하기 위한 개인의 행동에 드는 비용)는 물론, 방어적 지출의 문제는 비시장 비재화(예, 소음) 변동의 가치를 측정하는 것이 아니라 효용 손실을 피하기 위해 개인이 지불할 의사가 있는 최대 금액의 하한이라는 것이다.

녹지대와 소음의 경우 모두 자산시장과 같은 '동류'시장에서의 행태를 관찰하거나 건강 위험의 경우 노동시장에서의 행태를 관찰하여 비시장재의 경제적 가치를 추정하려고 시도할 수 있다. 이 방법은 환경재의 사용가치에 대한 정보를 얻는 것을 목표로 하므로 비사용가치에 대한 정보를 제공할 수 없다.

1. 헤도닉가격법

시현된 선호에 기초한 접근법은 공항 근처 주택의 가격과 유사한 특성을 갖지만 상이한 소음 노출 수준을 갖는 다른 주택의 가격을 비교하여 소음이 주택의 가격에 어떻게 영향을 주는지를 보는 것이다. 출발할 때의 가정은 유사한 주택 집합 가운데에서 사람들은 소음에 덜 노출된 주택에 더 많이 지불하고 우리는 소음을 피하기 위한 지불의사의 화폐적 측정값을 얻을 수 있고 그 가격으로부터 개인들에게 있어서의 소음의 내재가격을 추론할 수 있다는 것이다.

이러한 근사는 재화를 속성들의 집합으로 보는 구상에 기초하고 있다(Lancaster, 1966). 따라서 주택은 방의 수, 정원 규모, 경관, 건축물의 질, 위치 등의 복합재로 묘사된다. 단일 우리가 여기에 주택들이 상이한 소음 노출수준을 갖는다는 것을 더하면 우리는 소음의 내재가격을 찾을 수 있다.

문제는 소음에 노출된 주택과 노출되지 않은 주택 간의 가격 차이가 단지 이 사실만으로 설명될 수 없다는 것인데, 왜냐하면 예를 들어 공항 건설 프로젝트의 일부인 새로운 지하철 노선을 건설하거나 진입로로 인한 시내 중심부로의 접근 가능성 증가에 의해 공항도 이득이 되기 때문이다. 더욱이 공항 근처에 살기로 결정한 사람들은 동일한 선호를 갖지 않을 수도 있으므로 소음의 비효용이 평균적인 사람에게 전형적인 것이 아니다. 이 방법이 어떻게 이들 난관을 해결하고자 하는지 보자.[5)]

5) 헤도닉가격법에서의 두 가지 보편적 가정은 개인의 효용함수가 약하게 분리 가능하고 약보완성이 존재한다는 것이다. 첫 번째 가정은 주

가령 주택가격(P)이 다음 변수들의 함수라고 하자.

$$P = f(R, N, A, F, O) \tag{5.6}$$

여기서 P는 주택가격, R은 방의 수, N은 소음 수준, A는 도시 중심부까지의 출입시간, F는 (범죄율, 학교 수와 질 등) 지역의 특성, O는 기타 요인들이다.

일단 우리가 주택의 대표적 표본을 확보하면 종종 로그함수로 가정되는 형태의 식 (5.6)을 추정한다.

$$\ln P = b_0 + b_1 \ln R + b_2 \ln N + b_3 \ln A + b_4 \ln F + b_5 \ln O \tag{5.7}$$

첫째 우리는 어떻게 주택가격이 소음 수준의 변동에 따라 변하는지 알고자 하고 식 (5.7)은 우리로 하여금 이 관계를 추정할 수 있도록 한다. 만일 우리가 여타 설명변수들은 일정하게 유지한 채 소음 수준에 대한 가격 대수의 도함수를 계산하면 소음 수준에 대한 가격의 탄력성을 얻는다.

$$\frac{\partial \ln P}{\partial \ln N} = b_2 \tag{5.8}$$

또는

$$b_2 = \frac{\partial P}{\partial N}\frac{N}{P} \tag{5.9}$$

식 (5.9)에서 $\partial P/\partial N$은 소음 수준이 변할 때 주택가격의 변동인

택과 소음 수준 간의 한계대체율이 타 재화의 수준에 의존하지 않는다는 것을 의미한다. 두 번째 가정은 만일 주택에 대한 수요가 0이면 소음을 피하기 위한 지불의사액도 0이라는 것이다. 환경질의 소극적 사용 또는 비사용가치(6장 2절 참조)는 이 방법으로 포착되지 않는데, 왜냐하면 그것은 주택가격에 반영되지 않기 때문이다.

데, 이것을 소음의 내재가격 또는 헤도닉가격이라 부른다. 식 (5.9)에서 $\partial P/\partial N$에 대해 풀면 소음의 헤도닉가격 가치를 얻을 수 있다.

$$\frac{\partial P}{\partial N}=b_2\frac{P}{N} \tag{5.10}$$

식 (5.10)에서 볼 수 있듯이 소음의 가격은 (음의 값일 것으로 예상되는) 모수 추정치, 주택의 가격과 소음 수준에 달려 있다. 따라서 소음의 헤도닉가격은 P와 N이 항상 같은 비율로 변하지 않는 한 일정하지가 않은데, 사적재의 가격이 관찰되는 수준에서 환경질과 선형관계를 갖지 않으므로 P와 N이 같은 비율로 변하는지는 실증 작업으로부터 알려져 있지 않다.

무엇이 $\partial P/\partial N$을 측정하는지 상기할 필요가 있다. 이 편도함수는 주택이 위치한 지역에서 소음이 증가할 때 주택가격이 얼마나 하락하느냐로 이해되는 소음의 가격이다. 따라서 이 헤도닉가격은 주택의 수명동안 음의 외부효과의 순현재가치이다. 따라서 외부효과는 전기간 동안 단일 값으로 측정된다. 완전한 정보를 가진 개인들로 가정할 때 개인에 대한 소음피해의 여타 측정이 이미 주택가치의 손실로 감안되었으므로 이중계산의 위험에 대한 주의가 필요하다.

이 방법이 가진 문제는 장기적 건강 피해, 선택 편의, 생략된 변수, 관찰치들의 충분한 변동성 등에 대한 정보 취득의 어려움과 연관된다.

2. 여행비용법

여행비용법도 평가되는 비시장재와 관련된 재화의 시장인 '동류' 시장의 사용에 기초하고 있다. 착상은 예를 들어 야생동물 공원을 방문하는 사람들이 그것의 이용에 대해 지불할 의사가 있는 금액을 포착하는 수요함수를 추정하는 것이다. 총지불의사액은 입장료, 여행비용(예를 들어, 휘발유 값), 장비에 대한 지출(낚시 및 등산장비 등)과 그들 집에서부터 여행하는 데 소요되는 시간도 포함한다. 인구는 야생동물 공원을 방문하는 개인들로 구성되어 있다.

여가활동과 낚시, 뱃놀이 또는 단지 공원방문과 같은 옥외 스포츠의 향유로부터 개인들이 얻는 편익을 측정하기 위해 이 방법이 종종 사용된다. 방문자가 더 멀리 살수록 방문하는 데 비용이 더 많이 든다. 일반화 가격이 매우 높아 수요가 0이 되는 거리가 존재할 것이다. 사람들은 거리, 대체재의 근접성, 소득 등에 따라 방문횟수가 달라진다. 연구자의 임무는 더 먼 거리로부터 여행해야 함으로써 그들이 지불하는 일반화 가격과 방문횟수를 연관시키는 수요함수를 얻는 것이다.

공원을 중심으로 점점 멀리 떨어진 상이한 동심원 지역으로부터 사람들이 방문하는 자연공원의 경우를 보자. 가령 우리가 각 지역들의 인구, 방문자들의 소득, 교육 수준, 나이 등을 알고 있다고 하자. 지역 i로부터 공원의 방문횟수는 다음과 같이 표현될 수 있다.

$$Q_i = f(C_i,\ H_i,\ F_i,\ O_i) \tag{5.11}$$

여기서 Q_i는 지역 i로부터의 방문횟수, C_i는 지역 i로부터의 여행의 일반화 비용, H_i는 지역 i의 인구, F_i는 지역 i의 인구의 특성, O_i는 지역 i의 다른 특성이다.

식 (5.11)에서 일반화 여행비용 C_i는 다음과 같이 표현될 수 있다.

$$C_i = cD_i + v_i T_i + P \tag{5.12}$$

여기서 c는 km당 비용, D_i는 지역 i로부터의 거리, v_i는 지역 i에서의 시간의 가치, T_i는 지역 i로부터의 여행시간, P는 공원 입장료이다.

일단 식 (5.11)에 따라 방문횟수와 설명변수들을 연관시키는 방정식을 추정하면 결과는 대개 일반화 비용이 높을 때 방문횟수는 낮은 것으로 나온다. 다음 단계는 공원으로의 여행을 창출하는 모든 지역들을 포함한 표본으로부터 추정된 계수에 따라 입장료를 올리면 방문횟수는 작아질 것이라는 것을 가정하는 것이다. 이런 방법으로 우리는 수평축에는 방문횟수를 놓고 수직축에는 입장료를 놓는 평면에 시장수요곡선을 그리게 되는데, 각 점은 가격을 올릴 때 비용의 증가가 어떻게 방문횟수에 영향을 미치는지 봄으로써 얻게 된다. 최대 유보가격은 방문횟수가 0이 되게 하는 가격일 것이다.

이 가상적 수요곡선은 방문횟수와 (입장료가 일정할 때) 일반화 비용의 변동 간의 관찰되는 관계가 방문횟수와 입장료 간의 관계로 확장될 수 있다는 가정하에 얻어진다는 것이 강조되어야 한다. 일단 우리가 이 수요곡선을 가지게 되면 공원 방문으로 사람들이 얻는 잉여의 추정은 즉각 할 수 있다.

따라서 여행비용법은 시장이 없는 재화(공원 방문)에 대한 접근비용(입장권, 여행비용, 장비 등)을 통해 그것을 평가하는 데 기초한다. 헤도닉가격과 같이 여행비용법은 함께 소비되는 환경재와 사적재 간의 약보완성을 가정하는데, 그것은 사적재에 대한 지출이 0이면 환경재로부터 도출되는 효용이 0이라는 의미이다. 그래서 여행비용법은 수동적 사용가치를 무시한 채 사용가치만 측정한다. 이 가정은 자연공원의 가치가 단지 그것의 사용과만 연관된다는 의미이다. 이 방법에 의하면 비방문자에게 공원의 가치는 0이다.

요점정리

- 사고의 감소나 환경재의 증진이 프로젝트의 주요 목표일 수 있다. 다른 경우에는 사고횟수나 어떤 환경재 질의 변동은 완전히 상이한 목표의 이행을 추구하는 프로젝트들의 부작용이다. 두 경우 모두 우리는 비시장재의 편익과 비용을 측정할 필요가 있다.
- 환경적 영향과 사람의 후생에 대한 최종 효과 간의 물리적 및 생물학적 관계에 대한 지식을 갖는 것이 중요하다. 그렇지 않으면 결과의 타당성에 영향을 미치는 몇몇 주요 요소들이 간과될 수도 있다.
- 재화가 거래되는 시장이 없을 때의 경제적 평가는 두 가지 기본적 접근법을 따른다. 하나는 '동류'시장을 이용한 시현된 선호에 기초하는 것이고 다른 하나는 특정 비시장재의 변동에 대해 사람들의 지불의사액이나 수용의사액을 얻기 위해 가상적 상충관계에 직면하도록 유도하는 서베이를 고안하는 것이다.
- 자원 또는 환경재 변동의 경제적 평가를 위해 시현된 선호에 기초한 두 가지 주요 방법은 헤도닉가격과 여행비용이다. 방어적 지출과 회피행동과 관련된 비용을 통한 경제적 가치의 추정은 영향의 음의 효과를 피하기 위해 개인이 지불할 의사가 있는 최대 금액의 하한으로서 고려될 수 있다.
- 여행비용과 헤도닉가격법에서 분석자는 사람들의 지불의사액에 대한 유용한 몇몇 정보들이 드러나는 '동류'시장에서 작업한다. 비시장재의 경제적 평가에 대한 이 접근법은 환경재의 사용가치에 대한 정보를 보여준다. 그래서 만일 그 재화가 비사용 또는 수동적 가치를 가지고 있다면 총경제적 가치는 과소추정될 것이다.

CHAPTER

6

비시장재의 경제적 평가(Ⅱ)

재난은 대응을 필요로 하지만 그것은 종종 틀린 것이다. 그것이 바로 1987년 31명이 사망한 런던에서의 지하철 화재에 대한 청문회를 이끈 안전 전문가인 Bernard Crossland경의 경험이 제시하는 것이다. 이번 주 Bernard 경은 재난 이후 런던의 지하에 있는 화재방지 문, 금속 에스컬레이터 등에 지출한 300m 파운드($450m)에 대해 문제시하였다. 그 돈은 사람들의 집에 연기 탐지기를 설치하는 데 더 잘 쓸 수 있었을 것이라고 그는 말했다. 그 돈이면 나라 안에 있는 각 가정에 연기 탐지기 한 대씩 설치하는 비용을 다 지불했을 것이다. 주택 화재로 매년 약 500명이 죽는데 대개는 연기 탐지기가 없는 집들이다.

(2003년 9월 11일자 *The Economist*에서)

제1절 서　　론

비시장재 변동의 경제적 측정값이 개인 선택에 대한 직접적인 관찰로부터 도출될 수 없을 때 경제학자들은 환경재나 안전 수준 변동의 화폐적 가치를 드러내도록 조심스럽게 고안된 서베이를 통해 직접적으로 사람들에게 질문함으로써 이 정보를 얻으려고 시도한다. 이것은 특히 소위 비사용가치 또는 수동적 가치(그것의 직접 사용과는 독립적으로 환경재의 존재 또는 보존을 위한 지불의사액)의 경우이다.

환경재의 경제적 가치 측정에 관하여 두 가지 반대 입장이 존재한다. 한쪽은 환경재나 물리적 위험(사고 나는 것) 확률의 변동에 대한 화폐단위로의 수량화 가능성을 거부하는 반면 다른 쪽은 대기오염, 야생생물의 보호 또는 사망위험의 감소에 대해 화폐적 가치를 부여하는 가능성을 인정한다.

2절에서는 비사용가치의 개념을 설명하고 수행자가 질문서를 통해 가치를 유도해 내는 가상적 시장을 창조하는 서베이에 기초한 기법인 **조건부 가치평가**법을 통해 비사용가치의 측정을 시도한다. 우리는 가장 명백한 편의를 피하기 위해 조심스럽게 고안된 이 진술된 선호법의 주요 요소들을 제시하고 이러한 고안 노력이 방법상 가상적 성격을 완화하기에 충분하지 않다고 여기는 경제학자들의 입장을 제시한다.

진술된 선호 접근법은 조건부 가치평가로 축소되지 않는다. 비시장재가 속성의 집합으로 정의될 때 **컨조인트 분석**이 사람들의 선호를 유도해 내는 대안이다. 3절에서는 컨조인트 분석을 적용하는 데 가장 흔히 사용되는 방법론 중 하나로서 선정된 속성과 수준에 따라 재화를 묘사하는 소위 **선택실험**을 설명한다. 응답자는 가격을 포함한 대안들 가운데 선택을 해야 한다. 피면접자에 의해 드러난 상충관계로부터 상이한 속성들의 화폐적 가치를 추정하는 것이 가능하다.

4절에서는 개인의 지불의사액과 사회후생에 대한 몇 가지 이슈들을 논의한다. 첫째는 만일 이타적 동기가 순전히 이기적인 평가에 더해진다면 주로 이중계산 가능성과 관련된 비용-편익분석에서의 이타심의 취급이다. 둘째는 유일한 환경재, 미래 세대나 인간 생명에 대한 영향의 화폐 척도와 연관된 윤리적 문제이다. 셋째는 개인 선호가 왜곡되고 개인 선호의 만족과 개인 후생 간에 대립이 발생할 때이다.

5절에서는 물리적 위험 변동의 경제적 평가가 제시된다. 통계적 생명을 구하는 가치뿐 아니라 그것의 추정을 위해 가장 흔히 사용되는 방법들이 상세하게 설명된다. 사고확률의 변동은 부상자와 사망자의 수로 변환될 수 있고 안전과 다른 재화 간 사람들의 상충관계를 관찰하거나 진술된 선호를 통해 위험수준의 변동에 대한 개인의 가치를 유도해 내는 것이 가능하다. 마지막으로 6절에서는 특정 서베이를 수행하는 비용을 피하기 위해 다른 연구에서 얻은 값들의 사용과 그것의 잠재적 약점에 대해 논의한다.

제2절 진술된 선호를 통한 평가: 조건부 가치평가법

1. 수동적 사용가치

환경재의 경제적 가치는 그것의 직접 사용자들의 지불의사액으로 축소될 수 없다. 이 재화의 가치는 직접 사용자들(예를 들어, 자연지역을 걷는 사람들)의 평가보다 더 높다. 환경경제학자들에게 있어서 비사용(또는 수동적 사용)의 가치는 사람들이 직접 사용하지는 않지만 그것의 보존을 위해 지불할 의사가 있는 화폐액으로서 사람들이 환경재에 대해 부여하는 가치이다.

총가치는 사용가치뿐만 아니라 증여가치와 (미래 사용의 가능성을 갖기 위한) 선택가치로 구성되어 있다. 멸종위기에 있는 생물이나 국립공원도 또한 사람들의 직접 또는 간접사용과 반드시 연관되지는 않는 고유가치 또는 존재가치를 가지고 있다(Pearce and Turner, 1990). 환경재의 수동적 사용가치와 화폐적 평가의 가능성에 반대하여 취할 수 있는 다양한 입장이 멸종위기 동물을 보호하기 위한 구역의 지정 또는 채광을 위한 지역의 임대로 구성되어 있는 공공정책의 예로 설명될 수 있다. 만일 자연보호지역으로 선택한다면 대중들은 그 곳을 방문하는 것이 허용되지 않고 사회적 편익은 단지 수동적 사용가치로부터만 도출된다(Carson et al., 2001).

수동적 사용가치의 계량화 가능성에 대해 취해지는 한 가지 입장은 수동적 사용가치는 화폐로 표현될 수 없다는 것이다. 비록 예를 들어 어떤 지역을 자연보호구역으로 지정하거나 채광지역으로 정하는 결정을 위해 비사용가치가 감안되어야 하지만 전문가들의 도움을 받는 의사결정자는 선택을 할 것이다. 한편 프로젝트의 비용-편익분석은 자원의 수동적 사용으로부터 사람들이 얻는 편익을 포함해야 하고 사람들에게 자연보호구역의 존재에 대한 지불의사액을 질문함으로써 이 편익은 화폐단위로 표현될 수 있다.

조건부 가치평가법에 대한 NOAA[1]의 보고서는 종종 환경재의 비사용가치의 평가를 위한 독창적인 학술문헌[2]으로 인용되는데, 여기서는 천연자원의 수동적 사용 개념과 그것의 화폐적 평가를 정당화하고 있다. 이 보고서의 목적은 바다로의 기름 유출로 인한 환경피해의 평가 절차를 검토하는 것이었다.

1) 국립해양 · 대기청(National Oceanic and Atmospheric Administration) (1993).

2) 이 보고서는 Kenneth Arrow, Robert Solow, Raul R. Portney, Edward E. Leamer, Roy Radner, Howard Schuman 등이 서명하였다.

저자들은 사용가치와 수동적 사용가치를 구별하고 있다. 전자는 시장거래에 포함된 정보를 통해 식별되고 측정될 수 있다. 기름 유출이 발생한 지역을 방문한 낚시꾼이나 여타 스포츠를 즐기는 사람들이 입는 피해는 비록 다소 어려운 방법으로 추정할 수는 있지만 직업적인 어부의 피해와 관광회사의 수입 손실보다는 추정하기 어렵다.

직접 사용자들의 손실은 소위 사용가치인데, 왜냐하면 피해를 입은 자원을 적극적으로 사용한 사람들이 누린 가치이기 때문이다. 그럼에도 불구하고 NOAA에 다음과 같이 수록(1993, p.4602)된 것처럼 이것들이 환경영향과 관련된 유일한 손실이 아니다.

> … 적어도 지난 25년 동안 경제학자들은 특정 해변, 강, 만 또는 여타 천연자원에 대해 비록 사람들이 그것을 적극적으로 사용하려 하지 않는다 할지라도 그것이 오직 존재한다는 사실로부터 만족을 얻을 수 있다는 것을 인식하였다.

이 개념은 존재가치로 명명되었고 이것이 비사용가치 또는 수동적 사용가치라고 부르는 것의 주요 구성요소이다.

비시장재의 가치, 특히 수동적 사용가치를 결정하는 데 시현된 선호에 기초하는 방법의 한계로 인해 경제학자들은 가상적 시장을 창조함으로써 멸종위기에 있는 생물 보존을 위하여 또는 경관에 대한 음의 영향을 피하기 위해(또는 건강상의 위험 증가를 피하기 위해) 얼마나 지불할 의사가 있는지 직접 묻는 서베이를 사용하게 되었다.

경제학자들은 환경재의 피해와 그러한 재화의 보존과 개선을 위한 특정 정책의 편익을 화폐 단위로 평가하기 위해 많은 노력을 해왔다. 환경재의 가치평가를 서베이에 기초한 방법에 대한 회의론자들은 (진술된 선호)자료의 원천을 지적한다. 많은 경제학자들은 시장행태를 관찰해서 얻는 자료를 선호하기 때문이다. 그럼에도 불구하고 행태를 직접 관찰하여 얻는 추정치를 더 선호하는 이 편의는 타 사회과

학에서 공유되지 않는다(Carson et al., 2001).

그러나 이 가치평가법과 프로젝트의 승인에 대해 결정하기 위해 그것의 결과를 받아들이는 것에 대한 저항은 흉내낸 상황에서 진술된 선호의 사용에 국한된 것으로 보이지는 않는다. 이론적 및 실용적 어려움은 상당하고 몇몇 저명한 경제학자들이 이 가치평가법에 대해 취하는 입장은 무시될 수 없다.

자원의 사용가치를 능가하여 환경의 가치를 평가할 필요는 예를 들어 해양 기름 유출로 인한 피해의 평가에 이르면 명백해진다. 피해의 경제적 가치를 보험회사들이 직접적으로 영향을 받는 사람들에게 지불해야 하는 보상으로 한정하는 것은 합리적인 것 같지 않다. 환경재는 배제할 수도 경합적이지도 않은 공공재이다. 많은 사람들이 비록 직접 사용을 하지 않더라도 오염이 안 된 해양의 보존을 위해 지불할 의사가 있을 것이다.

2. 조건부 가치평가

조건부 가치평가법은 우리가 이미 보았듯이 헤도닉가격법이나 여행비용법으로는 포착되지 않는 환경재의 비사용가치를 포착하려고 시도한다. 3절에서 우리는 보상변화와 대등변화 개념과 지불의사액, 수용의사액과 그들의 관계, 그리고 둘 중 하나의 사용이 현상과 재산권의 배분에 어떻게 의존하는지를 보았다. 조건부 가치평가를 수행할 때 가치평가 과제를 보다 신뢰할 수 있도록 하기 위해 대개 지불의사액이 사용된다. 기본적으로 이 방법은 특정 환경 피해를 방지하거나 기존 상황을 개선시키는 행동에 대해 사람들이 얼마나 지불할 의사가 있는지 묻는 것에 의존한다.

Hanemann(1994)은 조사에서 세부사항들이 중요하고 따라서 서베이가 고안되고 수행되는 방법이 결정적이며 현재 그것을 현명하게 수행할 축적된 경험과 훌륭한 기량이 존재한다고 말한다. 요점은 환경 자원이 사람에게 갖는 가치를 어떻게 포착하느냐 하는 것이다. 두 가지 주요 발전은 사람이 추상적이 아니라 구체적이고 현실적인 상황에 직면한다는 것과 국민투표에서 투표 상황을 흉내 낸 폐쇄형 질문에 대답하고자 한다는 것이다.

목표는 사람들의 선호를 측정하는 것이므로 조건부 가치평가의 훌륭한 실행을 위해서는 다음과 같은 일반적인 질문을 피하는 것이다. 숲을 보존하기 위해 당신은 얼마나 지불할 용의가 있는가? Hanemann (1994, p.22)에 의하면 그러한 질문들은 의미가 없다. '의미가 있는 것은 구체적 방법으로 특정 천연지역을 보호하기 위해 어떤 사람의 특정 행동을 조달하기 위해 더 많은 조세나 더 높은 가격을 지불하는 것이다.'

실제 상황을 흉내 내고 추상성을 탈피하기 위한 이 탐구에서 Hanemann은 '엑슨 발데즈 원유 유출이 없었다면 그것에 대해 얼마나 지불할 의사가 있는가'와 같이 사실에 반하는 질문을 피할 것을 권한다. 상황은 비가역적이므로 그것은 극히 가상적 상황이다. 이 질문에 직면하였을 때 다음의 대안이 보다 더 실체적이다. '(엑슨 발데즈 원유 유출이 발생한 장소인) 프린스 윌리엄 해협에서 미래의 어떤 원유 유출로 인한 피해도 제한하는 이 새로운 프로그램을 위해 당신은 얼마나 지불할 의사가 있는가?'

(아래에서 논의되는 환경개선) 프로젝트에 대한 보상변화(CV) 또는 최대 지불의사액은 식 (5.4)를 반영한 개방형 질문으로부터 얻을 수 있는데, 여기서 g는 프로젝트를 통해 개선을 경험할 환경재이다. 모든 사람들로부터 이 정보를 모으면 우리는 프로젝트가 유발할 효용변동의 화폐적 표현을 얻게 될 것이다.

문제는 이 개방형 질문이 과거에는 좋은 결과를 가져오지 못 했고 식 (6.1), (6.2), (6.3)의 폐쇄형 질문으로 대체되었는데, 여기서 Ω는 상이한 하부표본에 따라 변하는 면접자가 질문하는 크기이다. 만일 $\Omega > CV$이면 그 사람은 프로젝트가 없는 상황을 선호하는 것이고, $\Omega < CV$이면 그 사람은 프로젝트를 선호한다. 만일 그가 지불하도록 요구되는 금액이 그것의 유보가격과 같으면 그는 무차별하다.[3]

$$U^0 = V(P^0,\ g^0,\ M) > V(P^0,\ g^1,\ M - \Omega) \tag{6.1}$$

$$U^0 = V(P^0,\ g^0,\ M) < V(P^0,\ g^1,\ M - \Omega) \tag{6.2}$$

$$U^0 = V(P^0,\ g^0,\ M) = V(P^0,\ g^1,\ M - \Omega) \tag{6.3}$$

사적재 가격(P)과 달리 개인의 지불의사액은 관찰 가능하지 않다. (만일 그가 서베이 대상인 재화에 대한 선호를 잘 형성하고 있다는 것을 당신이 인정한다면) 개인들은 자신의 유보가격을 알지만 분석자는 그것을 모른다. 식 (6.1), (6.2), (6.3)은 그것들이 확률로 표현되도록 하는 확률적 요소를 가지고 있고 응답에 대한 누적확률함수를 만들어 환경재에 대한 지불의사액을 추론할 수 있도록 한다.

식 (6.3)을 만족시키는 Ω값의 추정치를 얻는 것은 이 서베이들의 목적이다. 이것들 대부분은 다음 내용을 포함하고 있다(Carson et al., 2001).

- 프로젝트 상황을 설명하는 서론 부분
- 피면접자가 대답해야 하는 재화에 대한 자세한 설명
- 환경재가 제공되는 제도적 구성
- 지불방법
- 재화에 대한 사람들의 선호를 얻는 방법
- 한 사람이 몇몇 질문에 대해 왜 그와 같이 대답했는지를 알 수

3) Ω를 얻기 위한 유도 질문은 다양한 형태로 제시되었다. 즉 개방형, 입찰게임, 지불카드, 단일경계 양분선택, 이중경계 양분선택, $1\frac{1}{2}$경계 양분선택 등이 있다(Pearce et al., 2006 참조).

있도록 하는 해명성 질문
- 태도와 인구통계상 정보를 포함한 개인의 특징들에 대한 일련의 질문

위의 모든 요소들은 피면접자가 질문받는 것을 정확히 이해하고 그가 환경재 변동에 관한 질문에 답하도록 요구받기 전에 면접자가 제공하는 정보에 의해 확신을 갖는 것이 요구된다. 응답자의 답변이 환경재에 관한 의사결정과정에 영향을 준다고 그가 믿도록 서베이는 고안되어야 한다. 이 실행이 신뢰받을 수 있기 위해서는 지불방법이 현실적이어야 하고 만일 프로젝트가 승인되면 그는 정말로 대답한 금액을 지불해야 한다고 믿어야 한다.

3. '가상적 질문에 대한 가상적 답변'

다수의 경제학자들에게 이러한 고안 노력은 시행의 가상적 성격을 완화하기에 충분치 않다. 조건부 가치평가의 비판은 다음의 문장으로 요약될 수 있다. '우리는 가상적 질문에 대해 가상적 답변을 얻는다.' Diamond and Hausman(1994)은 이 가치평가법이 환경재의 비사용가치를 측정하는 것으로 타당하지 않다고 주장한다. 가상적 지불의사액에 대한 응답자의 응답과 비교할 수 있는 환경재에 대한 시장에서의 거래에 대한 실제 자료가 없는 상황에서 신뢰성, 확실성 및 정확성을 판단할 기준이 필요하다. 정확성은 응답 수를 증가시키면 높아지지만 신뢰성이나 중대한 편의의 부재는 그렇지 않다.

Diamond and Hausman(1994, p.63)은 조건부 가치평가의 주요 문제는 서베이의 고안이 아니라 이 방법이 사람들의 선호를 측정하지 않는다는 것이다.

> … 우리는 사람들이 대개 개별 환경적 장소(그 가운데 다수는 그들이 들어본 적도 없음)에 대한 견해를 가지고 있다고 생각하지 않는다. 혹은 서베이 수단을 위해 이용 가능한 시간 제약 내에서 사람들이 서베이 질문에 답하기 위한 여타 토대를 제외하고 성공적으로 선호의 식별에 집중할 것이라고는 생각하지 않는다. 이러한 선호의 부재는 서베이들 간 응답의 비일관성으로 나타나서 서베이 응답이 정책을 위한 만족스런 토대가 아니라는 것을 의미한다.

조건부 가치평가법이 가진 문제들은 잘 알려져 있다. 서베이의 가상적 성격에서 초래되는 가설편의; 사람이 결과에 영향을 미치기 위해 그것의 진정한 값을 의도적으로 변경하는 전략적 편의; 환경재 변동의 범위가 바뀔 때 응답이 의미 있게 바뀌지 않는 것을 의미하는 소위 '포함효과'; 피면접자에게 제공되는 첫 번째 숫자가 그의 답변에 영향을 주는 것을 의미하는 정박 편의; 정보와 질문의 방법이 응답에 미치는 영향을 일컫는 구성 편의 등이다.

조건부 가치평가 전문가들은 가장 명백한 편의들을 피하기 위해 그들의 서베이를 재고안하였지만 Diamond and Hausman은 그 방법이 경제이론과 일관되지 않는 답변을 만든다는 사실을 비판에서 강조하고 있다. 그들은 상이한 서베이에서 얻은 지불의사액이 응답자가 직면하는 문제의 규모에 관계없이 유사한 포함효과를 인용하고 있다.

만일 2,000마리의 새를 죽이는 문제를 해결하기 위해 얼마나 지불할 의사가 있는지 질문받을 때와 그 수가 20,000 또는 200,000일 때와 동일하다면(Desvousges et al., 1993) 무엇인가 걱정할 일이 벌어지고 있는데, 이것은 공공재에 대한 개인 선호의 부재와 사람들이 그들의 예산제약에 대한 답변의 의미를 고려하지 않는 것으로 설명될 수 있다.[4)]

4) 공공재에 대한 지불의사액 서베이의 유사한 사례에 대해서는 Frederick and Fischhoff(1998) 참조.

만일 응답이 환경재에 대한 지불의사액인 사람들의 선호 강도를 측정하지 못한다면 이것들이 난수(random number)가 아니라고 가정하면 그것들이 측정하는 것은 무엇인가? Diamond and Hausman에 따르면 응답자들은 화폐 단위로 표현된 환경재를 향한 태도를 표현하고 있는 것인지 모르는데, 왜냐하면 이것이 면접자가 요구한 것이기 때문이다. 아마도 특히 그들이 실제로 지불할 필요가 없을 때 좋은 명분을 위해 도덕적 지지를 한 데 대한 일종의 보상을 받고 있을지 모른다. 그들은 나라를 위해 좋은 것으로 여겨지는 것에 대한 일종의 비공식적인 비용-편익분석을 하고 있는지 모른다. 그들은 심지어 환경재 변동의 경제적 평가 대신 발생한 행동(바다로의 기름 유출)에 대한 그들의 반응을 표현하는지 모른다.

이러한 비판에 직면하여 Carson et al.(2001)은 소비자 주권이 경제이론에서 본질적인 원리이므로 만일 비시장재에 대한 지불의사액이 도덕적 만족에 의해 유발된다면 차이가 없다고 지적한다. 경제이론은 사람이 그가 선택한 재화를 소비할 때 얻는 효용을 넘어서 분석하지는 않는다. 그럼에도 불구하고 만일 도덕적 만족이 환경재의 지속적 존재나 그것의 질적 상승의 기여로부터 발생하는 것이 아니라, 예를 들어 면접자를 기쁘게 하는 데서 발생하는 것이라면 동기는 부적절하지 않다. 이제 문제는 시현된 지불의사액이 재화와의 어떠한 관련도 반영하지 않고 면접자와의 상호작용만 반영하는 것이다. 이 영향은 유능한 면접자들과 서베이의 조심스런 고안으로 회피할 수 있다.

환경재의 규모나 범위에 대한 반응의 강도에 관하여 평가되는 재화 규모(2,000, 20,000 또는 200,000마리의 새)의 무관계에 대한 비판적 입장을 지지하고, 이것이 조건부 가치평가의 일반적 문제라고 주장하는 데 반대하는 실증적 증거가 존재한다. Carson et al.(2001)은 대다수 연구에서 기각되는 강도에 대한 가설 외에 식별된 문제들은 서베이의 빈약한 고안과 그것이 수행되는 방법과 연관되고 오늘날 수행되는 조건부 가치평가 서베이에서는 사라진 문제들이라고 주장하는 이용 가능한 증거에 대해 논의하고 있다.[5)]

또 다른 문제는 서베이에 대답할 때 분석이 되는 현상에 대해 개인이 다루는 정보이다. 사람들은 특정 종자의 새 규모 변동에 관하여 평가되는 생태적 피해의 영향은 물론 새의 개체수와 생존확률 간의 관계와 같은 주요 생물학적 사실은 깨닫지 못하면서 특정 종자의 새를 보호하는 데 흥미를 가질 수도 있다.

Diamond and Hausman에 따르면 한정된 정보에 기초한 이 선호는 환경정책에 대한 나쁜 토대이어서 대중에게 직접 물어보는 대신 환경변동의 영향에 대해 전문가의 평가를 받는 것이 더 바람직할 것이다. 비시장재의 경제적 평가가 가능하다고 믿는 사람들에게 그것의 타당성은 서베이 고안에 대한 진지한 노력에 달려 있고 의미 있는 답변을 얻기 위하여 (몇몇 종자의 생존을 위한 임계 규모와 같은) 적절한 정보가 피면접자에게 제공되어야 한다.

아마 조건부 가치평가법의 불신의 일부는 그 방법을 제안한 다수에 의해 수행된 작업의 결과일 것이다. 가상적 시장을 고안하고 직접 경험하지 않은 그 무엇에 대한 가치평가에 관해 응답자가 정직하게 답변하도록 확신시키고 신뢰할 만한 답변을 얻는 것은 어려운 임무라는 것은 의심할 여지가 없다. 조건부 가치평가에 대한 이론 및 실행에서 가장 유명한 경제학자들 중 한명인 Hanemann은 다음과 같이 말하고 있다.

> … 조건부 가치평가 서베이가 모든 환경에서 잘 작동하도록 할 수 있다고 제안하는 것은 그르치기 쉽다. 조건부 가치평가 연구자가 흥미로운 항목에 대해 그럴싸한 시나리오를 고안할 수 없는

5) 조건부 가치평가의 문제점에 대한 논의는 Pearce et al.(2006) 참조.

상황이 존재할 수 있다는 것을 나는 확신한다. 모든 조건부 가치평가 서베이들이 질적으로 높은 수준이라고 주장하고 싶지도 않다. 그것의 직접성에서는 단순하지만 이 방법은 사실 해결하기 위한 노력, 기술과 상상력을 필요로 하는 다양한 유형의 고안 문제들에 빠지지 않고는 수행하기 어렵다. 각 개별 연구는 조심스럽게 자세히 조사될 필요가 있다. 그러나 어떤 실증연구도 다 마찬가지이다.

나는 환경에 대한 사람들의 가치를 측정하기 위해 조건부 가치평가를 사용하는 가능성을 믿지만 모든 환경정책 결정에 대한 협의의 편익-비용분석을 옹호하거나 모든 것이 수량화될 수 있거나 되어야 한다고 제안하는 것은 아니다. 정보가 불충분하고, 불확실성이 너무 크거나 단일 수치로 옮기기에는 그 결과가 너무 심오하거나 복잡한 경우가 있을 것이다(1994, p.38).

제 3 절 컨조인트 분석

컨조인트 분석의 개념적 토대는 한 재화의 수요를 주어진 속성 묶음의 수요로 모형화하는 데 의존한다(Lancaster, 1966). 어떠한 재화도 특성의 집합으로 볼 수 있다(예를 들어, 차는 주어진 엔진, 액세서리, 크기, 안전장치, 디자인 및 가격으로 구성된다). 소비자의 선호는 속성 집합에 대해 정의되고 상이한 수준의 속성을 가지고 있는 묶음으로 구성된 상이한 대안들(예를 들어, 한 옵션은 실내가 넓지만 속도가 떨어지고 다른 옵션은 속도도 나고 가격도 높은 것 등) 간 개인이 선택을 하게 함으로써 특성의 가치를 추정하는 것이 가능하다. 이 가치평가법은 마케팅과 교통경제학에서 널리 사용되어 왔다. 대중교통은 이 접근법을 수단으로 하여 분석되었다(Domenich and McFadden, 1975). 대중교통

이용자들은 여행시간, 대기시간, 접근 및 빠져나가는 시간, 신뢰성, 가격 등의 가치를 매기므로 컨조인트 분석은 연구수행자가 서비스의 상이한 특성에 대해 사람들이 얼마나 가치를 매기는지를 추정할 가능성을 제공하고 대중교통을 개선하기 위한 다양한 지출 프로그램의 경제적 평가를 가능하게 한다.

실제 컨조인트 분석을 적용하는 상이한 방법론들(선택실험, 조건부 서열, 조건부 서열과 한 쌍 비교)이 있으나 기본은 재화를 선택된 특성과 이 특성의 수준에 따라 묘사하는 것이다. 사람들은 (특성과 수준이 차별화된) 몇몇 옵션들에 대해 서열을 매기고 평가하고 선택하도록 요구받는다. 선택하거나 서열을 매기는 것이 평가하는 것보다 더 나은 것으로 여겨지는데, 왜냐하면 응답자들은 그들 선호의 강도를 숫자로 변환하도록 억지로 강제되지 않기 때문이다. 이 접근법의 이점은 옵션에 가격이나 비용을 포함시킴으로써 응답자들이 진술한 상충관계가 우리로 하여금 상이한 속성의 화폐적 가치를 추정할 수 있도록 한다.

Pearce et al.(2006)은 템즈강 청소에 적용된 컨조인트 분석의 예를 제공하고 있다. 목표는 강으로 흘러 들어가서 수질을 하락시키는 하수 오물 쓰레기의 양을 줄이기 위한 몇몇 투자 옵션들을 평가하는 것이다. 투자비용은 알려져 있어서 우리는 이 비시장재 개선의 경제적 평가가 필요하다. 이 환경재는 강으로 흘러 들어가는 하수 범람의 감소로 정의되고 그것의 속성은 시각적인 불쾌함의 감소, 강물에 노출되었을 때 건강상 위험한 날수의 감소, 물고기 사망수의 감소 등이다.

응답자는 상이한 옵션들 간에 선택을 해야 하는데, 청소비를 포함하여 속성의 수준은 상이하다. 개인 i의 효용은 응답자에게 제시된 j개의 상이한 대안들 내의 속성(과 그것의 수준)과 관찰되지 않는 요인들의 선형 함수로 가정된다.

$$U_{ij} = b_1(sewage)_{ij} + b_2(health)_{ij} + b_3(fish)_{ij} + b_4(cost)_{ij} + e_{ij} \quad (6.4)$$

여기서 sewage는 강에 들어가는 하수 오물 쓰레기의 비율이고, health는 건강상의 위험 증가(심각하지 않은 질병)로 인해 1년 중 수상 스포츠가 적당하지 않은 날수, fish는 1년간 물고기 사망 개체수, cost는 (응답자에 대한) 옵션의 비용이다. 계수 b_1, b_2, b_3, b_4는 미지의 모수이고 e_{ij}는 관찰되지 않는 특징을 감안하는 오차항이다.

위의 속성의 어떤 것의 증가도 응답자의 효용을 감소시키므로 식 (6.4)에서 추정된 계수들의 값은 음이다.[6] 각 계수는 평균적인 가구가 해당 속성에 부여하는 가중치를 나타낸다. 이것은 한 속성에 대한 한계효용이다. 예를 들어 b_1은 강으로 흘러 들어가는 하수 오물 쓰레기 비율의 작은 변동에 대한 총효용의 변동이다.

한 계수의 다른 계수에 대한 비율은 두 특성 간의 한계대체율을 측정한다. 이 연구에서 추정된 계수들은 $b_1 = -0.035$; $b_2 = -0.007$; $b_3 = -0.029$; $b_4 = -0.019$이다. 예를 들어 비율 b_3/b_2는 평균적인 가구가 물고기의 죽음을 심각하지 않은 건강 위험에 노출되는 것의 증가보다 대략 4배 더 나쁜 것으로 가치를 매긴다는 것을 의미한다.

식 (6.4)로부터 표본에 있는 가구들(1214 템즈강 고객)의 지불의사액의 평균값을 얻을 수 있다. 비용 계수에 대한 여타 계수의 비율은 해당 변수의 값을 줄이기 위한 지불의사액을 나타낸다. 이 연구에서 평균 가구는 속성 sewage의 감소를 위해 b_1/b_4를 지불할 의사가 있는데, 이 비율의 값은 ￡1.84이다. 속성 health로 표현되는 위험 노출의 감소에 대한 지불의사액은 b_2/b_4로 ￡0.37이고, 속성 fish로 표현되는 물고기 사망 감소에 대한 지불의사액은 b_3/b_4로 ￡1.53이다.

---

6) 이 연구의 전면적 설명에 대해서는 EFTEC(2003) 참조.

이 속성 변동의 내재가격으로부터 강으로 흘러 들어가는 하수 오물 쓰레기를 줄이는 투자 프로젝트의 총편익을 계산할 수 있다. 현상을 프로젝트가 없을 때 예상되는 물리적 값에 의해 특징지어지는 기본 경우로 간주하고 일단 우리가 프로젝트가 존재할 때 예상되는 물리적 값을 안다면 평균 가구가 하수 오물 쓰레기를 제거하기 위한 총 지불의사액은 다음과 같다.

$$WTP = 1.84\Delta sewage + 0.37\Delta health + 1.53\Delta fish \quad (6.5)$$

여기서 WTP는 각 가구의 평균 지불의사액이다. 이 값(￡76)에 템즈강 지역의 560만 가구를 곱하면 1년간 총지불의사액의 추정치를 얻는다.

이 방법은 평가되는 환경재의 주요 특성들의 값을 추정하는 것이 가능하므로 이 방법이 조건부 가치평가법보다 우월하다고 주장되어 왔다. 그 외에 비록 비용 변수가 포함된 옵션 간에 선택을 할 때 상충관계에서 드러난 정보를 통해 한 수치가 얻어지지만 (선택과 서열 모형에서) 응답자들은 그의 선호에 대해 화폐 가치를 부여할 필요가 없다.

비록 환경재가 복잡하고 다양한 속성을 가지고 있을 때 컨조인트 분석이 더 나은 대안으로 간주될 수 있지만 이 복잡성이 어떤 진술된 선호 방법에도 보편적인 타당성과 신뢰성 문제를 유발하는 것이 사실이다. 고안 및 해석 문제를 일으키는 데 있어서 여러 속성 묶음과 각 속성의 여러 수준 간의 선택에 직면한 응답자의 인식상 어려움은 꽤 명백하다(Adamowicz et al., 1998; Pearce et al., 2006 참조).

제 4 절 개별 선호와 사회후생

1. 이타주의와 비사용가치

사람들은 그들 스스로를 위해서뿐만 아니라 다른 사람들의 후생을 증가시키기 위해 지불할 의사가 있으므로 이타적 동기가 순전히 이기적인 평가에 더해져야 한다고 주장된다. 만일 그렇다면 환경을 보존하는 가치는 이타주의를 포함시키지 않은 평가보다 더 높을 것이다. 만일 사람들이 다른 사람들의 후생을 염려한다면 환경재의 특성은 그것의 보존을 위해 더 많이 지불하고자 하는 사람들을 지지한다.

비록 진술된 선호에 기초한 서베이 결과가 사람들은 그들의 사적 가치를 초과하여 지불할 의사가 있다고 제시하지만 개인 i의 추가적 지불의사액이 비용-편익분석에 포함되어야 하는지에 대한 질문에 답하기 위해서는 개인 j에 대한 염려에 기인하는지 이 이타적 감정의 본질을 감안하는 것이 중요하다.

비온정주의적 이타주의의 경우 개인 i의 효용함수는 개인 j의 효용을 하나의 독립변수로 포함한다. 이것은 개인 i는 j의 후생을 염려하지만 j의 소비묶음은 i와 관계가 없다는 것을 의미한다. **온정주의적** 이타주의의 경우 개인 j의 환경재 소비, 또는 안전성 증가는 개인 i의 효용함수의 독립변수가 된다.

이타주의가 비온정주의적일 때 이타주의적 감정은 비용-편익분석과 무관하다고 여겨진다. 다음의 예(Bergstrom, 2006)는 만일 올바른 질문이 공식화되지 않는다면 중대한 편의가 생기기 쉽다는 것을 보여주는 데 도움이 된다. 가령 A와 B는 별개의 돈지갑을 유지하는 부부인데, 두 개의 추가적 방이 있는 더 큰 아파트를 임차하는 것에 대해 생각하고 있다고 하자. 방 하나는 A가 배타적으로 서재로 사용할 것이고 또 하나는 B가 배타적으로 오락실로 사용할 것이다. A는 서재에 대해 \$100을 지불할 의사가 있고, 그녀는 B를 사랑하므로 B가 그의 오락실로 인해 기뻐하는 것을 보기 위해(A는 결코 사용하지 않을 것임) \$50을 더 지불할 의사가 있다. 이와 유사하게 B는 그의 오락실에 대해 \$100을 지불할 의사가 있고, 그는 A를 사랑하므로 A가 그녀의 서재를 갖는 것에 대해(B는 결코 사용하지 않을 것임) \$50을 더 지불할 의사가 있다.

새 아파트의 추가적 임차료는 \$250인데 이것은 균등하게 부담된다. 그들은 그것을 임차해야 하나? 만일 이타주의적 지불의사액이 포함된다면 답변은 예($300 > 250$)이고 만일 제외된다면 답변은 아니오($200 < 250$)이다. 어느 것이 올바른 답변인가?

자기 자신의 후생에 추가하여 다른 사람의 후생에 대해서도 지불의사액을 포함하는 것에 기초하여 아파트를 임차하는 경우를 보자. 일단 아파트가 임차되면 개인 A는 더 나빠지는데, 왜냐하면 그녀는 변동에 대해 \$100의 가치를 매기지만 \$125(추가적 임차료의 절반)를 지불해야 하기 때문이다. 그러나 그녀는 B를 신경 쓰기 때문에 그녀의 배우자의 상태를 돌이켜 보고 그도 역시 더 나빠졌다(그는 \$100의 만족을 가져오는 것에 대해 \$125를 지불하였다)는 것을 알아차린다. 그들이 더 큰 아파트를 임차하는 것은 틀렸다.

이 결과의 역설은 만일 편익이 포함된다면 비용도 역시 포함되어야 한다고 생각하면 해결된다. 각자는 만일 다른 사람이 타인을 기쁘게 만드는 재화를 가지고 있으면 더 좋아지지만 만일 그들의 배우자가 더 높은 임차료를 내야 한다면 더 나빠진다. 실제로 문제가 되는 비용을 포함시키거나 직접 이타주의를 제외하면 문제는 해결된다. 양 대안들 모두 동일한 결론에 이른다.

이타주의가 온정주의적일 때 다른 사람들의 후생(예를 들어, 그들의 안전, 환경재의 소비)을 염려하는 사람들의 지불의사액은 비용-편익분석에 포함되어야 한다고 주장된다. 그러면 이타주의적 선호의 강도도 이 선호의 본질만큼 중요하다. 예를 들어 생명을 구하는 프로젝트의 경우 통계적 생명의 가치가 어떻게 추정되어 왔는지를 감안하는 것이 중요하다. Jones-Lee(1992)는 순수한 온정주의의 경우 통계적 생명의 가치가 순전히 이기적인 사람들로 구성된 사회에서 보다 크게 증가(영국의 경우 10~40%)하는 것을 보였다.

2. 도덕원리와 경제적 평가

환경 영향의 경제적 평가는 수동적 사용가치가 화폐단위로 측정될 수 없다는 기본 입장에서 윤리적 또는 도덕원리에 의해서도 비판을 받았다. 존재가치는 수동적 사용가치 내에 있다. 예를 들어 어떤 종자가 살아남는 것을 결정하기 위해 지불의사액을 이용하는 것은 이 윤리적 입장에서 부당하다. 낙태는 도덕적이거나 비도덕적이고 사람들이 낙태를 허용하거나 반대하기 위해 지불하고자 하는 금액이 얼마이든 상관없이 계속 이것 아니면 저것이며 비록 한쪽이 더 높은 소득으로 인해 편익을 얻고 더 많은 지불의사액을 선언한다 하더라도 상이한 시점에서 그것은 도덕적이거나 비도덕적이다.

고안과 서베이의 수행 문제들이 해결된다고 가정할 때 비록 신고전학파적 재화 가치의 측정에 흔한 것이지만 조건부 가치평가는 유일한 환경재의 가치평가에 대해 그것들이 갖는 영향으로 인해 간과되어서는 안 되는 한계를 가지고 있다. 첫째는 지불의사액은 면접되는 사람들의 선호를 반영할 뿐만 아니라 그들의 소득도 반영한다는 것을 감안할 때 지불의사액은 사회에서의 재화의 가치라는 것을 수용하는 것이다. 두 번째 한계는 미래 세대의 선호가 포함되지 않는다는 것이다. 현 세대와 미래 세대에 관한 한 현 서대의 선호만 중요한데 환경재의 관점에서 새로운 세대로의 유산은 윤리적 문제를 야기한다.

3. 왜곡된 선호

특히 환경과 건강 이슈에 영향을 미치는 또 다른 문제가 있는데, 그것은 개인 선호의 만족과 개인 후생간의 구별이다. Adler and Posner(2001)는 도움이 되는, 고유의, 적응하는, 객관적으로 나쁜 선호들을 구별하면서 공평한 선호에 대한 주의를 환기시키고 있다. 도움이 되는 선호는 정보 제공에 의해 변한다. 예를 들어 어떤 사람이 플루오르화는 암을 유발한다고 믿기 때문에 플루오르가 함유된 물을 마시기를 거부하는 것이다. 고유의 선호도 역시 변하는데, 개인의 믿음에 오류가 있어서가 아니라 그 사람이 질문받을 때 충분한 정보를 가지고 있지 않고 그 정보가 선호를 바꾸기 때문이다. 예술 프로젝트에 대한 지불의사액은 낮은데, 그 이유는 그 사람이 프로젝트의 미학적 수준을 모르기 때문이다.

적응하는 선호와 객관적으로 나쁜 선호는 소비자 주권 원리와 명백한 상충을 야기한다. 한 사람이 비참한 여건에서 생활하여 그의 선호는 불안하고 자부심을 잃은 이 상황에 적응하여 그 적응적 선호에 따라 예를 들어 그의 환경개선을 부정적으로 평가하는데, 그 이유는 그의 불운과 사회적 분노가 그로 하여금 개선이 그에게 나쁜 것으로 믿도록 하기 때문이다. 객관적으로 나쁜 선호에 관하여 그것 역시 소비자 주권 원리를 위반하지만 만일 사회가 어린이 흡연으로부터 사회적 편익이 없다는 것을 수용한다면 만일 프로젝트가 흡연하는 어린이 수를 줄인다면 그것은 담배 산업의 이윤손실에 대해 0의 가치를 줄 수 있다. 하여튼 이것들은 대부분의 프로젝트에 영향을 미치지 않는 극단적인 예와 상황이지만 지구 온난화와 같은 환경영향에 관해서 개인 선호와 사회후생 간의 때로는 복잡한 관계에 대한 앞의 주장을 고려하는 것이 유용할 수 있다.

제 5 절 생명의 가치

주요 목적이 물리적 위험을 줄이는 것인 프로젝트와 정책들이 있다. 다른 공적 발의, 규제 또는 투자 프로젝트들은 건설 과정이나 그러한 활동의 생애 동안 부상이나 사망의 증가나 감소를 유발한다.

이 절의 제목은 비도덕적으로 보일 수도 있다. 우리는 특정 개인의 생명에 대해 얘기하고 있는 것이 아니라는 것을 서둘러 명백히 해야 한다. 인간의 생명은 그것이 자기 자신의 것일 때 대개 무한대의 가치를 갖는다. 만일 우리가 사랑하는 사람의 생명에 대해 가치를 매기도록 질문받는다면 역시 그렇고 심지어 극단적인 상황에서 많은 사람들은 잘 모르는 사람을 구하기 위해 그들의 생명을 건다. 분명히 사회는 어느 특정한 개인의 생명을 구하는 데 한계를 정하지 않는다. 죽을 위험에 처한 등산가는 그를 구하기 위하여 정부로부터 모든 종류의 도움을 받을 것이고 그것들이 일정 수준의 지출에 도달하였다고 하여 구조노력이 무력해지지 않을 것이다.

그럼에도 불구하고 경제학자들은 자원의 희소성으로 인해 선택이 불가피하고 그 선택들은 안전에 영향을 미친다고 주장한다. 만일 시간당 30km 이상으로 주행하는 것이 금지된다면 치명적인 사고건수가 어떻게 될지 잠시 생각해 보자. 교통사고에 따른 사망자수는 십중팔구 현저하게 감소할 것이다. 그러나 만일 우리가 사람들에게 그들 또는 그들 가족이 포함될 낮지만 확실한 확률이 있는 사망자수 감소와 교환하여 이 금지를 수용할 것인지 묻는다면 거의 분명히 대다수는 아니라고 대답할 것이다. 그 이유는 그와 같은 속도 제한의 감소와 관련된 불편함과 경제적 손실과 함께 더 높아진 운행비용 때문이다.

위의 예는 일부러 극단적이지만 사람들이 다른 재화와 교환하여 부담하는 위험을 때로는 모르고 그렇지만 대부분은 인식하면서 물리적 위험을 편안함, 속도, 소득 등과 맞바꾼다는 것을 예시하는 데 도움이 된다. 우리가 이 암묵적인 상충관계를 수용할 때 우리는 생명의 경제적 평가 분야로 들어간다. 평가의 의미는 다음과 같다. 사회가 여타 공공재와 사적재를 포기함으로써 줄어들 수 있는 위험을 수용하는 한 사람들이 이 거래를 성사하기 위해 얼마를 지불할 의사가 있는지 보는 것은 흥미롭다. **생명의 가치**라는 용어는 덜 극적이고 보다 실용적인 차원을 말하는데, 왜냐하면 문제가 되는 것은 정말로 엄격한 의미에서 생명의 가치가 아니고 사람들이 보다 더 안전하게 사는 것과 교환하여 다른 재화를 얼마나 포기할 의사가 있는가 또는 그 반대이기 때문이다.

현실에서 비용-편익분석에서 가치가 매겨지는 것은 부상과 사망을 유발할 수 있는 사고 가능성을 증가시키거나 감소시키는 것이라는 것을 우리는 보게 된다. 우리는 교량 건설이나 차량 운전과 같은 활동을 수행한다는 사실을 통해 물리적 위험의 증가를 언급하고 있다. 이 같은 맥락에서 경제학의 역할은 자원은 희소하다는 것과 대안적 사용 간 선택할 필요성 역시 안전성을 포함한 결정을 감안한다는 것이다.

가령 우리는 댐을 건설하는 것을 고려하고 그것의 비용 중에 프로젝트의 수명 동안 성명 불명인 5명의 목숨을 잃을 가능성을 포함하고 있다고 하자. 댐은 건설되어야 하나? 만일 생명의 가치가 무한대라면 이 프로젝트는 결코 수행될 수 없다. 그러나 만일 예를 들어 전기생산 측면에서의 편익이 댐을 건설하고 유지하고 작동하는 데 드는 비용을 훨씬 능가한다면 프로젝트는 수행될 것이라는 것이 더 가능하다. 만일 어떤 사람이 잃게 될 성명 불명의 생명에 구체적 가치를 부여하지 않는 극단적인 입장을 취한다면 우리는 프로젝트의 경제적 평가에서 그들에게 0의 가치를 줄 것이다.

사고의 비용을 화폐 단위로 정량화하는 데 사용되는 숫자를 갖는 것으로부터 도출되는 또 다른 효용은 한정된 예산 내에서 프로젝트의 서열을 정하는 데 영향을 미친다. 가령 통계적 생명의 가치는 300만 달러로 추정되고 우리는 한정된 예산 내에서 몇 가지 프로젝트를 선정한다고 하자. 한 프로젝트는 시간을 절약하고 건널목을 없애는 추가적 편익을 가지고 있다. 그것은 매우 돈이 많이 들지만 그것의 사용으로 1년에 10명의 사망을 예방할 것으로 예상된다. 건널목 제거로부터 1년에 3,000만 달러의 편익이 추가된다면 이 프로젝트는 서열에서 나머지 프로젝트보다 위에 위치할 것이다.

마지막으로 생명의 가치와 통계적 생명의 가치를 구분할 필요가 있다. 전자의 경우 우리는 한 사람을 말하고 후자의 경우 일단의 사람들을 말한다. 생명의 가치는 단지 위험과 소득 간의 한계대체율이다. 통계적 생명의 가치는 집단 내에서의 위험과 소득 간의 한계대체율의 평균이다.

통계적 생명의 가치는 조건부 가치평가법과 같은 서베이에 기초한 기법과 오늘날 더 흔하게 선택실험(6장 2절과 3절 참조)을 통해서도 추정된다. 안전 수준에 대한 지불의사액이나 안전 수준의 변동에 대한 수용의사액에 대해 질문받는 서베이에 의해 얻는 값과 연관된 문제는 이전에 환경재 가치평가에서 설명된 것과 유사하다.

환경재와 유사하게 시현된 선호 접근법도 통계적 생명의 가치를 추정하기 위해 뒤를 이어 왔다. **보상임금 격차**는 사람이 사망이나 부상 확률 변동과 소득을 교환하는 맥락의 식별에 기초한 방법이다. 이 방법의 분석 이전에 우리는 개인 사망의 결과로 잃은 소득에 기초한 인적자본 접근법을 설명하고 있는데, 이것은 부당사망 합의에서 보상을 결정하는 데 사용된다.

1. 인적자본

생명의 가치를 추정하는 데 사용되는 가치평가법은 예상 수명과 예상 소득이 주어졌을 때 희생자의 예상 미래 소득의 현재가치를 계산하는 것이다. 법정 논쟁의 소송에서 사망 보상을 확립하기 위해 흔히 미래 소득의 할인된 값을 사용한다. 변호사는 대단한 자격을 가진 전문가의 사망은 그가 생애 동안 벌었을 임금의 합계 상당액으로 보상되어야 한다고 주장할 것이다.

사망으로 인해 잃은 할인된 소득의 가치(DE)는 만일 사고가 일어나지 않았더라면 그가 살았을 나머지 기간 동안 희생자의 연간 임금의 할인된 흐름이다. 가령 우리가 2010년에 한 사람의 사망을 야기한 프로젝트의 결과 잃은 소득의 가치를 추정하고 있다고 하자. 그것을 계산하는 한 가지 방법은 식 (6.6)에 나와 있는데, 여기서 w는 각 연도의 임금이고 π는 기준 연도에서 볼 때 특정 연도(상첨자로 표시)에 계속 생존할 확률이다. 식 (6.7)에서 π가 0과 크게 다르지 않은 연도들을 제외하지 않는 것을 전제할 때 급수의 길이는 중요하지 않다.

$$DE = w_{2010}\pi_{2010}^{2010} + \frac{w_{2011}\pi_{2010}^{2011}}{(1+i)} + \cdots + \frac{w_{2100}\pi_{2010}^{2100}}{(1+i)^{90}} \qquad (6.6)$$

일반적으로

$$DE = \sum_{t=t_0}^{\infty} w_t \pi_{t_0}^{t} (1+i)^{-(t-t_0)} \qquad (6.7)$$

여기서 t_0는 기준 연도이다.

이 가치평가법의 약점은 그것은 잘못된 점에서 노동시장 정보를 사용한다는 것이다. 잃은 소득의 가치는 고용주에게 근로자의 한계생산물을 나타낸다. 그것은 회사에 대한 경제적 가치이지 개인에 대한 것이 아니다. 더욱이 극단적으로 논의하면 연금 생활자나 영구 실업자의 사망은 어떠한 사회적 손실도 수반하지 않는다고 주장될 수 있다.

2. 보상임금 격차

이 방법은 시현된 선호에 기초하고 있고 이것도 역시 노동시장 정보를 사용한다. 개념은 상이한 위험 수준에 대한 임금의 행태를 연구하는 것이다. 만일 한 사람이 특정 일자리를 수락할 때 1/10,000의 추가적 사망 위험을 수용하면서 연간 $300의 임금보상을 요구한다면 그는 암묵적으로 그의 생명에 대해 300만 달러의 가치를 매기는 것이다.

만일 사람들이 깨닫고 있는 상이한 위험 수준에 노출된 매우 많은 수의 사람들에 대한 이 정보와 그러한 위험을 감수하는 데 대한 보상을 위한 상이한 수준의 임금 할증금에 대한 정보를 가지고 있다면 통계적 생명의 가치의 추정치를 얻을 수 있다.

실제로 노동력의 대표적 표본으로부터 이 방법은 이미 알려진 상이한 사망 확률을 가진 상이한 직업에 있어서의 임금 격차 간의 관계를 결정하고자 하지만 근로자들이 자기 직업을 자발적으로 선택하고 그들은 자신이 생명을 잃을 확률을 잘 알고 있다는 반드시 필요한 가정들이 항상 옳은 것은 아니다.

식 (6.8)과 같은 단순한 모형에서 계수 b_1으로부터 성별, 연령과 직업의 효용 또는 비효용에 대한 일련의 적절한 요소들과 같은 다른 변수들을 격리함으로써 통계적 생명의 가치인 b_1을 얻게 된다.[7)]

---

7) Viscusi(1993)는 노동시장에서 생명의 가치를 추정한 24개의 연구를 검토하였다. 그 결과는 1990년에 300~700만 달러이었다. Miller(2000)가 수행한 연구에서 추정치는 13개국의 68개 연구에서 통계적 생명의 가치로부터 도출되었다. Miller는 통계적 생명의 가치와 국가의 1인당 총국민생산(1995)을 연계시키는 방정식을 추정하였다. 각 나라의 값을 하나의 관찰치로 취급하여 얻은 결과는 1995년에 평균 345만 달러이고 변이계수는 65%이었다. 예를 들어 호주와 한국 등이 포함된 13개 나라 사이에는 1인당 소득의 격차가 존재한다는 것을 명심해야 한다.

$$\text{연간 임금} = b_0 + b_1 \text{ 사망위험} + \sum_{i=2}^{n} b_i \text{ 기타 적절한 변수들} + e \tag{6.8}$$

여기서 e는 관찰되지 않는 변수들의 영향을 감안한 오차항이다.

노동시장에서 얻는 값에 관한 주요 질문은 이 통계적 생명의 가치가 다른 사람들에게도 적용될 수 있는지 여부이다. 우리는 노동시장에서 얻은 통계적 생명의 가치를 표본인 근로자들과는 상당히 다른 특징을 갖는 사람들에게 영향을 미치는 프로젝트에서 생명의 가치를 측정하기 위해 사용할 수 있나?

일반적으로 b_1으로 표현되는 통계적 생명의 가치는 전체 인구에 적용될 때에는 하한으로 간주되어야 한다. 더욱이 심지어 동일한 사람에 대해서도 유일한 생명의 가치가 없다. 개인 A가 요구하는 임금 보상은 그가 노동시장에서 처한 안전 수준에 달려 있다. b_1은 엄격한 노동 규제로 인해 상대적으로 안전한 조건에서 추정되는데, 이는 근로자가 요구하는 보상이 그가 처한 '높은' 안전 수준에 의해 영향받는다는 것을 의미한다. 만일 동일한 근로자가 보다 낮은 안전 수준에 처한 채 보상을 협상한다면 그는 더 높은 임금을 요구할 것이다. 즉 소득과 안전 간의 한계대체율은 안전 수준에 따라 변한다.

더욱이 근로자는 그가 제공받는 상이한 일자리에 대해 사망 확률을 분명하게 인지하는 박식한 사람이고 그의 임금을 결정할 때 그는 고용주와 대등한 위치에서 협상한다고 가정한다. 현실에서 이 조건들은 매우 쉽게 위배된다. 실업이 많은 탄광지대에서 태어난 근로자는 다른 일자리 대안이 없을 수 있어서 그가 받는 위험 할증은 자유로운 협상의 결과가 아니다. 이 사실의 결과 통계적 생명의 가치는 과소추정된다.

목적이 노동시장에서 얻은 통계적 생명의 가치를 다른 사람들에게 적용하는 것이므로, 즉 가치가 추정되는 노동시장과는 아무 관계가 없는 오염, 교통사고와 다른 이유에 의한 사망을 포함한 프로젝트들에 적용하는 것이므로 통계적 생명의 가치평가에 있어서 매우 있을 법한 하향 편의의 경우를 보자. 가령 서로 다른 두 사람의 경우를 보자. 근로자 A와 개인 B인데 후자는 A보다 더 위험 혐오적이다. A와 B는 둘 다 만일 그들이 소득으로 보상된다면 더 큰 위험을 수용할 의사가 있다. 그러나 B가 요구하는 보상이 A가 요구하는 것보다 더 크다. 만일 위험한 일자리를 수락하는 사락들은 동일한 수준의 위험에 대해 다른 사람들보다 덜 보수적인 위혐에 대한 태도를 갖는다는 것을 우리가 받아들인다면 A에 대한 보상은 B가 요구하는 것보다 과소추정된다.

또 다른 문제는 노동시장에서 얻은 통계적 생명의 가치를 이중계산의 위험으로 인해 표본 내의 근로자들 간에 사망이 발생할 프로젝트에 대해 사용한다는 것이다. 만일 근로자들이 떠맡는 위험에 대해 완전한 정보를 가지고 자유로운 협상을 통해 그들의 임금을 올림으로써 보상된다면 프로젝트의 수행 결과 추정된 사망자수에 생명의 가치를 곱하는 절차에 의해 사고 비용을 별드로 포함시키는 것은 틀린다.

결론을 내리면 비용-편익분석에서 기대되는 것은 프로젝트의 수행으로 초래되는 생명의 손실 또는 프로젝트로 인해 구해지는 생명은 그러한 프로젝트를 수행하는 것의 사회적 이득을 계산할 때 적절하게 다루어져야 한다는 것이 강조되어야 한다. 그러한 가치평가에 반대하는 급진적인 입장을 유지하는 것은 단지 잃은 생명 또는 회피된 사망이 0의 가치를 부여받는다는 것을 의미할 수 있다. 경제학자들은 글자 그대로 '생명의 가치'를 계산하려 하는 것이 아니라 또 다른 불가피한 상충관계 위에서 사회의 내재적 가치를 근사하고자 한다. 즉 그들의 삶에서 위험을 줄이기 위해 그리고 부상자수와 사망자수를 줄이기 위해 희생할 의사가 있는 희소자원은 얼마인가를 근사하고자 한다.

제 6 절 편익 이전

비시장재의 경제적 가치평가에 있어서 실제 문제는 결과의 이전 가능성에 관계된다. 실제로 몇몇 프로젝트의 평가에서 구체적 연구를 수행하는 것이 불가능할 때 수행자들은 종종 다른 연구(와 다른 상황)에서 얻은 값의 사용에 의존한다. 이 절차의 대중성은 다른 연구들로부터 값을 이전할 때 우리가 하고 있는 것에 대한 이해를 요한다.

기존 연구의 환경영향 값을 이전하는 것에 관한 주요 어려움은 그러한 값들이 이전되는 프로젝트의 상황과는 거의 유사하지 않을 수 있는 구체적 상황에서 구해졌다는 것이다. 우리가 주어진 영향의 화폐적 가치를 받을 때 피면접자에게 질문된 것을 정확히 아는 것이 매우 중요하다. 어떻게 정보가 얻어졌는지에 대한 사전적 고려 없이 가치를 이전하는 위험에 대한 분명한 예가 다음과 같다(Johansson, 1993).

가령 어떤 사람이 재규어 한 마리에 대한 지불의사액에 대한 서베이에서 질문을 받는다고 하자. 두 번째 연구에서 그는 메르세데즈에 대한 지불의사액을 질문받고, 세 번째 연구에서는 볼보에 대한 지불의사액을 질문받는다. 자동차에 대한 이 사람의 총지불의사액을 얻기 위해 이 세 값을 더하는 것은 타당치 않아 보인다. 두 가지 올바르고 대안적인 진행방법이 존재한다. 첫 번째는 이미 다른 두 차에 지출한 돈을 조건부로 한 차에 대한 지불의사액을 차례차례로 묻는 것이다. 두 번째는 세 차에 대한 총지불의사액을 직접 묻는 것이다.

Johansson이 지적하였듯이 다른 기존의 연구로부터 또 다른 프로젝트로 그 값을 이전하는 것은 실제로 편리하게 조건이 붙여지지 않은 지불의사액을 더한다는 점에서 종종 각 자동차에 대한 지불의사액에 대한 초기 질문과 대등하다.

위의 예로부터의 직관은 만일 우리가 상이한 연구로부터 무조건부 지불의사액을 더한다면 환경재의 경제적 가치를 과다추정할 수 있다는 것이다. 그러나 반대의 경우도 생길 수 있어서 다른 상황에서의 연구로부터 가치평가를 더함으로써 음의 환경영향을 과소추정할 수 있다.

이미 언급한 과소평가는 해변이 많은 해안선에 대한 기름 유출을 방지하는 비싼 보호시스템의 구입을 포함한 프로젝트로 예시될 수 있다. 만일 우리가 각 별개의 해변을 보호하기 위한 지불의사액을 더한다면 오염위험을 제거하는 데 사용자들이 부여하는 가치를 과소추정하게 될 것이다.

과소추정 이유는 각 해변을 깨끗하게 유지하기 위한 지불의사액을 더함으로써 한 개인은 여타 해변 중 어느 것도 대체재로 가질 수 있다는 것을 알아서 다른 해변들도 역시 오염되고 있다는 것을 조건부로 해변의 현재 상태를 보전하기 위한 지불의사액을 물을 때보다 그의 해변에 대한 화폐적 가치평가는 작을 것이다. 총지불의사액을 계산하기 위해 자동차의 예와 같이 진행해야 하는데, 이 경우 다른 해변들도 역시 오염되었다는 사실을 조건으로 질문을 할 때 해변 보호를 위한 지불의사액이 더 크게 된다.

예산제약으로 인해 구체적 서베이를 수행할 수 없거나 해당 지역의 값에 대한 적절한 추정이 수행되기 전의 첫 단계로서 다른 연구의 값을 사용하는 것이 보편적인 관례이다. 하여튼 1인당 소득과 같은 지역 인구의 특성에 따라 사전 수정을 하지 않은 채 다른 상황으로부터 값을 기계적으로 이전하는 것은 피하라고 권고할 만하다.

때때로 일련의 경제적 및 인구통계적 변수들과 특정 비시장재에 대한 평균 지불의사액을 연관시키는 다수 연구들의 통계적 분석(메타분석)이 가능하다. 이 경우 값이 도출된 위치와 그 값이 이전된 상황 간의 주요 차이점을 무시하는 조정되지 않은 값의 이전과 비교할 때 과정을 개선하는 것이 가능하다.

통계적 생명의 가치에 대한 메타 분석의 예는 Miller(2000)에서 볼 수 있다. 이 연구에서 조정된 이전에 대한 유용한 결과는 1인당 소득 변동에 대한 추정된 값의 변동의 탄력성은 1이어서 생명의 가치는 1인당 산출량 변동과 같은 비율로 변한다. Miller는 얻은 결과가 이 값을 다른 나라로 이전하는 것을 가능하게 한다고 제안하였다. 이 연구에서 통계적 생명의 가치는 1인당 소득에 120을 곱해서 특정 국가에서의 통계적 생명의 근사값을 얻게 되는데, 다만 1인당 소득이 $2,000 이하인 국가들은 제외된다.

요점 정리

- 진술된 선호 접근법은 서베이에 기초한 방법을 통해 사용자들의 가치를 이끌어내려 한다. 조건부 가치평가 또는 컨조인트 분석은 응답자들이 환경재나 물리적 위험 수준의 변동에 대한 그들의 지불의사액을 드러내는 가상적 시장의 설정에 기초한 두 기법이다.
- 이 방법들은 연관된 시장에서 사용자들의 행태를 관찰하는 것이 불가능할 때 시현된 선호 접근법의 대안이다. 이것이 환경재의 비사용가치 또는 수동적 가치의 경우인데, 이것은 가상적 상황의 설정을 필요로 하고 그 결과는 서베이으 고안에 따라 매우 민감하다. 몇몇 비판자들은 주요 문제점이 정확성이 아니라 이 서베이에서 얻은 답변은 사람들의 선호의 강도를 측정하지 못한다는 사실로부터 신뢰성이라고 주장한다. 이 방법들을 개선하고 가장 명백한 편의를 피하기 위한 중요한 연구노력들이 있어 왔다.
- 컨조인트 분석은 응답자만 옵션들 간에 선택을 해야 하고 비시장재의 속성에 대한 그의 지불의사액을 간접적으로 드러내는 것으로서 조건부 가치평가의 대안으로 제시되었다. 컨조인트 분석은 해당 재화가 다양한 속성을 가지고 있을 때 특히 적절하지만 수행의 복잡성이 증가하고 피면접자의 인식상의 어려움 측면에서 결함이 존재한다.
- 심한 부상이나 사망 확률의 감소와 같은 물리적 위험의 변동은 많은 프로젝트들의 목표이거나 부작용이다. 사고의 건수와 심각성을 방지하거나 증가시키는 규제적 제안과 투자 프로젝트에 대해 비용-편익분석을 수행하는 사람들은 이러한 영향에 경제적 가치를 부여

할 필요가 있다. 목표는 그러한 프로젝트들의 사회적 이득의 계산에 그것들을 포함시키는 것이다. 그러한 가치평가에 반대하는 급진적 입장을 유지하는 것은 잃은 생명 또는 회피된 사망이 0의 값을 갖는다는 것을 의미할 따름이다.

- 비용-편익분석에서 보편적인 관례는 구체적 서베이를 수행하는 비용을 줄이기 위해 다른 연구에서 얻은 값을 이전하는 것이다. 통계적 생명의 가치나 기존 연구의 환경 영향의 가치는 상황에 따라 다르고 아마도 이전되는 프로젝트의 상황과는 맞지 않을 수 있다는 것을 강조하는 것이 중요하다. 값의 이전에 대한 선행조건은 피면접자가 주어진 영향에 대한 화폐적 가치평가를 제공할 때 그가 질문받는 것을 정확히 안다는 것이다.

CHAPTER

7

할인과 결정기준(Ⅰ)

이 해와 후년도 간의 총소득 흐름을 사회가 배열하고 수정하며 조정하는 이 그림은 일반적으로 우리가 투자기회에 대해 그릴 수 있는 가장 중요한 그림인데, 그 이유는 그것이 자동적으로 차입과 대여 또는 구입과 판매를 뺄 뿐만 아니라 그것은 자동적으로 소득의 그림을 실질 또는 내가 그렇게 부르기를 더 선호하는바, 향유 소득과 그것의 이면인 노동의 고통이라는 근본적 용어로 바꾸기 때문이다. 우리는 개인의 경우에서와 같이 화폐 항목과 중간 과정에 대해 그렇게 명확하게 생각할 필요가 없다. 우리는 어려움 없이 최종 소비에 우리의 주의를 고정할 수 있다. 딸기를 따는 노동과 그것을 먹는 즐거움 사이를 조정하는 장치가 아무리 복잡하다 하더라도 사회는 Robinson Crusoe가 딸기를 따고 그것을 먹는 것과 같다.

(Irving Fisher, 1930)

제1절 서 론

상이한 연도에 발생하는 편익과 비용은 프로젝트의 순현재가치(NPV)를 얻기 위해 더해져야 한다. 비용-편익분석에서 경제학자들은 상이한 특질의 편익과 비용을 하나의 차원에서 더한다. 상이한 사람들이나 상이한 기간에 대응한 편익 또는 비용 단위를 더하기 위해 우리는 가중 시스템이 요구된다. 첫 번째 가중치 부여는 기본적으로 형평이라는 이유(2장 5절 참조) 때문일 것이고 이 장과 다음 장에서 다루어질 두 번째는 편익과 비용의 시간적 차원이 중요하기 때문이다. 평균적인 사람은 (인플레이션이 없을 때) 다음 해보다는 오늘의 화폐 단위를 선호한다.

이 장은 할인 기법을 다룬다(7장 2절과 3절). 할인의 계산을 포함한 균질화로 인해 프로젝트에 투자할 결정으로 함축되는 현재소비의 희생과 이 프로젝트의 생애 동안 발생하는 순편익의 흐름과의 비교가 가능해진다. 일단 편익과 비용이 할인되고 나면 한 프로젝트를 채택하거나 기각하기 위해 그리고 상이한 프로젝트 간 비교하기 위해 결정기준이 필요하다. 7장 4절에서는 그 결정을 하는 것을 돕기 위하여 가장 중요한 경제지표인 NPV를 제시한다. NPV를 통해 프로젝트의 편익과 비용의 전체 흐름을 하나의 수치로 표현하는 것이 가능하다. 내부수익률과 편익/비용 비율도 논의된다.

제 2 절 미래의 할인

대부분의 프로젝트들은 미래에 순편익의 흐름과 교환하여 현재의 비용을 수반한다.[1] 프로젝트의 수행으로 유발된 예상 편익과 비용의 흐름은 NPV를 얻기 위해 합해져야 한다. 이 경제지표는 평가되고 있는 프로젝트의 (사회적 또는 사적) 수익성인 프로젝트의 순편익을 하나의 숫자로 나타낸다.

프로젝트의 재무적 및 경제적 평가에서의 기본 결정규칙은 만일 NPV가 양의 값이면 채택하고 음의 값이면 기각하는데[2] 왜냐하면 그 경우에 우리는 다른 대안들에 자원을 더 좋게 사용할 수 있기 때문이다. 양의 값을 갖는 NPV는 프로젝트를 수행할 필요조건이지만 충분조건은 아닌데, 그 이유는 자금 제약하에서 첫 번째 프로젝트보다 NPV가 양의 값인 다른 프로젝트들이 사회적으로 더 바람직할 수 있기 때문이다.

불확실성이 없는 경우에도 사람들은 대개 그것이 수여되는 기간에 상관없이 화폐단위에 동일한 가치를 부여하지 않는다. 사람들이 현재 소비와 미래 소비 간 무차별한 경우에만 상이한 시기의 순편익들이 가중치 없이 더해질 수 있다. 양의 한계 시간선호율(1단위는 미래보다 현재에 더 크게 가치가 매겨진다)을 참작할 때 NPV 계산식은 다음과 같다.

$$NPV = \sum_{t=0}^{T} \delta^t (B_t - C_t) \tag{7.1}$$

1) 프로젝트의 수명은 평가기관에 의해 결정된다. 물리적 수명과 일치할 수도, 아닐 수도 있지만 그것은 대개 추정된 경제적 수명과 일치하는데, 그것은 보통 물리적 수명보다 짧다. 평가를 위해 선택된 기간보다 더 긴 수명을 가진 경우 우리는 잔존가치를 포함할 필요가 있다.

2) 추가적 조건 없이 NPV에 근거한 기본 결정규칙은 투자가 가역적이라는 것을 필요로 한다는 것을 명심해야 한다. 즉 만일 연간 편익이 예상치가 아니면 투자는 원상태로 될 수 있다. 또는 그것이 설령 비가역적이더라도 투자결정은 연기될 수 없다('지금이 절호의 기회다'). 만일 투자가 비가역적이라면 수요의 불확실성이 존재하고 투자를 연기하는 것이 가능하고 NPV를 계산할 때 투자하기 위해 옵션을 죽이는 기회비용이 포함되어야 한다(8장 2절 참조).

여기서 B_t는 연도 t의 편익, C_t는 연도 t의 비용, T는 프로젝트의 생애, δ^t는 할인율(시기에 대해 일정한 것으로 가정)이다.

비용-편익분석에서 사용되는 보편적 할인율은 식 (7.2)에 나와 있다. 이것은 지수할인이라 불리는 것으로서, 미래에 발생하는 편익과 비용에 지수적으로 감소하는 가중치를 부여한다.

$$\delta^t = \frac{1}{(1+i)^t} \tag{7.2}$$

여기서 i는 사회적 할인율이다.

상이한 시기에 발생한 값을 할인하는 기법은 사람이 미래보다 현재를 더 강하게 선호한다는 가정에 기초한다. 만일 사람들의 효용이 연속적인 기간의 소비에 의존한다면 사람들은 현재에 더 가까운 소비에 더 큰 가중치를 부여하므로 그의 효용함수는 시점에 따라 소비의 가치를 할인하는 양의 한계 시간선호율을 포함한다고 우리는 가정한다.

시간에 걸친 소비의 할인에 관하여 사람들의 효용함수에는 두 가지 상반되는 힘이 존재한다. 하나는 소비의 한계효용 체감으로 인해 할인하지 않는다는 생각을 지지하고 다른 하나는 반대 방향으로 가서 이유가 무엇이든 사람들의 성급함으로 인해 할인을 지지한다. 첫째는 사람들이 상이한 기간에 걸쳐 소비를 펼치려 하는 것을 정당화한다. 둘째는 오늘로부터 멀리 떨어져 있을수록 가치를 더 적게 매기면서 미래의 소비 한 단위보다 현재의 소비 한 단위를 더 크게 가치 매기는 것을 설명한다.

식 (7.2)의 할인율이 두 가지 근본적인 특징을 가지고 있는 것을 볼 수 있는데 $i > 0, t > 0$일 때 그것은 1보다 작고 t가 증가함에 따라 그것은 빠르게 감소한다. 그것의 이행은 $t > 1$일 때 발생하는 편익과 비용의 현재가치는 감소한다는 것을 의미하고 또한 시기적으로 멀리 떨어진 편익과 비용은 관계가 없다는 것을 의미한다.

만일 예를 들어 할인율이 최근에 프로젝트의 경제적 평가에서 널리 쓰이는 실질 비율인 6%라면 연도 1의 편익(또는 비용) 100단위의 가치는 기초 연도에 94단위로 전환된다. 5년 후에 100단위는 일단 현재가치로 할인되면 75단위와 같다. 30년 후의 100단위는 연도 0에는 17단위로 바뀐다. 100년 후 100의 현재가치는 0.3이다.

이 사실은 환경경제학자들에게는 우려가 되어 왔는데, 그들은 지수할인은 편익이 장기적으로 실현되는 프로젝트(예를 들어, 재조림)를 불리하게 하고 먼 미래에 엄청난 비용이 드는 프로젝트(예를 들어, 방사능 폐기물)에 대해 유리하게 한다고 믿는다. 즉 그것은 미래 세대의 후생을 무시한다.

지수할인의 대안으로서 몇몇 경제학자들은 쌍곡선 형태의 할인율을 사용할 것을 제안하였는데, 비록 그것도 $i > 0, t > 0$인 값에 대해서는 1보다 작지만 t가 증가할 때 그 값은 보다 천천히 감소한다. 지수할인과는 달리 쌍곡선 형태의 할인의 경우 먼 미래에 발생하는 편익과 비용의 현재가치는 프로젝트의 수익성에 영향을 미친다. 시점간 선호에 대한 사람들의 차이를 반영하는 상이한 이자율들이 존재하고 정부는 이들 선호의 평균을 취할 때 결과로서 생기는 이자율은 시간에 따라 감소하여 우리가 시간상 멀티 이동하면 이자율 범위에서 가장 낮은 값을 갖는 경향이 있다고 주장된다(8장 5절 참조).

다수 프로젝트들의 시계는 평가를 할 때 40년이 넘을 수 있거나 무한대로 생각될 수도 있다(예를 들어, 로마 제국이 건설한 도로의 일부는 아직도 사용되고 있다). 할인율의 선택은 그것이 극적으로 프로젝트의 수익성에 영향을 미치거나 재원조달 측면에서 경쟁상대인 다른 것들과 비교하여 한 프로젝트의 상대적 수익성을 변동시키므로 프로젝트의 선정을 변경시킬 수 있으므로 경제적 평가의 핵심 측면의 하나이다. 비교되고 있는 프로젝트의 순편익 흐름이 상이한 프로필을 가지고 있을 때 아

[그림 7-1] 프로젝트 A의 시간 프로필

(단위: $)

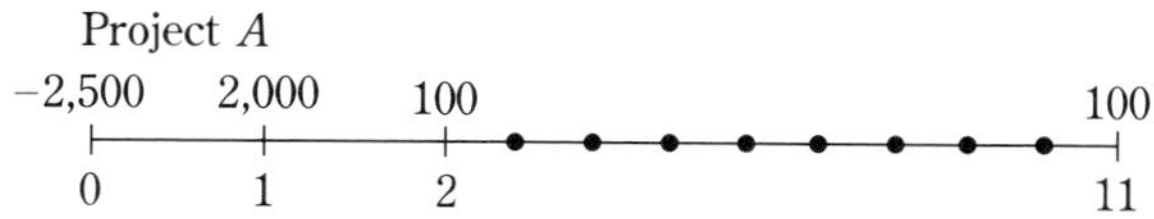

래에서 보겠지만 할인율은 선정과정에서 결정적이 될 수 있다.

앞에서 설명하였듯이 할인에 대한 보편적 접근법은 식 (7.2)에서 볼 수 있다. 이 할인 절차는 일반적으로 인간 생명이나 환경 영향의 손실 또는 미래 세대의 후생에 크게 영향을 미치는 프로젝트들에서 채택된다.

할인의 수치 예를 보자. [그림 7-1]에 표시된 프로젝트 A는 11년의 지속기간을 가지고 있다. 처음에(기준 연도: $t=0$) 그것은 $2,500의 투자를 필요로 한다. 1년 후에[3] 프로젝트는 $2,000의 순편익을 창출한다. 2차 연도에서 11차 연도까지 연간 순편익은 $100이다. 프로젝트의 말기에 잔존가치는 0이다.

식 (7.1)에 의하면 프로젝트 A의 경제적 수익성은 다음과 같다.

$$NPV(A) = -2{,}500 + \frac{2{,}000}{1+i} + \sum_{t=2}^{11} \frac{100}{(1+i)^t} \tag{7.3}$$

NPV로 측정된 프로젝트의 수익성은 선택된 할인율에 크게 의존한다. 가령 할인율이 5%라고 하자. 이 경우 프로젝트의 NPV는 양의 값이므로($NPV(A/i=0.05)=140$), 할인된 순편익은 초기 투자비용보다 크다. $140이라는 값은 연도 1에서 11까지의 편익의 할인값에서

3) 0과 1 사이에는 365일이 흘러가서 사실 0과 1은 시간상의 순간이고 연도는 간격이다. 단순화를 위해 [그림 7-1]에서 0, 1, 2 등의 점은 연도 0, 연도 1, 연도 2 등을 말한다.

[그림 7-2] *NPV*와 할인율

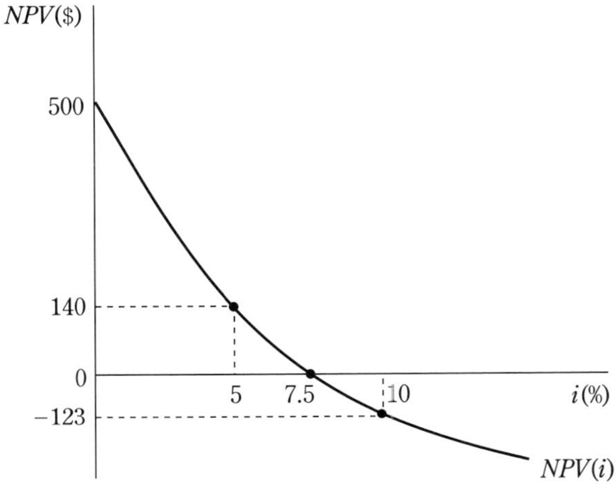

투자를 뺀 것과 같다. $140이라는 양의 차이는 프로젝트가 기회비용으로 투자에 대한 보상을 허용하여 투자된 자본을 복구하고 연도 0의 가치로 평가한 사회적 잉여 $140을 창출한다는 것을 가리킨다.

프로젝트 A와 동일한 시간 프로필과 초기 투자를 유지하지만 할인율을 변경하자. 예를 들어 이 프로젝트에 대한 이자율이 5%가 아니라 10%라고 하자. 투자의 결과는 이제 음의 값이다($NPV(A/i=0.10)=-123$). [그림 7-1]에 표현된 순소득의 흐름은 이제 더 높은 수익을 필요로 하는 투자를 상쇄하기에 충분하지 않아서 그것의 기회비용이 올라간다.

[그림 7-2]는 할인율이 변할 때 프로젝트 A의 NPV가 어떻게 변하는지를 보여준다. 이러한 방법으로 이자율 0에서 NPV는 $500이 되는데, 이것은 순편익을 직접 더한 값에서 초기 투자비용을 뺀 값이다. 이자율이 5%일 때 NPV는 $140이다. i의 함수로서 NPV 곡선은 대략 7.5%의 이자율에서 수평축과 교차한다. NPV가 0이 되는 이 이자율을 내부수익률(IRR)이라 부르는데, 이것은 연간 7.5%로 가

[그림 7-3] 프로젝트 B와 C의 시간 프로필

(단위: S)

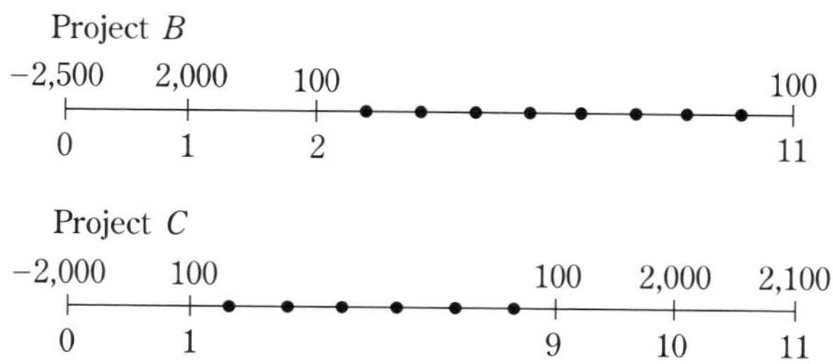

치가 매겨진 프로젝트의 순편익이 기회비용과 동일하다는 것을 의미한다. 또는 동일한 의미로 프로젝트는 1년에 7.5%에서 투자된 자본의 복구와 투자에 대한 보상을 허용한다.

우리는 할인율이 올라가면 어떻게 NPV가 감소하는지 그리고 IRR보다 높은 이자율에서 음의 값이 되는지를 보았다. 심지어 이것이 NPV의 부호를 변경시키지 않을 때에도 높은 할인율을 적용하면 상이한 시간 프로필을 갖는 다양한 프로젝트들의 수익성에 영향을 줄 수 있고 그러한 프로젝트들 간의 선호의 순서를 바꿀 수 있다. B와 C 등 두 프로젝트 경우를 보는데, 이들의 시간 프로필이 [그림 7-3]에 표현되어 있다.

양 프로젝트의 경제적 수명은 11년이다. 그것들은 또한 기준 연도에 동일한 투자비용($2,000)을 필요로 한다. 그러나 프로젝트 B와 C는 연간 편익의 프로필에서 차이가 난다. 프로젝트 C와 대조적으로 프로젝트 B는 생애 초기에 편익의 중요 부분을 가지고 있다.

두 프로젝트의 경제적 수익은 다음과 같다.

$$NPV(B) = -2,000 + \frac{2,000}{(1+i)} + \sum_{t=2}^{11} \frac{100}{(1+i)^t} \tag{7.4}$$

$$NPV(C) = -2{,}000 + \sum_{t=1}^{9} \frac{100}{(1+i)^t} + \frac{2{,}000}{(1+i)^{10}} + \frac{2{,}100}{(1+i)^{11}} \tag{7.5}$$

이자율로 고려되는 값이 어떻게 두 프로젝트에 다르게 영향을 미치는지를 인식할 수 있다. 가령 처음에 이자율이 5%라고 하자. 이 할인율을 적용하면 $NPV(C/i=0.05)=1{,}166$이고 $NPV(B/i=0.05)=640$이므로 프로젝트 C가 프로젝트 B보다 더 선호된다. 이자율이 5%이고 예산 제약이 없을 때 두 프로젝트는 모두 사회적으로 바람직한데, 그 이유는 그것들은 0보다 큰 NPV를 가지고 있기 때문이다. 그러나 자금의 제약($2,000)이 존재하는 경우에는 프로젝트 C가 프로젝트 B보다 선호된다.

예를 들어 10%의 이자율과 같이 더 높은 할인율인 경우 어떻게 되나? 두 프로젝트는 계속 $NPV(B/i=0.10)=377$, $NPV(C/i=0.10)=83$으로 수익이 발생하지만 이제 프로젝트 B가 프로젝트 C보다 더 선호된다. 이자율을 변경시킬 때 왜 프토젝트의 선정이 달라지는지 검토하는 것은 흥미롭다. 그 근본적 이유는 프로젝트의 수익성이 그것의 편익의 크기에 의존할 뿐만 아니라 언제 그것이 발생하는지, 즉 시간의 위치에도 의존하기 때문이다. 할인이 없다면 프로젝트 C의 순편익은 B의 그것보다 더 높지만 그것은 나중에 발생한다. 높은 이자율은 이 편익을 '불리하게 하는데' 그것들이 미래에 발생하기 때문에 사람들에게 더 작은 현재가치를 부여한다.

할인율은 프로젝트의 생애에 걸친 편익과 비용에 대한 가중치로서 작용한다. (i가 0보다 크다면) t가 증가함에 따라 이 가중치는 0에 접근한다. 경제적 이유는 분명하다. 만일 프로젝트에 적용 가능한 이자율이 오른다면 초기 투자의 기회비용은 증가하고 편익이 늦게 실현될수록 그것의 현재가치는 더 작아진다. [그림 7-4]는 이자율을 변

[그림 7-4] 이자율의 함수로서의 *NPV*

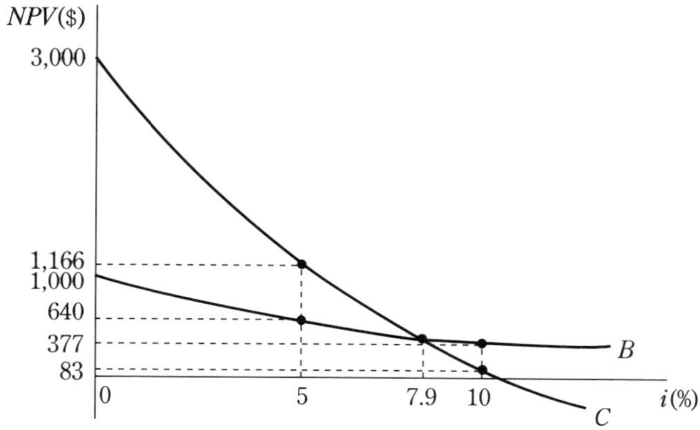

경할 때 두 개의 상호 배타적인 프로젝트의 서열이 어떻게 변하는지를 보여준다.

[그림 7-4]가 보여주듯이 그것의 대안과 비교한 프로젝트의 수익성은 이자율에 민감하다. 0과 약 7.9% 사이의 이자율에서는 C가 B보다 선호된다. 그러나 $i > 0.079$인 값에 대해서는 C의 비교우위가 사라진다. 이자율의 상승으로 두 상호배타적인 프로젝트의 선호 순위가 바뀌었다.

제 3 절 할인 기법: 몇 가지 유용한 공식

비용-편익분석은 초기 몇 년 동안은 비용만 발생하고 프로젝트가 대중적으로 사용되어 그것의 수명이 다 할 때까지는 편익과 운영비용이 발생하는 물리적 투자 프로젝트에 가장 흔하게 적용된다. 규제적 척도 혹은 경제용어로 현명하게 정량화될 수 있는 여타 공공정책의 평가는 NPV를 얻기 위해 더해져야 하는 T년 동안의 편익과 비용의 관련 흐름을 가지고 있다.

연도 T가 프로젝트 수명의 마지막 해가 아닐 수도 있지만 평가 목적의 지속기간이다. T가 프로젝트의 실제 수명보다 작을 수 있는 이유는 규제적 구조가 그렇게 요구할 수도 있는데, 왜냐하면 민간참여 계약에 의해 포함되는 기간을 평가하는 것이 적절하기 때문이거나 기술적으로 T가 기술적 노후가 적용되기 전에 적절하게 고려될 수 있는 최대 기간으로 예상되기 때문이다.

위의 어느 경우에 대해서도 프로젝트의 **잔존가치**를 계산하는 것이 필요하다. 이 가치는 연도 T에서 무한대까지의 편익과 비용의 순현재가치이다. 이것은 T 이후로 더 이상 사용하지 않는 잠정 사회기반시설의 철거비용을 의미할 수도 있고 혹은 자산의 미래 사용으로부터 얻는 편익과 그러한 편익을 얻는 비용으로 장비철거비용과 토양을 정화하고 오염을 제거하는 등의 비용이 포함된다. 때때로 잔존가치는 투자비용의 비율로서 자산의 남은 가치의 추정치로 계산되지만 이러한 회계 관례는 프로젝트의 남아있는 사회적 가치(T를 넘어선 편익과 비용) 개념과는 상당히 관계가 없는 것으로 보인다.

(우리가 단순화를 위해 연도 0에 해당되는 것으로 가정한) 투자비용은 옆으로 놓고 연도 1과 그 이후의 편익과 비용 흐름에 우리의 관심을 집중하면 우리는 다음을 갖게 된다.

$$\sum_{t=1}^{T} \delta^t (B_t - C_t) \tag{7.6}$$

식 (7.6)의 $(B_t - C_t)$를 V_t로 부르고 각 연도의 마지막에 실현된 V_t는 프로젝트의 생애 동안 양의 값이고 일정하다고 가정하면 ($V_t = V$), [그림 7-5]에서 보는 것과 같은 순편익의 시간 프로필을 갖게 된다.

[그림 7-5] 연도 말의 편익

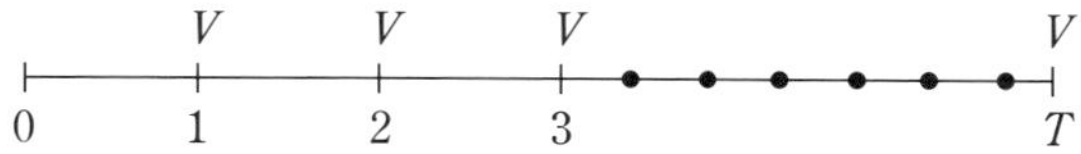

NPV는 다음과 같다.

$$\sum_{t=1}^{T} \frac{V}{(1+i)^t} = \frac{V}{(1+i)} + \frac{V}{(1+i)^2} + ... + \frac{V}{(1+i)^T} \tag{7.7}$$

식 (7.7)에서 NPV를 계산하기 위해서는 이것은 등비수열 항의 합계인데, 첫 번째 항은 $a = V/(1+i)$이고 공비는 $\delta = 1/(1+i)$이다. 이 유한 등비수열의 합계는 다음과 같다.

$$V\left[\frac{1-(1+i)^{-T}}{i}\right] \tag{7.8}$$

식 (7.8)은 지속기간이 얼마이든 일정한 값 흐름의 NPV를 계산하는 일반 공식이다.[4] 괄호 안의 표현은 시간에 걸친 편익의 일정한 흐름을 현재가치로 할인된 값으로 바꾸는 인자이다. 이 인자는 프로젝트의 지속기간에 따라 증가하고 이자율이 증가하면 감소한다. T가 무한대로 가면 식 (7.8)은 V/i와 같다.

만일 프로젝트의 시간 프로필이 연도 0의 편익을 포함한다면([그림 7-6]) 우리는 단순히 식 (7.8)에 V를 더해야 한다. $T+1$항의 수열 합계를 계산하면 우리는 식 (7.9)를 얻는다.

$$NPV = \frac{V(1+i)}{i}\left(1 - \frac{1}{(1+i)^{T+1}}\right) \tag{7.9}$$

4) 편익이 연도 1에 시작하는 것으로 가정한다. 이 식을 통해 연율로 환산되어야 하는 자산 또는 고정비용의 현재가치에 상응하는 연간 값인 V에 대해 풀 수 있다. $V = NPV((1+i)^T i)/(((1+i)^T - 1)$.

[그림 7-6] 연도 0과 연도 말에서의 편익

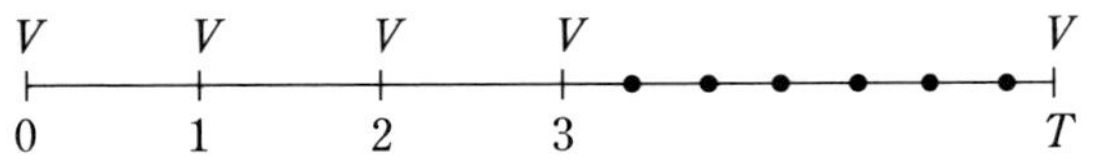

[그림 7-7] 일정한 비율로 증가하는 편익

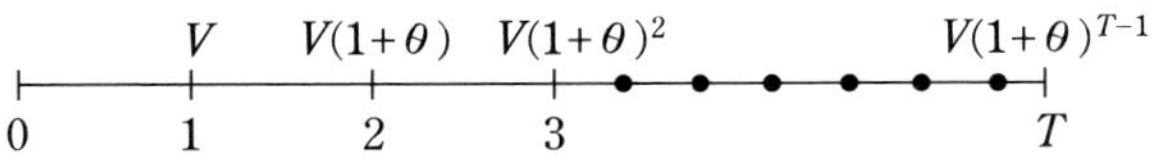

NPV에 대한 식 (7.8)과 (7.9)는 연간 편익이 일정하다는 가정에 기초한다. 편익이 연간 일정한 평균 비율로 시간에 걸쳐 변하는 경우 두 식은 모두 수정되어야 한다. 가령 V는 GDP의 함수이고 연간 θ의 비율로 증가한다고 하면 $V_{t+1} = V_t(1+9)$이다. 이제 시간 프로필은 [그림 7-7]로 표현되고 NPV에 대한 식은 다음과 같다.

$$NPV = \frac{V}{(1+i)} + \frac{V(1+\theta)}{(1+i)^2} + \ldots + \frac{V(1+\theta)^{T-1}}{(1+i)^T} \tag{7.10}$$

만일 $\theta < i$이면 식 (7.10)은 다음과 같다.

$$NPV = V\left[\frac{1-(1+\theta)^T(1+i)^{-T}}{i-\theta}\right] \tag{7.11}$$

$T \to \infty$ 일 때 만일 $\theta < i$이면 $(1+\theta/1+i)^T \to 0$이고 첫 번째 기간에 V로 주어지고 영원히 θ의 비율로 증가하는 경우

$$NPV = \frac{V}{i-\theta} \tag{7.12}$$

[그림 7-8] 1년에 한 번 이상 발생하는 편익

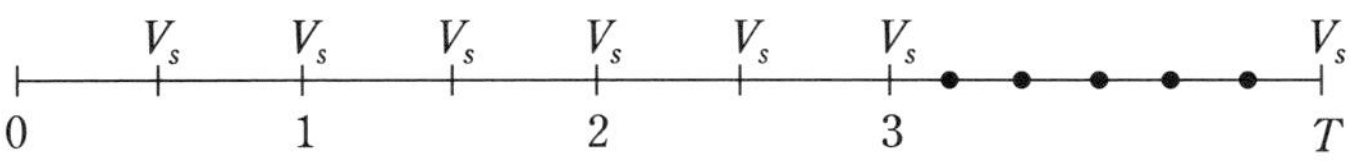

쉬지 않고 물을 공급하는 댐이나 개통 이후 T에 도달할 때까지 지속적으로 운행하는 자동차들에 대해 시간을 절약토록 하는 도로의 경우와 같이 편익과 비용은 연도 말, 분기별 또는 월별 또는 거의 지속적으로 발생할 수 있다.

예를 들어 편익이 1년에 두 번 발생하고 연간 할인율은 i일 때 [그림 7-8]과 같은 시간 프로필이 된다.

편익을 할인하기 위하여 매 6개월(또는 1년보다 짧은 다른 기간)마다 발생하는 편익(V_s로 부름)을 할인하기 위해 연간 이자율 i(또는 일반적으로 상응하는 하부 기간에 맞는 이자율)에 상응하는 학기 이자율 i_s가 필요하다.

$$(1+i_s)^s = (1+i) \tag{7.13}$$

여기서 s는 하부 기간(이 경우 학기)의 수이다. i_s에 대해 풀면 다음과 같다.

$$i_s = (1+i)^{1/s} - 1 \tag{7.14}$$

$1+i_s = (1+i)^{1/s}$이므로 [그림 7-8]에서 첫 번째 4학기에 대한 할인은 다음과 같다.

$$NPV = \frac{V_s}{(1+i)^{0.5}} + \frac{V_s}{(1+i)} + \frac{V_s}{(1+i)^{1.5}} + \frac{V_s}{(1+i)^2} \tag{7.15}$$

또는

$$NPV = \frac{V_s}{(1+i_s)} + \frac{V_s}{(1+i_s)^2} + \frac{V_s}{(1+i_s)^3} + \frac{V_s}{(1+i_s)^4} \quad (7.16)$$

식 (7.17)은 1년보다 짧은 기간에 발생하는 편익 V_s의 흐름의 NPV에 대한 계산을 일반화한 것이다. 이것은 식 (7.14)에 따라 얻은 하부기간의 수와 하부 기간 이자율을 식 (7.8)에 대입하여 구한다.

$$NPV = V_s \left[\frac{1-(1+i_s)^{-Ts}}{i_s} \right] \quad (7.17)$$

위의 할인 공식은 편익과 비용의 일정한 흐름($V_s = V$)이나 일정한 비율($\theta_t = \theta$)로 성장하는 경우 유용하다. 실제로 연간 값들은 위의 식을 직접 적용할 수 있는 양상과 일치하지 않으므로 이러한 경우는 종종 일어나지 않는다.[5)]

다수의 프로젝트들이 거의 연속적인 방식으로 연간 편익 V를 창출하지만 종종 [그림 7-5]에서와 같이 마치 연도 말에 발생하는 것처럼 취급되는 것에 주목하는 것은 흥미롭다. 산출물이 1월 1일부터 12월 31일까지 생산되는 공항, 댐 또는 스포츠 센터의 경우를 보자. 만일 편익이 연도 말에 위치한다면 NPV는 낮아질 것이라는 것은(편익이 시간상 더 멀리 있을수록 현재가치는 ㄷ 작아진다) 명백해 보인다.

만일 편익과 비용이 연도 중 매일 발생하고 그것이 연도 중 즉시 위치해야 한다면 그것을 연도의 초기나 말보다는 중간에 위치하도록 하는 것이 더 적절하다. 시간 프로필이 [그림 7-9]에 나타나 있다.

---

5) 공식 메뉴에서 NPV와 IRR에 대한 스프레드시트가 이용 가능하다.

[그림 7-9] 연도 중간의 편익

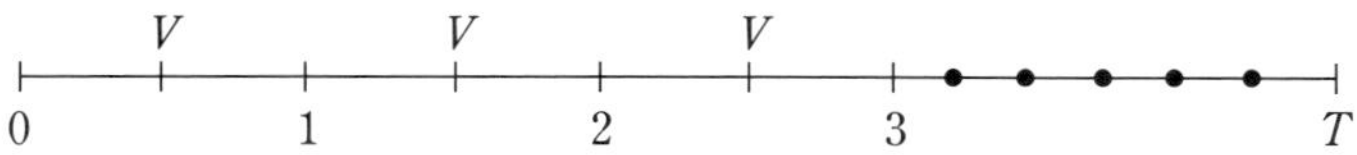

연도 중간에 위치한 연간 편익을 할인하는 공식은 다음과 같다.

$$NPV = V\left[\frac{1-(1+i)^{-T}}{i}\right](1+i)^{0.5} \tag{7.18}$$

식 (7.18)은 할인된 값을 시간 0에 위치하도록 하기 위해 연간 할인 공식 (7.8)을 인자 $(1+i)^{0.5}$로 수정한 것이다. 만일 그렇게 수정하지 않으면 식 (7.8)의 적용은 시간 '−0.5'에 위치하게 될 것이다. 식 (7.18)을 적용하면 1일당으로 표현된 편익($V_s = V/365$)을 식 (7.17)에 적용했을 때와 동일한 결과를 얻을 것이다. 즉 편익은 매일 실현되고 연간 이자율에 상응하는 일간 할인율로 할인되는 것이다.

만일 프로젝트가 가동 첫 해 시작부터 연속적인 흐름을 가져 온다면(보건 서비스, 도로, 공항, 물 공급 등) 이 결과에 비추어 V를 연도 중간에 위치토록 하는 것이 적절할 것으로 보이는데, 이것은 편익이 매일 또는 연속적으로 발생하지만 연간 할인율을 적용하는 것과 같이 편익을 취급하는 것과 대등하다.

제 4 절 결정기준: 순현재가치

1. 채택-기각

편익과 비용이 상이한 연도에 발생하는 프로젝트의 사회적 수익성을 측정하는 몇몇 대안적 방법들이 존재한다. 가장 신뢰할 만한 지표는 편익과 비용 흐름의 NPV이다(Brealey and Myers, 1996 참조). NPV는 일단 편익과 비용이 적절한 할인율(i)로 할인되고 나서 편익(B)에서 비용(C)을 공제함으로써 프로젝트의 사회적 가치를 하나의 숫자로 요약한다. 일반적 표현은 다음과 같다.

$$NPV = B_0 - C_0 + \frac{B_1 - C_1}{1+i} + \frac{B_2 - C_2}{(1+i)^2} + \cdots + \frac{B_T - C_T}{(1+i)^T} \tag{7.19}$$

만일 식 (7.19)가 0이라면 프로젝트 편익의 현재가치는 그것의 비용의 현재가치와 같다. 그런데 이것은 의사결정자로 하여금 프로젝트를 채택하는 것과 기각하는 것이 무차별하게 하는데, 왜냐하면 프로젝트의 수행으로 단지 초기 투자와 이자 지불의 상환만 가능하기 때문이다. 이는 차선의 대안을 위해 투자를 그만둠으로써 얻을 수 있는 것이다. 이것이 첫 번째 결정규칙에 대한 출발점이다.

$NPV > 0 \rightarrow$ 프로젝트 채택

$NPV < 0 \rightarrow$ 프로젝트 기각

이 결정규칙의 경제적 논리는 기회비용 개념에 기초한다. 3년의 생애 동안 $1,000의 일정한 편익을 창출하는 $2,486.70의 투자 프로젝트를 보기로 한다. 가령 할인율 i는 만일 그것이 프로젝트에 투자되지 않을 때 이 투자가 보상되는 은행 이자율(10%)이라고 하자. 3년 말에 표현되는 이 투자의 기회비용은 다음과 같다.

첫째 연도: $C_0(1+i)$

둘째 연도: $C_0(1+i)(1+i) = C_0(1+i)^2$

셋째 연도: $C_0(1+i)^2(1+i) = C_0(1+i)^3$

만일 그것을 금융기관에 빌려주면 초기의 값 $2,486.70은 세 번째 해에 $3,309.80이 된다. 이것이 프로젝트로 인하여 세 번째 해에 $3,309.80을 받는 것을 포기하는, 프로젝트에 대한 투자의 기회비용이다. 따라서 만일 우리가 $2,486.70을 프로젝트에 투자한다면 우리는 세 번째 해에 최소한 $3,309.80이나 프로젝트의 생애 동안 동등 금액, 예를 들어 3년에 걸쳐 매년 $1,000을 기대해야 한다.

우리가 $2,486.70을 투자하고 세 번째 해에 $3,309.80을 얻을 때 NPV는 다음과 같다.

$$NPV = -2,486.70 + \frac{3,309.80}{(1+0.1)^3} = 0 \tag{7.20}$$

NPV가 0인데 이것은 돈을 은행에 빌려 주거나 또는 프로젝트에 투자하거나 동일한 이득을 얻는다는 것을 나타낸다. 매년 $1,000을 벌어도 동일한 상황이 된다.

$$NPV = -2,486.70 + \frac{1,000}{(1+0.1)} + \frac{1,000}{(1+0.1)^2} + \frac{1,000}{(1+0.1)^3} = 0 \tag{7.21}$$

만일 프로젝트에 $2,486.70을 투자하여 $NPV > 0$을 얻는다면 프로젝트에 투자되는 자금은 기회비용을 능가하는 편익을 창출하여 투자된 자금과 이자 지불의 회복을 가능하게 한다.

미래의 편익과 비용에 대한 불확실성이 존재할 때 투자는 부분적으로 또는 전적으로 비가역적이어서 더 많은 정보를 얻기 위해 투자 결정을 연기하는 것이 가능하다. Dixit and Pindyck(1994)은 만일 투자하는 옵션을 행사하는 기회비용을 포함하지 않는다면 NPV 규칙은 그르치기 쉬울 수 있다는 것을 지적하였다. 이 투자 옵션은 토지와 천연자원에 대한 재산권과 현재 또는 미래에 보편적 관심이 있는 프로젝트의 건설에 대해 결정할 자격을 가진 정부의 경우 분명하다.

이러한 비가역성, 불확실성 및 연기 가능성 환경에서 만일 우리가 오늘 투자한다면 우리는 투자결정을 변동시킬 수 있는 정보를 포함하여 이어지는 기간 안에 드러날 정보의 가치를 포기한 것이다. 일단 투자결정이 이루어지면 투자의 비가역성과 비용의 회복 불가능성(매몰비용)으로 인해 변경될 수 없다. 다음 장에서(8장 2절) 만일 우리가 기다림으로써 드러날 정보의 가치를 잃는 비용을 포함한다면 *NPV* 규칙이 완전히 타당하다는 것을 증명하는 타이밍 결정을 분석한다.

2. 수익성 있는 프로젝트들 간의 선택

NPV 규칙은 개별적으로 평가되는 프로젝트의 채택이나 기각에 대해서만 타당한 것이 아니다. *NPV*는 또한 상호배타적인 프로젝트 간에 선택하거나 예산제약이 존재할 때보다 광범위한 영역 내에 있는 프로젝트 집단으로부터 선택하기 위한 적절한 기준이다. 이 경우 목표는 *NPV*를 극대화하는 프로젝트를 선택하는 것이다.

〈표 7-1〉은 편익/비용 비율(B/C)과 비교하여 *NPV*의 사용을 예시하고 있다. B/C 비율은 할인된 편익과 할인된 비용의 비율인데 이것은 프로젝트의 사회적 수익성을 제시하는 데 자주 사용된다. 〈표 7-1〉에서 네 개의 프로젝트들이 B/C에 의해 서열이 매겨지고 있다. 프로젝트 E가 가장 큰 B/C 값(1.5)을 갖지만 G가 가장 큰 *NPV*값을 가져서 〈표 7-1〉에서 B/C 기준이 어떻게 프로젝트의 잘못된 서열을 제공하는지 잘 볼 수 있다. 비용 1단위당 가장 낮은 편익은 프로젝트 H로 0.8이다. 프로젝트 H를 기각하는 논리적 근거 중 하나는 $B/C=0.8$이 1보다 작아서 프로젝트에 투자되는 각 화폐단위에 대해 우리는 단지 0.8만 회복하여 투자의 20%는 잃게 된다는 것이다.

NPV 규칙은 프로젝트 H를 기각했을 것인데, 왜냐하면 만일 그

〈표 7-1〉 프로젝트 선택의 지표들(할인값: $)

프로젝트	편 익	비 용	NPV	B/C
E	300	200	100	1.50
F	780	600	180	1.30
G	1,250	1,000	250	1.25
H	960	1,200	−240	0.80

것이 수행된다면 $240의 손실을 의미하기 때문이다. $NPV>0$인 프로젝트를 채택하는 기준은 수익성 있는 프로젝트들이 E, F, G라는 것을 나타내는데 이들 모두 B/C가 1보다 크다.

현실 세계에 널리 퍼져있는 특징은 예산제약의 존재이다. 사용 가능한 자금보다 더 많은 $NPV>0$이거나 또는 $B/C>1$인 프로젝트들이 존재하고 공공기관은 수익성 있는 프로젝트들 가운데에서 최대 사회후생을 확보하고 동시에 예산제약을 만족시키는 부분집합을 선택하도록 강요된다.

예산제약이 $800이라고 하자. 이 경우 우리는 프로젝트 E와 F를 선택하고 총 NPV는 $280이다. 지표 B/C에 따른 프로젝트의 서열은 동일한 선택에 다다른다. 이제 가령 예산이 $1,600으로 확장된다고 하자. 이 경우 더 큰 총 NPV($430)를 가능하게 하는 프로젝트들은 F, G이고 더 큰 B/C를 갖는 E는 부분집합 밖에 있다.

프로젝트 수익성 지표로 B/C를 사용하는 것의 추가적 문제는 그것은 NPV와 달리 편익과 비용이 계산되는 방법에 민감하다는 것이다. NPV는 비용이 비용으로 정의되거나 음의 편익으로 정의되거나 동일한 결과를 가져온다.

예를 들어 〈표 7-1〉에서 프로젝트 E를 택해 가령 그것이 두 기간으로 구성되어 있다고 하자. 연도 0에는 투자가 실현되고 연도 1이 있고 10%의 할인율이 적용된다. NPV가 $100인 두 대안을 보자.

$$NPV = -200 + \frac{330}{1+i} = 100 \tag{7.22}$$

$$NPV = -100 + \frac{330-110}{1+i} = 100 \tag{7.23}$$

첫 번째 대안의 경우 B/C 비율은 <표 7-1>에서 보는 바와 같이 1.5이다. 두 번째의 경우 그것은 우리가 비용을 어떻게 정의하느냐에 달려 있다. 만일 비용이 그렇게 정의된다면 $110의 값은 100의 값을 갖는 할인된 비용이고 B/C는 1.5이다. 그러나 만일 비용이 음의 편익으로 취급된다면(예를 들어, 승자와 패자의 합계가 $220이다), B/C는 2가 될 것이다. 두 경우 모두 NPV는 $100이라는 것에 유의하라.

예를 들어 보편적 문제를 해결하는 상이한 지속기간의 프로젝트들을 비교할 때와 같이 비록 NPV가 즉각적인 기준이 아닌 상황도 있지만(8장 2절 참조), NPV는 널리 고려되는 가장 신뢰할 만한 기준이고 유일한 권고는 우리가 비교하기를 원하는 프로젝트의 특징에 대한 생각 없이 기계적으로 사용하는 것을 피하라는 것이다.

3. 내부수익률(IRR)

또 다른 지표는 IRR인데 이것은 NPV가 0이 되게 하는 i의 값을 찾는 것으로 구성되어 있다. 이리하여 IRR은 프로젝트가 수익성 경계에 놓이게 하는 최대 할인율이다([그림 7-2] 참조). 프로젝트의 수익성이 크면 클수록 양의 NPV가 되는 i값의 범위가 더 커진다.

결정규칙은 다음과 같다.

IRR > 할인율 → 프로젝트 채택
IRR < 할인율 → 프로젝트 기각

[그림 7-2]로 돌아가서 보면 어떻게 NPV와 이자율이 역관계가 있는지 볼 수 있다. 만일 우리가 i를 증가시키면 NPV가 0이 되는 i 값(i^*)에 도달한다($i^*=7.5\%$). 이것이 IRR이고 결정규칙은 만일 i^*가 이자율보다 크면 프로젝트를 채택하고 그렇지 않으면 기각하는 것이다.

IRR도 역시 몇몇 문제를 가지고 있는데, 그것은 NPV를 0으로 만드는 i의 값이 하나 이상일 수 있다. 만일 프로젝트의 생애 동안 순편익의 부호가 바뀌면 이럴 수 있다. 더욱이 가장 큰 NPV를 갖는 프로젝트가 항상 가장 큰 IRR을 갖는 프로젝트는 아니다.

요점 정리

- 편익과 비용은 프로젝트의 생애 중 상이한 시점에 발생한다. 수명이 40년인 프로젝트도 있고 실제로 그 영향이 영구히 지속될 수 있는 프로젝트도 있다. 사람들은 언제 편익과 비용이 발생하는지에 대해 무차별하지 않고 대개 내일보다는 오늘의 편익 1단위를 선호한다.
- 만일 사람들이 미래를 할인한다면 편익과 비용 흐름을 균질화하는 방법이 필요하다. 지수할인은 모든 미래의 편익과 비용을 현재가치로 표현하는 보편적 절차이다. 이자를 복리로 계산하는 논리가 지수할인 배후에 있는 논리적 근거이다. 만일 \$1이 내년에 $(1+i)$의 가치를 갖는다면 내년의 \$1의 현재가치는 $1/(1+i)$와 같은데 i는 이자율이다.
- 프로젝트의 순현재가치는 프로젝트의 사회적 가치를 표현하는 주요 경제지표이다. 그것은 프로젝트의 모든 할인된 편익과 비용의 합계로 구성되어 있어서 할인율에 대한 값의 선정이 NPV 계산에서 결정적이다. 편익/비용 비율이나 내부수익률과 같은 다른 결정기준이 존재한다. NPV가 가장 신뢰할 만하다.

CHAPTER 8

할인과 결정기준(Ⅱ)

미국 사람들은 산업생산을 증가시키기 위해 더 열심히 일하고 더 많이 투자해야 하나? 경제학자의 답변은 '그것이 그들을 더 행복하게 할 때에만'이다. 뉴스 방송자들은 마치 경제성장이 그것을 상쇄하는 비용이 없는 편익인 것처럼 보도한다. 성장은 사람들에게 편익을 주는데, 왜냐하면 그것이 그들로 하여금 미래소비를 증가시키도록 할 수 있기 때문이다. 성장을 창출하는 조건들은 더 열심히 일하고 현재소비를 줄이는 사람들에게 비용을 부과한다. 이 상충관계는 가치가 있나? 답변은 오직 사람들 자신의 선호에 달려 있다.

(Steven E. Landsburg, 1993, p.101)

제 1 절 서　　론
제 2 절 결정기준: 상이한 수명과 최적 타이밍
제 3 절 한계시간선호율과 자본의 한계생산성
제 4 절 사회적 할인율과 이자율
제 5 절 세대 간 할인

제1절 서 론

채택-기각의 선택은 하나의 프로젝트를 평가하고 순현재가치(*NPV*)의 부호가 결정을 하기에 충분할 때 우리는 가장 단순한 상황에 직면할 수 있다. 다른 경우에 그것들의 규모나 지속기간으로 인해 비교가 불가능한 양의 NPV를 갖는 상이한 프로젝트들 간에 선택을 해야 한다. 때로는 NPV가 양의 값이지만 이 프로젝트를 지연시키는 다른 대안적 프로젝트가 더 높은 값을 갖는다. 8장 2절에서는 상이한 수명을 갖는 상호배타적인 프로젝트들 간에 선택을 해야 할 때 그리고 최종적으로 결정이 연기될 수 있을 때, 즉 '지금이 아니면 그만'인 계획이 아닐 때의 결정기준에 대해 논의되고 최적 타이밍을 검토할 필요가 있다.

사회적 할인율은 프로젝트의 경제적 평가에 있어서 주요 파라미터이다. 그것은 많은 상황에서 프로젝트가 사회적으로 가치가 있는지 여부를 결정하는데, 그것은 미래 재화의 보상을 위해 현재소비의 일정량을 포기하는 것이 바람직하다는 것을 의미한다. 3절에서 우리는 한계시간선호율, 자본의 한계생산성과 이자율 개념을 복습한다. 완전자본시장에서는 사회적 할인율을 결정하기가 쉬운데, 왜냐하면 위의 세 가지 비율이 동일하기 때문이다. 저축이나 투자수익에 대한 조세와 같이 왜곡이 존재하는 경우 이자율은 더 이상 한계시간선호율과 같지 않고 자본의 한계생산성과도 같지 않다. 따라서 4절에서 우리는 이러한 조건에서 어떻게 사회적 할인율을 계산하는지 논의한다. 마지막으로, 5절에서는 미래 세대가 포함될 때 할인 문제를 상세히 다룬다.

제 2 절 결정기준: 상이한 수명과 최적 타이밍

1. 상이한 수명을 갖는 상호배타적인 프로젝트 간의 선택

결정규칙으로 NPV를 사용하면 대안적 프로젝트들의 선택에서 오류 기회가 줄어든다. 그러나 프로젝트들이 비교 가능하다는 것이 중요하다. 한 예가 도움이 될 것이다. 〈표 8-1〉은 도로를 건설하는 과정에서 자연장애물을 살리는 목적을 갖고, 넓은 의미에서 정의된 질적 수준은 동일한 두 상호배타적 프로젝트를 보여준다. 프로젝트 D는 50년의 수명을 가지고 있고 건설비용은 \$1,550이며 운영 및 유지비용은 1년에 \$150이다. 프로젝트 E는 더 짧은 수명(25년)을 갖고 있고 건설비용은 \$500이며 그것의 운영 및 유지비용은 1년에 \$250이다. 두 프로젝트는 동일한 연간 편익(\$360)을 가지고 있는데 우리는 그것이 시간 절약에 국한된다고 가정한다. 할인율은 10%이다.

이 프로젝트들은 건설비용과 운영비용에서 상충관계가 존재한다. 초기의 높은 건설비용은 프로젝트의 생애 동안 낮은 수준의 운영 및 유지비용이 가능토록 한다. NPV를 계산하면 다음과 같다.

$$NPV(D) = -1,550 + \sum_{t=1}^{50} \frac{360-150}{(1+i)^t} \tag{8.1}$$

〈표 8-1〉 상이한 수명을 갖는 프로젝트 간의 선택 (단위: \$)

프로젝트	수명(년)	I	C_t	B_t
D	50	1,550	150	360
E	25	500	250	360

주: I는 건설비용, C_t는 연간 운영 및 유지비용, B_t는 시간 절약에 따른 연간 편익.

$$NPV(E) = -500 + \sum_{t=1}^{25} \frac{360-250}{(1+i)^t} \tag{8.2}$$

10%의 할인율일 때 NPV값은 다음과 같다.[1]

$$NPV(D) = -1{,}550 + (9.91481)210 = 532.11 \tag{8.3}$$

$$NPV(E) = -500 + (9.07704)110 = 498.47 \tag{8.4}$$

프로젝트 D의 NPV가 더 크기 때문에 이것이 프로젝트 E보다 더 낫다고 생각할지 모른다. 그러나 두 프로젝트들은 엄밀하게 비교 가능하지 않은데, 왜냐하면 동일한 정도의 효과를 가지고 한 문제를 해결하는 데 프로젝트 D는 50년이 걸리고 프로젝트 E는 25년이 걸리기 때문이다.

두 프로젝트를 비교하기 위해서는 이전의 균질화 과정이 필요하다. 프로젝트들을 비교 가능하게 만드는 두 절차는 다음과 같다. 첫째는 프로젝트 D와 동일한 시간 간격에 대해 문제를 해결하기 위해 E를 두 번 건설하는 것으로 구성된 가상적인 프로젝트를 고려하는 데 기초한다. 식 (8.4)로부터 프로젝트 E의 순현재가치는 $498.47이라는 것을 알 수 있다. 동일한 프로젝트 E가 연도 26 초기에 건설되고 순편익의 흐름은 연도 26에서 연도 50까지 지속된다. 이 동일한 프로젝트의 NPV는 $498.47이지만 연도 25 말에(또는 연도 26 초기에) 위치하므로 연도 25에 NPV의 현재가치를 얻기 위해 우리는 $(1+i)^{25}$로 나눌 필요가 있다.

$$NPV(2E) = 498.47 + \frac{498.47}{(1+i)^{25}} \tag{8.5}$$

---

1) T년 동안 순편익 한 단위의 할인된 합계(S)는 $S = (1-(1+i)^{-T})/i$이다. $i = 0.1$, $T = 25$일 때 $S = 9.07704$이고, $T = 50$일 때 $S = 9.91481$이다.

25년이라는 기간과 10%의 할인율에 대해 할인인자는 0.09230이므로

$$NPV(2E) = 498.47 + (0.0923)498.47 = 544.48 \tag{8.6}$$

이 결과는 대안 E를 선택하는 것이 더 수익성이 있다는 것을 보여주는데, 그것은 그것의 유용한 생애 말에 반복될 것이다.

또 다른 절차는 **연간 대등 순편익**($\hat{B}$)을 계산하는 것인데, 평균 연간 편익에 수명과 할인율에 상응하는 인자 S를 곱해 주면 프로젝트의 NPV와 같다.

$$NPV = S\hat{B} \tag{8.7}$$

$\hat{B}$에 대해 풀면 우리는 연간 대등 순편익을 얻는다.

$$\hat{B} = \frac{NPV}{S} \tag{8.8}$$

프로젝트 D의 $\hat{B}$의 값은 $53.668이고 프로젝트 E의 경우 $54.916이어서 프로젝트 E는 더 작은 NPV를 가지는 데도 불구하고 프로젝트 D보다 선호된다.

2. 투자할 것인가 혹은 기다릴 것인가: 언제 연기하는 것이 더 나은가

한 프로젝트의 편익과 비용 흐름이 할인될 때 그리고 그것이 초기 투자와 비교될 때 우리는 프로젝트의 NPV를 하나의 숫자로 얻는데, 그것이 만일 양의 값이면 프로젝트는 사회적으로 가치가 있다는 것을 가리킨다. 기준연도에 프로젝트가 양의 NPV를 갖는다고 주장하는 것은 프로젝트가 시작되어야 한다는 것을 의미하지는 않는다.

두 가지 가능성을 보자.

3. 기다려도 추가 정보가 드러나지 않을 때

때때로 프로젝트 간의 비교는 오늘 시작하는 것이 더 수익성이 있는지 또는 내년까지 기다리는 것이 더 나은지를 검토하는 것으로 구성된다. 확실한 세상에서는 연기하는 것이 기술적으로 가능하다면 프로젝트를 연기하는 것이 적절한 많은 상황이 존재할 수 있다. 수요는 증가하고 첫째 연도의 수요에 응하는 데서 도출되는 사회적 편익이 필요로 하는 자금의 기회비용을 상쇄하지 못할 수 있다.

가령 프로젝트는 I의 초기 투자와 연간 순편익 B_t를 포함하고 있다고 하자. 만일 다음 식이 성립하면 프로젝트를 1년 연기하는 것이 더 낫다.

$$\frac{iI}{1+i}+\frac{B_{T+1}}{(1+i)^{T+1}}>\frac{B_1}{1+i} \tag{8.9}$$

식 (8.9)의 부등식에서 좌변의 경우 프로젝트를 1년 연기하는 편익의 현재가치는 투자비용에 대한 이자지불액에 할인인자$(1/(1+i))$를 곱해 준 것과 프로젝트를 1년 후에 시작한 결과로 연도 $T+1$기에 얻은 편익으로 구성되어 있다. 우변은 프로젝트 연기로 인해 연도 1에 잃은 할인된 편익을 나타낸다.

연도 $T+1$의 편익이 중요하지 않다고 가정하면 식 (8.9)를 다음과 같이 단순하게 표현할 수 있다.

$$i>\frac{B_1}{I} \tag{8.10}$$

여기서 B_1/I는 첫 번째 해 투자에 대한 수익률이다. 만일 할인율이 첫 번째 해에 프로젝트에 대한 투자의 수익률보다 크면 기다리는 것이 선호된다.

4. 프로젝트의 연기로 추가 정보가 드러날 때

투자가 비가역적일 때 생애 동안 프로젝트에 의해 창출되는 사회적 편익에 대한 불확실성이 존재하고 프로젝트를 연기하는 것이 가능할 때 결정기준으로서 표준적인 NPV에 영향을 미치지 않으면서 연기라는 대안은 무시될 수 없다.

만일 프로젝트를 연기하면 연간 순편익에 대한 소중한 정보가 드러난다면 투자가 이루어질 때 그 정보의 경제적 가치는 사라진다. 묘사된 조건하에서(예를 들어 비가역성, 불확실성과 연기 가능성) 현재 투자를 수행하는 기회비용이 존재한다. 오늘의 투자는 기다림으로써 드러나는 정보의 경제적 가치의 손실을 의미하고 따라서 이것은 비용으로 포함되어야 한다. NPV를 계산할 때 언급한 기회비용이 비용으로 포함된다면 NPV 규칙은 계속 유효하다.[2]

지금 투자함으로써 잃게 되는 이 정보의 비용은 무엇인가? 그것

[그림 8-1] 예: 수요 불확실성이 존재하는 프로젝트

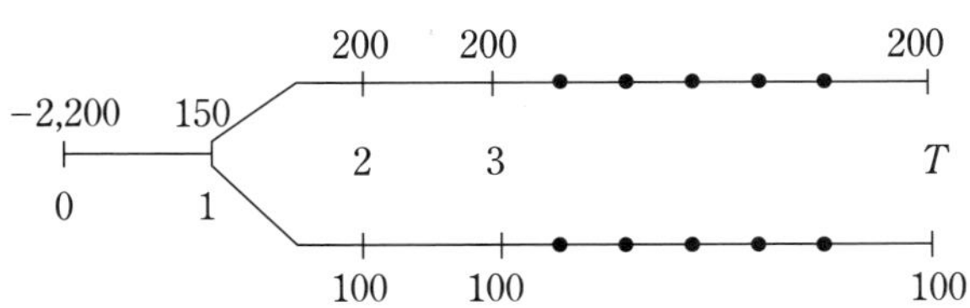

2) Pindyck(1991), Dixit and Pindyck(1994) 참조. 더 이전의 기여로는 Arrow and Fisher(1974), Henry(1974), Fisher and Hanemann(1987) 등이 있다. 또한 Mensink and Requate(2005) 참조.

은 신축성이라는 옵션을 갖기 위해 투자자가 지불할 의사가 있는 금액(위험 중립적으로 가정)이다. 우리는 시점 0에 투자함으로써 NPV를 계산하고 그리고는 우리는 그것을 다시 계산하지만 프로젝트를 연기한다. 그러면 그 차이가 만일 우리가 기다리지 않으면 잃게 되는 가치, 따라서 현재 투자하는 비용이다.

현재 투자하는 비용을 계산하는 위의 논리는 비용-편익분석 구조 내에서 더욱 직관적으로 제시될 수 있다. 문제는 두 상호배타적인 프로젝트 간의 결정으로 제시될 수 있는데, 하나는 지금 투자하는 것이고, 다른 하나는 투자를 지연하는 것이다. 우리는 단지 두 프로젝트의 NPV를 계산해서 더 큰 NPV를 갖는 것을 선택하기만 하면 된다.

대안으로서 기다리는 옵션을 고려하는 것의 중요성을 이해하기 위해 한 예를 보자. [그림 8-1]에 표현된 프로젝트는 다른 배에 옮겨 싣는 컨테이너 수송을 위한 항만 기반시설에 대한 투자를 보여준다.

이 프로젝트는 기준 연도에 $2,200의 투자를 필요로 한다. 연도 1의 사회적 편익은 $150이다. 두 번째 해에 선적회사가 그 항만 또는 한 경쟁관계 항만과 장기계약을 체결하는 결정에 따라 편익은 동일한 확률로 영원히($T \rightarrow \infty$) $200이 되거나 $100으로 떨어진다. 선적회사의 결정은 연도 2가 시작할 때 알려진다. 사회적 할인율은 5%이다.

우리는 비가역적 투자에 직면하고 있고, 수요에 대한 불확실성이 존재하여 투자 결정은 선적회사의 결정을 알기 위해 지연될 수 있다. 우리는 선적회사의 결정에 영향을 미칠 수 있는 전략적 행동이나 이미 묘사된 것 외의 추가적 편익이나 사회적 비용은 없다고 가정한다.

이 투자 프로젝트의 예상 NPV는 다음과 같다.

$$E(NPV) = -2{,}200 + \frac{150}{1+i} + \sum_{t=2}^{\infty} \frac{100 \cdot (0.5) + 200 \cdot (0.5)}{(1+i)^t} = 800 \tag{8.11}$$

언급하였듯이 일단 투자가 이루어지고 첫 번째 연도 후($150의 확실한 편익 발생) 나머지 연도의 편익은 동일한 확률로 $200 또는 $100으로 될 수 있는데, 그것은 선적회사의 결정에 달려 있다.

따라서 만일 회사가 계약에 서명하지 않는다면 프로젝트의 생애가 무한대라는 전제하에 프로젝트의 NPV는 다음과 같다.

$$NPV_{(no\ contract)} = -2,200 + \frac{150}{1+i} + \sum_{t=2}^{\infty} \frac{100}{(1+i)^t} = -152 \tag{8.12}$$

이와는 달리 선적회사가 계약에 서명하는 경우는 다음과 같다.

$$NPV_{(contract)} = -2,200 + \frac{150}{1+i} + \sum_{t=2}^{\infty} \frac{200}{(1+i)^t} = 1,752 \tag{8.13}$$

이 결과는 투자가 동일한 확률(즉 0.5)로 $152의 손실을 유발할 수도 있고, $1,752의 편익을 유발할 수도 있다는 것을 보여준다. 따라서 예상 NPV는 $-152 \cdot (0.5) + 1,752 \cdot (0.5) = 800$인데, 이것은 우리가 이미 (8.11)에서 얻은 결과이다. 만일 결정을 하는 주체가 위험중립적이라면 이 프로젝트는 채택된다.

만일 연도 2에 드러난 정보가 고려되지 않는다면 이 프로젝트를 1년 연기하는 것은 이득이 되지 않는데, 그 이유는 첫 해의 편익이 투자에 이자율을 곱해 준 값보다 크기 때문이다((8.10) 참조). 따라서 분명히 기다림으로써 얻는 이득은 없다. 그러나 실제로 연기는 첫 해의 편익 손실과 (할인율에 반영된) 투자액의 기회비용 절약뿐 아니라 기다림으로써 드러난 가치 있는 정보로 창출되는 추가적 편익도 존재한다.

프로젝트가 1년 연기될 때 우리는 첫 해의 편익을 잃지만 우리는 이제 선적회사가 계약에 서명할지 또는 안 할지를 안다. 따라서 우리는 연도 2 이후부터 연간 편익이 $100인지 $200인지를 알게 된다.

현재 시점에서 투자하지 않고 1년을 기다리는 대안 프로젝트를 보자. 일단 예상 NPV가 계산되고 나면 이 값을 지금 투자할 때의 예상 NPV와 비교하여 가장 높은 예상 NPV를 갖는 옵션을 선택하라. 만일 기다림으로써 회사가 계약에 서명하지 않아 편익이 $100이 된다는 것을 우리가 안다면 최상의 옵션은 투자하지 않는 것이고 이 결정으로 인해 식 (8.12)의 음의 NPV를 피할 수 있어 이 경우 NPV는 0이다.

이 결과($NPV=0$)는 계약이 서명되고 연간 편익이 $200이 되는 확률과 동일하게 발생할 수 있으므로 연기의 예상 NPV는 다음과 같다.

$$E(NPV)_{(delaying)} = \frac{1}{2}\left(\frac{-2,200}{1+i} + \sum_{t=2}^{\infty}\frac{200}{(1+i)^t}\right) = 857 \tag{8.14}$$

현재 투자하는 경우의 예상 NPV($800)와 투자를 1년 연기하는 경우의 예상 NPV($857)를 비교하면 결정은 프로젝트를 연기하는 것이고 1년을 기다린 후에 선적회사가 항구에서 일하는 것을 선택할 때에만 건설한다. 투자 옵션을 유지하는 데(즉 투자 초기에 선택할 신축성을 갖기 위해) 대한 지불의사액은 (8.14)와 (8.11)의 차이이다.

현재 투자하는 것의 예상 NPV가 양의 값이고 따라서 만일 투자가 '현재 아니면 못하는' 유형이라면 채택될 것이라는 것을 주목하면 흥미롭다. 어떤 추가적 정보도 드러나지 않을 때에는 1년을 기다리는 것도 이득이 되지 않는다. 그러나 만일 기다리는 옵션이 실행 가능하다면 마치 기다린다는 또 다른 프로젝트가 존재하는 것처럼 생각하여 현재 투자하는 프로젝트와 비교해야 한다. 앞의 예에서의 결정은 기다리는 것이다.

만일 이슈가 현재 투자하는 것과 1년을 기다리는 것 등 두 상호 배타적인 프로젝트 간의 선택이라면 전형적인 NPV 규칙은 계속 유효한데, 그 이유는 달리 NPV 규칙을 기계적으로 적용하면 잘못된 결론에 도달할 것이기 때문이다.

현재 투자하는 비용이 기다리지 않는 것의 기회비용을 포함하고 있거나 또는 기다리는 옵션이 지금 투자하는 것에 대한 대안으로 정의되어 두 프로젝트의 NPV를 비교한다는 전제하에 결정기준으로 NPV 규칙을 사용하는 것은 이 예에서 묘사된 것과 유사한 맥락에서 유용하다.

마지막으로 이전의 논의에서 투자자는 위험중립적이라고 가정한 것이 강조되어야 한다. 만일 그 대신 투자자가 위험기피적이라면 현재 투자하는 것과 기다리는 것 간의 비교는 결정에 영향을 미치는 결과의 변동에 새로운 요소를 도입한다. 즉 현재 투자하면 결과는 손실(−\$152) 또는 편익(\$1,752)이 되고 1년을 기다리면 프로젝트가 기각될 때(0의 편익) 또는 프로젝트가 채택될 때(\$1,714) 가능성은 매우 다르다.[3]

제 3 절 한계시간선호율과 자본의 한계생산성

사람들의 현재소비와 미래소비의 시점 간 선택에 대한 경제적 분석은 사회적 할인율의 선택 문제를 이해하는 데 도움을 준다. 비록 어떤 사람들에게는 현재 소비(x_0)와 미래 소비(x_1)가 완전한 대체재라는 것이 가능하지만 선택을 할 당시에 그 사람이 가진 두 재화의 부존량

---

3) 의사결정자가 위험기피적일 때 기대치의 효용은 기대효용보다 더 크다. 투자 프로젝트의 불확실성에 대한 분석과 공공부문의 위험에 대한 태도에 대해서는 9장 참조.

에 따라 변하는 비율로 상충관계가 발생할 가능성이 더 있다. x_1에 비해 x_0가 크면 클수록 추가적인 x_1 단위를 위해 x_0를 더 많이 포기할 의사가 있을 것이다.

오늘 소비 한 단위를 포기하는 데 대한 대가로 개인이 미래 소비 한 단위를 초과하여 요구하는 보상을 한계시간선호율(ξ)이라 부른다. 따라서 그 사람은 x_0 1단위와 x_1 $(1+\xi)$단위 간에 무차별하다. 그러나 시장에서는 그 사람에게 반드시 ξ와 일치하지는 않는 보수로 보상한다. 그 사람이 받는 것을 나타내는 비율은 우리가 현 시점에서 1단위를 포기한다면 미래에 1단위에 추가적으로 얻게 되는 양을 나타내는 이자율(i)이다.

ξ와 i는 모두 음의 값이 될 수 있다. 개인이 미래 소비에 비해 현재 소비의 초기 부존이 매우 많아서 예를 들어 0.9단위의 x_1과 교환해서 x_0 1단위를 포기할 의사가 있는 경우($\xi=-0.1$)에 ξ는 음의 값이 될 수 있다. 그것은 건강 상태나 그들이 받을 것으로 예상하는 소득 측면에서 미래가 불확실한 경우에도 음의 값이 될 수 있다. 만일 명목 이자율이 인플레이션율에 가깝고 금융자산의 이자지불에 조세가 존재한다면 음의 이자율이 가능하다.

시점 간 의사결정 분석에서의 세 번째 비율은 자본의 한계생산성 또는 투자에 대한 내부수익률(r)인데, 이것은 어떤 사람이 생산적 프로젝트에 1단위를 투자한다면 수익으로 그 사람이 받는 것을 나타낸다. 조세와 불확실성의 존재를 무시할 때 만일 r이 i보다 크면 프로젝트에 투자하는 것은 매력적인데, 왜냐하면 그것은 돈을 은행에 넣어두는 것보다 더 높은 수익을 가져오기 때문이다. 모든 프로젝트들이 가장 수익이 큰 것부터 가장 작은 것까지 배열된다고 가정하자. 개인은 프로젝트에 투자하는 것과 돈을 은행에 넣어두는 것 간에 무차별한($r=i$) 마지막 프로젝트에 도달할 때까지 $r>i$를 만족시키는 모든 생산적 프로젝트들을 수행할 것이다.

이 기준에 따라 그의 자금을 배분한 사람은 그의 부의 현재가치를 극대화한다. 그리고 일단 NPV가 가능한 최대인 한 그의 한계시간선호율에 따라 현재와 미래 간의 소비선택을 한다. 만일 $\xi < i$이면 그는 돈을 은행에 넣어두고 만일 $\xi > i$이면 그는 대출을 받을 것이다. 균형에서 세 비율은 동등하다.

동등($r = i = \xi$)은 한계시간선호율이 자본의 한계생산성 비율과 이자율과 같다는 의미이다. 이 결과는 개인이 현재소비 측면에서 희생할 의사가 있는 금액보다 더 높은 수익을 제공하는 모든 투자 프로젝트들은 수행된다는 것을 보여준다. 그 이유는 완전한 자본시장으로 인해 수익성이 시장이자율로 표현되는 수행 가능한 다른 프로젝트들보다 낮은 수익을 가져오는 그 자신의 투자 프로젝트에 투자하는 것을 막기 때문이다.

투자 프로젝트나 공공정책은 사회후생을 증가시킬 것으로 예상되어 정부가 결정한 프로젝트의 자금조달을 목적으로 민간부문으로부터 얻은 공적자금을 절충하는 것을 뜻한다. 프로젝트의 자금조달을 위해 이 공적자금을 사용하는 것은 기회비용을 가지고 있다. 이 프로젝트들이 납세자의 돈으로 조달된다고 가정하면 그것은 공공부문이 그 자금을 사용하였기 때문에 자금조달 없이 내버려 둔 소비 또는 투자를 포기하는 것이다.

우리는 세 비율의 일치를 방해하는 금융시장에 제약이 존재하지 않고, 생산이나 소비에 조세나 왜곡이 존재하지 않을 때 이자율, 한계시간선호율, 자본의 한계생산성이 어떻게 일치하는지를 보았다.

[그림 8-2]는 왜곡이 없는 경제에서의 자본시장을 나타낸다. 이자율 i는 프로젝트에 자금조달을 위한 자본의 기회비용이다. i_0에서 이용 가능한 자금(K)의 수요와 공급곡선이 교차한다. 수요곡선 D는 경제에서의 투자 옵션, 즉 한계생산성이 하락하는 투자 기회를 나타낸다. 이자율이 하락할 때 민간 부문에서 새로운 프로젝트들이 수익

[그림 8-2] 이용 가능한 자금시장

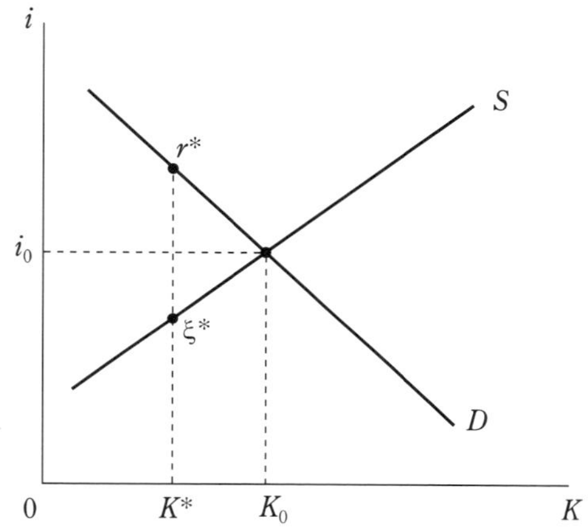

성이 있게 되는데, 왜냐하면 이 프로젝트들의 내부수익률이 이제 조달비용(이자율)보다 더 높기 때문이다.

이용 가능한 자금인 저축의 공급(S)은 이자율과 비례하여 증가하는데, 이는 i가 증가하면 개인들은 현재소비를 위해 더 많은 미래소비를 대체할 의사가 있다는 것을 나타낸다. 이자율 i_0에서 S의 값은 한계시간선호율이다. 이자율 수준 i_0에서 저축은 K_0와 같고 이 이자율에서 미래소비를 위해 현재소비를 포기할 의사가 있는 사람들이 더 이상 존재하지 않는다.

이용 가능한 자금 K^*에서 한계시간선호율(ξ^*)은 자본에 대한 한계수익률(r^*)보다 작은데 무슨 일이 일어나는지 보자. 이 불균형의 경우 대여자들이 현재소비를 포기하기 위해 필요로 하는 것보다 더 높은 수익을 가져오는 몇몇 프로젝트들이 존재한다. 대여자들로부터 투자자들로 자금을 이전하는 것이 사회적으로 바람직하고 만일 왜곡이 존재하지 않는다면 자본시장에서 발생할 일이다.

투자 수준 K_0에 대해서는 내부수익률이 시간선호율보다 낮은 투자 프로젝트는 없다. 그러면 i_0와 같은 수익을 달성하지 못하는 공적 프로젝트에 투자하는 것은 타당하지 않다(외부효과나 조세와 같은 왜곡이 존재하지 않는다는 것을 기억할 것). 만일 공공기관이 i_0보다 낮은 수익률을 갖는 프로젝트에 투자하기로 결정한다면 사회후생은 감소하는데, 왜냐하면 현재소비가 최적 이하의 비율로 미래소비에 의해 대체되기 때문이다. 따라서 위에 설명된 조건하에서 한계시간선호율은 사회적 할인율과 이자율과 같다($i=\xi=r$)고 결론내릴 수 있다.

제 4 절 사회적 할인율과 이자율

[그림 8-3]은 저축과 기업이윤에 대한 조세로 인해 왜곡이 존재하는 자본시장을 나타낸다. 공급곡선 S는 위로 이동하여 S^*가 되는데, 이것은 상이한 저축 규모에 소요되는 이자율을 나타내는 함수이다. 이동 높이가 조세인데, 이것은 저축에 대한 수익 단위당 일정한 것으로 가정된다. 이와 유사하게 투자수요곡선은 좌측 하방으로 이윤에 대한 단위세 규모만큼 이동하는데, 이는 투자에 대한 내부수익률이 모든 프로젝트에 대해 하락했다는 사실을 반영한다.

새로운 균형이자율은 공급과 수요의 탄력성에 따라 제약이 없는 시장에서의 이자율과 같을 수도(편의상 [그림 8-3]에서와 같이), 클 수도 작을 수도 있다. 투자규모 K_b는 분명히 K_0보다 작은데, 그 이유는 차입비용은 더 높고 투자에 대한 수익은 더 낮기 때문이다. 왜곡이 없는 자본시장에서의 사회적 할인율은 시장이자율과 같은데, 왜냐하면 $i=\xi=r$이기 때문이다. 한편 [그림 8-3]에 표현된 대부분의 현실적 경우에서는 $i \neq \xi \neq r$이다. 질문은 세 비율 가운데 어느 것이 사회적 할인율로 사용되어야 하느냐이다.

[그림 8-3] 사회적 할인율의 결정

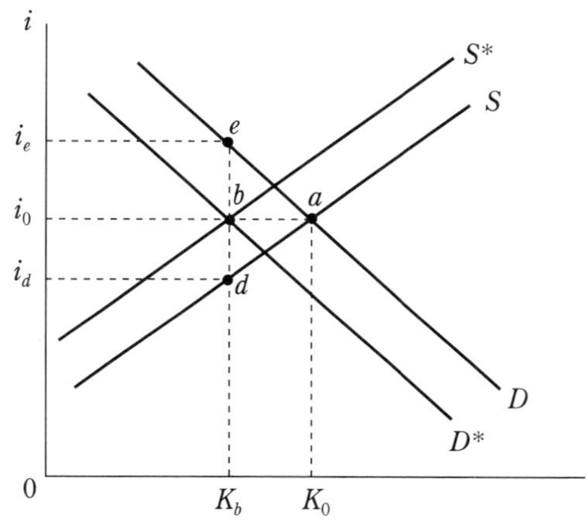

만일 프로젝트가 소비자들의 저축으로 조달된다면 사회적 할인율은 i_d인데, 이것은 사회적 한계시간선호율로서 [그림 8-3]에 나타나 있듯이 시장이자율보다 낮다. 이와는 달리 만일 프로젝트가 민간투자 프로젝트로부터 이전된 자금으로 조달된다면 우리는 사회적 할인율 i_e를 사용해야 하는데, 이것이 시장이자율보다 높은 이유는 이 자본에 대한 한계수익률은 경제의 민간부문에서 이전된 프로젝트로부터 얻은 것이기 때문이다.

다음의 두 상이한 상황을 구별하는 것이 편리하다. 첫째는 공공부문이 특정 투자 프로젝트를 수행하기 위해 민간부문과 경쟁할 때(이 경우 자본에 대한 한계수익률이 사회적 할인율로 사용되어야 함)이고 둘째는 공공부문 내에서 우리가 프로젝트들을 평가할 때인데 밑에서 논의된다.

프로젝트가 몇 가지 원천으로부터 자금조달을 받을 때 사회적 할인율을 찾는 한 방법은 한계시간선호율(ξ)과 자본에 대한 한계수익률(r)

의 가중평균을 찾는 것이다. 이리하여 사회적 할인율은 $\alpha r + (1-\alpha)\xi$가 되는데, α는 민간투자의 이전으로 얻은 자금의 비율이고 $(1-\alpha)$는 소비의 전환으로부터 온 자금의 비율이다. 두 비율의 가중평균으로 사회적 할인율을 계산하기 위해서는 투자자금의 원천에 대한 정보가 필요하다(Harberger, 1976).

이 접근법의 경제학적 비판으로 인해 더 복잡한 대안에 이르게 된다. Harberger의 가중평균에 대한 대안으로 제안된 방법론은[4)] 사회적 한계시간선호율을 사회적 할인율로 사용하여 편익과 비용 흐름을 할인하는 것이지만 자본의 잠재가격을 사용하여 먼저 순편익의 흐름을 소비의 흐름으로 전환하였다. 예를 들어 만일 민간부문에서 조세이전의 자본에 대한 한계수익률이 20%이고 사회적 한계시간선호율이 5%이면 한계적으로 추가적 투자 단위는 소비 한 단위보다 4배 더 가치가 있다.

사회는 최적 이하([그림 8-3]에서 $K_b < K_0$)로 투자하고 있고 따라서 편익의 흐름은 그것의 용도(소비 또는 투자)에 따라 수정된다. 만일 자금이 재투자된다면 그것은 잠재가격(우리의 예에서 $r/\xi = 4$)으로 곱해지고 난 다음 사회적 한계시간선호율로 할인된다. 이 절차의 논리를 볼 수 있는 또 다른 방법은 다음과 같다. 연도 t에 만일 편익 V가 전부 재투자된다면 각 후속연도에 소비에서 수익 rV를 얻고 V를 재투자하므로 영구히 rV를 얻는 것은 rV/ξ와 같은데, 이것은 $1/(1+\xi)^t$로 곱해 줌으로써 할인된다.

이 절차는 프로젝트의 생애에 걸친 편익의 용도에 대한 정보가 요구되기 때문에 보다 더 복잡하다. 이런 이유로 경제적 평가를 수행할 때 수행자들은 종종 보다 더 실용적인 접근법을 선택하는데, 예를 들면 민간부문에서 더 낮은 한계수익으로는 투자가 이루어지지 않는다는 믿음을 갖고 장기채권의 이자율을 선택한다.

---

4) Little and Mirrlees(1974), Bradford(1975).

그러나 이윤에 대한 조세가 존재할 때 투자에 대한 한계수익률은 이자율보다 더 높고 민간 프로젝트들을 바꾸어 놓지 않는 저축자들이 공급하는 자금에 조세가 부과되는 경우 매우 낮은 한계시간선호율을 찾는 것이 가능하다는 것을 잊어서는 안 된다.

이 장과 이전 장에서 현재와 미래 간의 소비 배분에서 사회적 할인율의 값의 결과를 보았다. 실증적 근거에 기초할 때[5] 3~5% 범위의 사회적 시간선호율이 적절한 것으로 보인다. 이 비율은 최근 EU와 US에서 권고한 6~8%보다 상당히 낮고 이 비율은 위험이 없다는 것을 염두에 두면 편리하므로 편익과 비용의 흐름이 확실등가로 표현된다고 가정된다. 실제로 적당한 행동 경로는 하한과 상한을 적용하고 프로젝트의 사회적 수익성의 민감성을 살펴보는 것일 것이다.

제 5 절 세대 간 할인

복리이자의 논리에 기초한 전통적인 절차에 따라 미래의 편익과 비용을 현재가치로 전환하는 것은 할인율이 매우 낮지 않는 한 먼 미래가 적용되지 않는 결과를 초래한다. 미래가 민간부문의 좌표 내에서 정의될 때 20 또는 30년은 매우 긴 기간으로 간주된다. 종의 진화에서 300년은 무의미한 기간이다.

지수할인은 다른 기간에 동일한 사람들에게 영향을 미치는 프로젝트나 정책에 적절하다. 20년 또는 30년의 수명을 갖는 다수의 공공 프로젝트들은 재무분석의 통상적인 할인 접근법으로 평가될 수 있다. 천연자원 스톡에 영향을 미치는 투자 프로젝트나 정책이 미래 세대의 후생에 양 또는 음의 영향을 미칠 때 문제가 발생한다.[6] 미래 세대의

5) Evans(2007), Pearce and Ulph(1999), European Commission(2008), HM Treasury(2003), 그리고 다른 비용-편익분석 지침 참조.

비용과 편익이 할인되어야 하나?

지수할인 방법을 적용하면 먼 미래는 상대적으로 낮은 이자율에 대해 무관계하게 된다. 300년 후에 발생하는 1억 달러의 편익(또는 비용)의 현재가치(인플레이션 0 가정)는 만일 6%(지난 10년간 흔히 사용된 비율)로 할인하면 $2.60이 된다. 어떤 종을 보존하거나 지구 온난화를 방지하는 편익은 만일 이것들이 단기 활동과 동일한 할인율로 할인된다면 매우 작다. 위의 숫자로부터 300년 후 1억 달러의 손실을 피하기 위해 6%의 할인율로 오늘 $3을 투자하는 것은 수익성이 없을 것이다.[7]

에너지 정책의 경우 할인율의 선택은 중요하다. 만일 우리가 미래 세대를 위해 이용 가능한 다른 원천의 에너지를 갖기를 원한다면 우리는 이것을 지금 조사하기 시작해야 한다. 연구개발 비용은 매우 크고 예상편익은 시간상 멀리 떨어져 있으므로 높은 할인율을 적용하면 지속가능한 에너지에 대한 수익성 없는 R&D 정책이 될 수 있다(Lind, 1982).

동일한 주장이 원자력에도 적용되는데, 그것은 즉각적인 편익(싼 에너지)을 창출하지만 사회적 비용은 수 백 년 후에 발생할 수 있다. 이 경우 미래 세대가 겪을 수 있는 방사능 노출과 연관된 비용을 무시할 정도로 만드는 할인율을 적용하는 것은 많은 사람들이 도덕적으로 받아들일 수 없다는 것을 알게 된다. 이와 대조적으로 미래 세대의 편익을 할인하는 데 찬성하는 주장은 과거의 성장률을 지속하는 1인당 소득의 가능성이다. 만일 미래 세대가 현재 우리보다 훨씬 더 부유하다면 어느 정도까지 현 세대의 희생이 정당화되나? 그럼에도 불구하

6) 사망과 부상의 감소로 인한 편익을 할인하는 경우 한계시간선호율이 다른 종류의 편익과 비용을 할인하기 위해 사용되는 할인율과 반드시 일치할 필요는 없다고도 주장된다.

7) 또 다른 한편으로는 그것이 타당할 수도 있는데, 왜냐하면 오늘 $3을 저축함으로써 이자율이 6%일 때 300년 후에 1억 1,700만 달러를 얻게 되기 때문이다. 문제는 300년 후에 그 시점에 살아있는 사람들에게 보상할 편익을 300년 동안 유지한다는 보장이 없다는 것이다.

고 이 주장은 심각한 비가역적 피해에 적용되지 않을 것 같다.

이 이슈에 대한 또 다른 견해는 미래 세대의 편익과 비용 흐름을 할인하는 것은 기본적으로 도덕적 문제이어서 상이한 시기에 발생하는 편익과 비용의 할인과 세대 간 형평 이슈를 분리하는 것이 적절할 수 있다. 이 입장은 문제는 할인율 값의 선택이 아니라 우리가 미래 세대에게 가능한 최선의 조건으로 남겨야 하는 천연자원 스톡의 상태라고 제안한다. 이 견해에서 천연자원의 이용에 대한 논란은 지속가능한 발전이라는 맥락에서 일어날 것이다(Heal, 1997).

매우 장기 효과를 가진 프로젝트에 대한 지수할인을 하는 것에 대한 비판은 오로지 윤리적 주장에만 기초한 것이 아니다. 현재와 미래소비 간의 상충관계에 대한 개인들의 선호에 대한 증거는 넓은 범위의 할인율의 존재를 보여준다. 두 가지 흥미로운 작업 방향은 다음과 같다. 둘 다 사람들이 장기적으로 그들의 시점 간 선호에 대해 질문받을 때 그들이 진술한 선호에 기초하고 있다. 둘 다 미래의 편익과 비용은 중요성을 지녀야 한다는 결론에 이른다.

다양한 미래 시점에서 회피된 사망의 암묵적 할인에 관해 3,200가구와의 면담에서 진술된 선호에 기초할 때 Cropper et al.(1992)은 응답자들이 미래보다 현재 구해진 생명에 더 큰 가치를 부여했지만 그들의 답변과 부합하는 암묵적 할인율은 일정하지 않다고 결론 내렸다. 현재와 미래 구해진 생명 간의 딜레마를 조건으로 할 때 지수할인 대신 쌍곡선의 할인인자가 사람들이 진술한 선호에 더 적합하다. Cropper et al.의 작업 결과는 다음과 같다.

- 높은 비율의 응답자들은 설령 미래에 구해지는 생명의 수가 50배 더 크더라도 현재의 생명을 구하는 프로그램을 포기하는 대가로 미래의 생명 구하기 프로그램을 채택하지 않는다. 많은 응답자들이 항상 현재의 생명을 구하는 것을 선호하는 이유는

사회가 미래에는 그들 생명을 구하는 다른 수단을 찾아낼 것(이리하여 그들은 서베이에서 제안된 대안을 채택하지 않았다)이라는 믿음에 있다. 또 다른 이유는 이것은 그들과 그들이 사랑하는 삶들을 보호하지만 미래의 프로그램(특히 100년 후의 프로그램)은 그렇지 않기 때문이다.

- 얻어진 암묵적 할인율은 심지어 100년의 시계에서도 0보다 유의하게 높다. 비록 사람들은 미래를 할인했지만 일정한 지수할인율로 할인하지는 않았다. 할인율은 장기 시계에 대해서보다는 단기 시계에서 훨씬 높고 할인율에는 상당한 이질성이 존재한다. 할인율 분포의 표준편차는 대략 모든 시계의 평균과 동일하다.

따라서 서베이로부터의 정보는 현재와 미래 간에 제안된 상충관계에 따라 사람들은 상이한 할인율을 사용한다는 것을 가리킨다. 시간이 감에 따라 할인율이 따르는 것으로 보이는 양상은 음의 기울기를 갖는 볼록곡선이다.[8)]

쌍곡선 형태의 할인은 비판받아 왔는데, 왜냐하면 사람들이 상이한 시기에 처할 때 그들의 할인율을 바꾸기 때문에 그것은 시점 간 선호에 부합하지 않는다는 것을 의미하는데, 지수할인의 경우에는 그렇지 않다. 이것이 사실이라면 이 할인율은 현재와 미래 간 가상적 선택을 조건으로 할 때 개인의 진술된 선호에 부합하는 것으로 보인다.

사회적 할인율의 결정에 관한 또 다른 기여는 감마 할인이라고 불리는데, 그것의 이론적 근거는 다음과 같다(Weitzman, 2001). 48개

---

8) 현재 또는 5, 10, 25, 50 또는 100년 후 익명의 생명을 구하는 가능성에 대한 응답자들의 답변(각 응답자에 대해 단지 한 가지 옵션만 주어졌다)으로부터 5년 후에 구한 생명에 대해서는 16.8%로부터 10년 후 11.2%, 25년 후 7.4%, 50년 후 4.8%, 100년 후 3.8% 등 가능한 암묵적 할인율을 추론할 수 있다.

국가의 2,000명의 경제학자들과의 면담과 할인 유형에 대해 그들이 대답한 값들로부터 Weitzman은 할인율의 분포를 얻었는데, 그것은 0에서부터 최대 20%에 이르렀다. 분포는 3%와 5% 사이에서 높은 빈도를 갖고, 매우 낮은 빈도로 오른쪽으로 긴 꼬리를 갖는 감마 유형이다.

Weitzman은 사회적 할인율을 얻기 위해 개별 비율 분포로부터 평균을 내는 과오를 지적하였다. 우리는 할인율이 아니라 할인인자를 평균내야 한다. 예를 통해 이 제안의 논리를 보자. 300년 후에 1억 달러의 미래 편익을 가져오는 프로젝트를 보자. 만일 할인율이 1%라면 이 편익의 현재가치는 $5,053,449이다. 만일 할인율이 10%라면 현재가치는 사실상 0이다($0.00004). 이 예는 미래 편익에 대한 지수할인의 효과를 보여주는 데 추가하여 할인인자 대신 이자율을 평균 내는 효과를 보여준다.

가령 경제가 A와 B 두 개인으로 구성되어 있고 각각의 할인율은 1%와 10%이며 정부는 사회적 할인율로 300년 후 1억 달러의 편익을 할인하기 위한 평균을 사용한다고 하자. 만일 우리가 두 개별 할인율의 평균(5.5%)을 적용한다면 그 결과는 $10.60의 현재가치가 나오는데, 이것은 개인 A는 1억 달러의 현재가치로 500만 달러, 개인 B는 0에 가까운 값을 부여하는 것을 감안할 때 타당하지 않은 것으로 보인다. 이 두 값의 평균은 250만 달러인데, 이것은 평균 할인율을 적용하여 얻은 $10.60보다 유의미하게 크다.

요체는 우리는 할인율이 아니라 할인인자를 평균해야 한다는 것이다. 만일 우리가 암묵적 할인율을 계산한다면 그것은 300년 후의 1억 달러를 현재가치 250만 달러로 변환하는 것인데, 우리는 유형의 분포의 최소값인 1%(〈표 8-2〉 참조)에 매우 가까운 1.2%의 할인율을 얻는다.

〈표 8-2〉 할인율과 할인인자(상이한 시점에 받는 1억 달러의 현재가치, 할인율 1%, 10%, 할인율 평균, 할인인자 평균)

연도	1%	10%	할인율 평균	할인인자 평균	암묵적 비율(%)
5	95,146,569	62,092,132	76,513,435	78,619,351	4.92866
10	90,528,695	38,554,329	58,543,058	64,541,512	4.47589
20	81,954,447	14,864,363	34,272,896	48,409,405	3.69397
30	74,192,292	5,730,855	20,064,402	39,961,574	3.10473
50	60,803,882	851,855	6,876,652	30,827,869	2.38142
100	36,971,121	7,257	472,883	18,489,189	1.70231
200	13,668,638	0.5	2,236	6,834,319	1.35065
300	5,053,449	0.0	10.6	2,526,724	1.23363

〈표 8-2〉는 초기 연도에 할인율을 평균한 결과가 할인인자의 평균과 비교할 때 그리 다른 결과를 가져오지 않는다는 것을 보여준다. 그러나 30년의 시계에 상대적으로 가까워지면 할인인자의 평균을 사용하는 것이 평균 할인율을 적용한 결과보다 편익이 2배가 되는 것을 알 수 있다. 1억 달러에 대해 두 개인이 부여한 현재가치의 평균인 암묵적 할인율은 시간이 흐름에 따라 감소하여 할인율 범위의 최소값에 접근한다.

요점정리

- *NPV*가 양의 값이라는 것은 프로젝트의 채택을 위한 필요조건이다. 프로젝트들이 상호배타적일 때 *NPV*의 사용은 프로젝트들의 균질화를 필요로 한다. 더욱이 양의 *NPV*는 프로젝트의 최적 타이밍을 조사할 것을 필요로 한다. 프로젝트를 연기하는 것이 사회적으로 이득이 될 수도 있다.
- 한계시간선호율, 자본의 한계생산성과 이자율은 매우 있음직하지 않은 상황이 발생하지 않는 한 동일하지 않다. 이리하여 사회적 할인율의 선정은 어렵고 논란의 여지가 많다. 분석의 수행자들은 할인율을 정부가 부여하는 모수로 간주하고 할인율의 변동에 대해 결과가 얼마나 민감한지 보기 위해 몇몇 그럴 듯한 값들을 도입할 수 있다.
- 미래 세대에 영향을 미치는 편익과 비용을 다루는 데 지수할인이 적절한지 여부는 분명하지 않다. 많은 사람들은 지수할인이 미래에 너무 작은 값을 부여하므로 개인들의 선호를 반영하지 않는다고 주장하지만 만일 미래 세대가 현재의 우리보다 훨씬 더 부유할 것으로 예상된다면 할인에 찬성하는 경우가 더 강하다. 환경영향이나 인명 구조에 대해 더 낮은 할인율을 사용하는 것은 이미 전통적인 비용-편익분석에서 도입되고 있다.

CHAPTER

9

불확실성과 위험 분석

컴퓨터 스크린은 수를 배열하고, 색을 반짝이며 우아하게 구성된 그래프를 보여주며 이만큼 진정시키거나 설득력 있는 것은 없다. 우리가 눈앞의 쇼를 응시하면 우리는 너무 열중하여 컴퓨터만 질문에 답한다는 것을 잊는 경향이 있다. 그것은 사람들에게 묻지 않는다. 우리가 그 진실을 무시할 때마다 컴퓨터는 우리의 개념적 과오면에서 우리를 지지한다. 규칙대로만 사는 사람들은 컴퓨터가 고대에 위험 관리와 의사결정을 위해 사람들이 의존했던 신탁을 단지 대체했다는 것을 알아내지 모른다.

(Peter L. Bernstein, 1996, p.336)

제1절 서 론

미래는 불확실하고 불확실성은 어떤 행동과 연관된 결과의 가변성을 의미한다. 위험이 없이 사는 것은 불가능하다. 예를 들어 직장에 차를 몰고 가거나 금융자산을 구입하는 것은 사고를 겪거나 소득을 잃을 위험과 연관된 행동이다. 그들 인생에서 위험을 줄이기를 원하는 사람들은 보험에 가입하여 가능한 결과의 가변성을 줄이고 위험에 노출되는 것을 회피함으로써 어느 정도 그렇게 할 수 있다. 두 경우 모두 사람들은 보다 더 감내할 만한 수준으로 위험을 줄이기 위해 돈을 지불한다.

취미가 등산인 사람은 도전의 난이도를 줄이거나 아니면 단지 이 위험한 스포츠를 그만 둠으로써 사망의 위험을 줄일 수 있다. 그 대신 그 사람은 효용의 손실 측면에서 가격을 지불해야 할 것이다. 이와 유사하게 만일 집에 불이 났을 때, 보험의 구입은 심각한 소득 손실위험을 줄일 수 있다. 이 경우 지불하는 가격은 연간 보험료이다.

민간부문에서 위험에 대한 접근법은 2절의 내용이다. 민간 투자자들은 내재된 위험을 고려하면서 어떤 프로젝트를 수행할 것인가를 결정한다. 위험한 프로젝트는 원칙적으로 만일 상황이 안 좋게 될 때 돈을 잃을 가능성에 대해 더 높은 수익으로 보상하지 않는 한 덜 매력적이다. 투자자들은 손실의 확률을 떠안는 데 대한 보상으로서 위험이 큰 프로젝트에 대해서는 더 높은 수익률을 필요로 한다.

연간 순편익이 비가 오거나 건조한 날씨, 2% 또는 3%의 경제성장 등 다양한 가능성에 의존하는 프로젝트를 수행할 때 프로젝트 성공의 일부는 불가피하게 운에 달려 있다. 그러나 결과가 항상 확률적인 것은 아니다. Bernstein(1996)이 지적하였듯이 도박과 기술이 결과에 영향을 미치는 게임 간에는 차이가 존재한다. 룰레트, 주사위 또는 슬롯머신에는 동일한 원리가 적용되지만 포커나 경마의 결과를 설명하기 위해서는 무엇인가 다른 것이 필요하다. 초보가 한 번 이길 수 있지만 게임이 여러 번 반복되면 결국 프로가 이긴다.

한 기업인이 연도 1에 $1,100을 받기 위해 연도 0에 $1,000의 초기 지불을 하게 되어 있는 금융자산의 구입을 평가할 때 그는 미래의 확실한 금액과 현재의 확실한 금액을 비교한다. 그 자산은 10%의 안전한 수익을 가져온다.

가령 그 기업인은 또한 경제상황에 따라 만일 경제가 좋으면 $1,600을 벌고 안 좋으면 $1,000을 회복하는 사업에 $1,000을 투자하는 옵션을 가지고 있다고 하자. 이때 두 결과가 나올 확률은 0.5이다.

두 가능성과 그와 관련된 확률이 주어졌을 때 기대치는 $1,300(즉, 수익은 동일한 확률로 $0 또는 $600)이다. 그러나 만일 투자자가 위험기피적이면 그는 기대치를 안전한 금액으로 여기지 않는다. 그 사람은 $300의 기대수익을 제공하는 자산이 아니라 $100의 수익을 확실하게 얻을 수 있는 자산을 구입하기로 결정하는 것은 당연하다. 설명은 이렇다. 모험적 자산에서 그는 동일한 확률로 $0 또는 $600을 얻을 수 있지만 $300은 결코 얻을 수 없어서 첫 번째 옵션에서의 확실한 $100과 대조가 된다. 만일 그가 두 자산에 대해 무차별하다면 그의 $300의 예상이윤의 확실등가[1]는 $100 또는 그 이하이다.

확실등가가 기대치보다 낮다는 개념은 미래의 모험적 편익을 이자율보다 더 높은 할인율로 할인을 하는 것과 유사하다. 위험기피적

1) 도박의 확실등가는 도박을 할 때의 기대효용과 동일한 효용을 가져오는 화폐규모이다. 확실등가는 개인으로 하여금 도박을 하는 것과 하지 않는 것 간에 무차별하게 한다. 표면이 나오면 100만 달러를 타고, 이면이 나오면 아무 것도 못 타는 동전 던지기 게임을 생각해 보자. 확실등가는 그 사람이 이 금액을 수락하고 게임하지 않는 것과 그 돈을 거절하고 게임하는 것 간에 무차별해지도록 우리가 제시해야 하는 최소한의 금액이다(11장 참조).

인 투자자가 모험적 사업을 채택할 유일한 이유는 일단 더 높은 비율로 할인된(이것은 위험 할증을 포함) 예상수익이 양의 값이기 때문이다.

3절에서 역점을 두어 다루는 핵심 질문은 공공부문도 위험 할증이 포함된 더 높은 할인율로 기대치를 계산함으로써 민간부문과 같은 방법으로 행동해야 하는지 아니면 다르게 행동해야 하는지 여부이다.

완전한 확실은 존재하지 않으므로 지속적인 효과를 갖는 투자 프로젝트나 공공정책은 그들 영향의 예측과 그 크기의 측정을 필요로 한다. 프로젝트의 편익과 비용과 연관된 불확실성은 결과가 결정값이 아니라 값의 범위와 연관 확률에 의존한다는 것을 나타낸다. 4절과 5절은 위험 분석의 기초인 결정값을 사용하는 것이 아니라 주요 변수들의 가능한 값의 범위와 그들의 발생확률을 소개한다. 위험 분석은 의사결정의 질을 높이기 위한 유용한 정보를 제공한다.

제 2 절 민간 프로젝트에서의 위험

위험을 다루는 보편적인 접근법은 위험과 불확실성을 구별하는 것이다. 위험하의 결정은 개인이 개별 사상에 부여된 진정한 확률을 알 때의 결정이다. 예를 들어 주사위를 던져 2가 나올 확률은 1/6(만일 게임이 상당히 많이 반복된다면 우리는 눈금 2를 던지는 수의 약 16.67%만큼 얻는다)이다. 이와 반대로 예를 들어 에너지의 다음 번 기술적 약진을 예측할 때와 같이 불확실성하에서 우리는 상이한 가능한 경우들과 연관된 객관적 확률 집합을 가지고 있지 않다.

프로젝트 평가의 시각에서 이 구별은 그리 유용하지 않다. 의사결정자들은 고려대상인 상이한 가능한 경우들에 대한 그들의 믿음 정도가 경성 또는 연성 확률에 종속될 수 있는 불확실성의 세계에 산다(Hirshleifer and Riley, 1992). 이 주관적 확률 개념은 공평한 동전을 던지거나 또는 뒷면 두 개나 표면 두 개를 가진 동전을 던질 때에도 똑같이 적용된다. 두 경우 모두 각 상황이 1/2(뒷면 또는 표면)인 동일한 확률함수(비록 앞에서 테스트된 동전의 경우 우리는 경성(객관적) 확률로 작업하지만)를 가지고 작업한다.

프로젝트 평가를 할 때 이 구별의 적절성은 사람이 불확실성하에서 직면하는 두 가지 유형의 행동과 연결된다. 즉 종점 행동과 정보를 제공하는 행동이다. 종점 행동의 상황에서는 개인이 던져지는 동전의 표면의 수를 선험적으로 아는지 여부가 중요하지 않다. 이와 반대로 정보를 제공하는 행동의 맥락에서 투자자는 그가 던질 동전의 유형에 대한 어떤 정보를 얻기 위해 돈을 쓰는 데 흥미를 느낄 수 있다.

의사결정자는 프로젝트 평가시 상황에 따라 이들 두 행동 사이에서 움직여야 한다. 그는 상이한 가능한 상태와 연관된 주관적 확률로 프로젝트를 평가해야 하지만 때로는 상이한 자연상태와 연관된 진정한 확률에 대한 추가적 정보를 얻기 위해 돈과 노력을 투자함으로써 미래의 가능한 결과에 대한 신뢰를 증진시킬 수 있다(예를 들어, 효율적인 건설업자를 선정할 확률을 증가시켜 프로젝트 비용을 감소시키기 위해 계약을 고안하는 것).

인지된 위험은 소위 선험적 정보인 전문가 견해와 가까이에 있는 모든 정보를 해석하는 분석자의 판단의 분석에 의존한다. 어떤 도로의 이권을 주는 공개입찰에서 아마도 상이한 교통량 예측이 있을 것이다. 보편적 사실로부터 상이한 입찰자들은 교통량을 결정하는 것으로 간주될 수 있는 다양한 우발성에 상이한 확률을 부여하기 때문에 사전적으로 한 사람이 다른 사람보다 더 낫다고 말할 수 없다.[2)]

---

2) 공개입찰에서 몇몇 경쟁자들은 '공통값'(예를 들어, 원유 저장소 안의 원유 스톡)을 갖는 경매에 대해 상이한 견해를 가질 때 승자는 '승자의 저주'로 인하여 나중에 파산할 수도 있다고 말한다. 설명은 만일 대상의 값이 유일하고 모두에게 보편적이라면(예를 들어, 예술작품과는 달리) 다른 사람보다 더 높게 제시하는 입찰자는 정보를 낙천적으로 해

한 프로젝트에 금액 I를 투자할지 여부를 결정하는 사람은 그것의 순현재가치를 추정하고 그것이 0보다 큰지 아닌지 다음 조건이 만족되는지를 점검할 필요가 있다.

$$\sum_{t=1}^{T} \frac{(p_t x_t - C_t)}{(1+i)^t} \geq I_0 \tag{9.1}$$

여기서 I_0는 (연도 0에 실현된) 투자비용, p_t는 가격, C_t는 연간 비용이고 x_t는 프로젝트 T년 동안의 수량이고, i는 할인율이다.

식 (9.1)은 연도 0의 투자비용 외에 여타 고정비용이 없는 투자 프로젝트를 나타낸다. 우리는 초기 투자비용(원유 천공, 신제품의 출시, 댐의 건설 등)을 추정해야 하고 프로젝트의 T년 시계에 걸쳐 편익과 비용을 예측해야 한다. 만일 T가 충분히 크다면 투입물 및 산출물 가격과 같은 주요 변수들이 최종적으로 취하는 값은 처음에 예측된 것과 다를 것이라는 것을 사실상 확신할 수 있다.

여행자 리조트에서 임대를 위해 150채의 아파트 단지를 건설하는 민간 프로젝트의 경우를 보자. 건설비용은 $13,000으로 예산이 잡히고 프로젝트의 생애($T=15$)동안 연간 순이윤은 임대되는 방의 수(x), 아파트당 연간 임대료(p), 연간 유지 및 운영비용(C)에 달려 있다. 우리는 모험적 투자에 직면하고 있다. 아파트의 건설과 운영의 수입과 비용은 국내 및 세계 경제의 변동(비용에 대한 영향), 여행자 소속 국가의 경제 변동(수요에 대한 영향) 그리고 경쟁자들의 가격의 변동(수요에 대한 영향) 등 몇 가지 이유로 변할 수 있다.

프로젝트에 투자할지 여부를 평가하는 기업인이 직면해야 하는 불확실성을 분석에 포함시키기 위해 연간 수요는 일일 최대 점유($x=150$)를 의미하는 많음과 적음($x=125$) 등 두 값만 취한다고 가정한다. 두 상태는 똑같이 가능하고 우리는 첫 해에 많음이든 적음이든 일단

석하여 경매에 붙인 대상의 가치를 과장할 수도 있다.

한 값이 관찰되면 나머지 기간 동안에도 유지되는 것으로 가정한다. 연간 운영비용은 점유율에 상관없이 $400이고 아파트당 연간 임대료는 $10이다.

프로젝트의 예상 순현재가치는 다음과 같이 표현될 수 있다.

$$NPV = -13,000 + \frac{(0.5 \times 1,100 + 0.5 \times 850)}{1+i} + \cdots + \frac{(0.5 \times 1,100 + 0.5 \times 850)}{(1+i)^{15}} \tag{9.2}$$

단순화를 위해 실질이자율은 0이라고 가정하면 예상 NPV는

$$NPV = -13,000 + (975 \times 15) = 1,625 \tag{9.3}$$

어떻게 불확실성이 프로젝트에 영향을 미치는지를 이해하기 위해 $1,625의 이윤이 무엇을 의미하는지어 대해 생각해 보자. 이 값은 실제 수익이 아니다. 그것은 수학적 예상이라는 의미에서 예상수익이다. 즉 만일 이 프로젝트가 무한대로 반복된다면 편익이 향하는 값이다. 투자자가 프로젝트로부터 받는 실질 수익은 수요가 높으면 $3,500 이득이거나 수요가 낮으면 $250 손실 들 중 하나이다. $3,500 또는 −$250이 투자자가 받을 실질 값이다.

만일 0의 비용으로 완전보험을 갖는 것이 가능하다면 공정한 보험료는 $1,875(높은 수요일 때의 결과와 기대치의 차이)이다. 이것은 수요가 높든, 낮든 어떤 상황에서도 $1,625의 기대치를 보장하는 완전히 포괄적인 보험이다.

이 포괄적 보험으로 결과의 가변성은 사라지고 위험기피적 투자자는 기대치를 보장받기 위해 보험을 구입할 것이다. 일단 보험에 가입되면 그에게 결코 손실은 발생하지 않지만 최대 편익은 결코 얻을 수 없다는 것을 강조할 가치가 있다. 위험선호적 기업가는 $3,500을

[그림 9-1] 불확실성하의 이윤

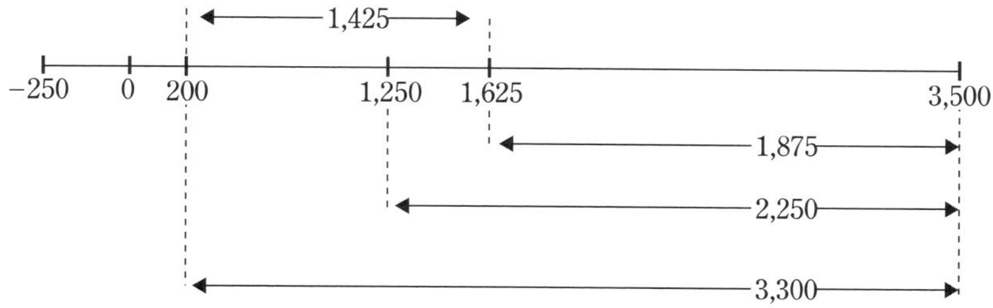

얻을 기회를 갖기 위해 보험회사의 제의를 거절할 것이다.

[그림 9-1]에서 우리는 낮은 수요일 때의 이윤(-$250), 높은 수요일 때의 이윤($3,500), 기대치($1,625)와 아래에서 설명될 두 새로운 값들($1,250과 $200)을 볼 수 있다.

보험이 없는 초기 상황에서 이제 여행 운영자가 투자자에게 다음과 같은 계약을 제안한다고 하자. 즉 '자유경쟁 시장 임대료' 이하로 지불하는 대신 15년간 아파트의 100% 임대를 보장한다. 얼마나 많이 임대되느냐에 관계없이(기업가가 빈 아파트를 임대하는 것은 허용되지 않는다) 150개의 아파트 전체에 대해 아파트 한 개당 보장되는 가격은 $9이다. 수요는 계속 높을 수도, 낮을 수도 있지만 이제 어떠한 경우에도 기업가는 [그림 9-1]에서 기대치의 왼쪽에 위치한 $1,250의 고정된 금액을 받는다.

$$NPV = -13,000 + (950 \times 15) = 1,250 \tag{9.4}$$

기업가는 이 제의를 받아들일까? 우리는 기업가의 위험에 대한 태도를 알지 못하고는 이 질문에 답할 수 없다. 그러나 현실을 단순히 관찰하면 많은 사람들이 유사한 제의를 매일 받아들인다는 것을 보여준다. 그들은 더 높은 기대치($1,625)를 포기함으로써 작지만 확실한 금액(예를 들어, $1,250)을 받아들일 의사가 있다. 그들은 위험기피적이고 기업가가 잠재적 이득 $3,500과 잠재적 손실 $250으로 구성된 게임을 하거나 안전한 값을 받아들이는 것 간에 무차별한 기대치보다 낮은 안전한 값(확실등가)이 존재한다. 여행 운영자의 제의는 기업가가 $1,250의 안전한 이윤을 갖는 대가로 $2,250의 보험료를 지불하는 완전히 포괄적인 보험과 유사하다.

가령 이제 기업가의 확실등가는 [그림 9-1]에 나온 것처럼 $200이라고 하자. 즉 그는 $200의 확실한 편익을 받는 것과 동일한 확률로 $3,500을 벌거나 $250을 잃는 것 간에 무차별하다. 이것은 비록 투자의 기대치가 $1,625이지만 이 기대치와 연관된 가변성($3,500의 이윤 또는 $250의 손실)은 개인에게 $1,425의 비용을 나타내는데, 이것이 그로 하여금 $200의 안전한 이윤과 $1,625의 기대치를 무차별하게 만든다는 것을 의미한다.

이것은 기업가가 $3,500의 최대이윤을 확보하기 위해 $3,300의 보험료를 지불하거나 보험 없이 투자하는 것 간에 무차별하다고 말하는 것과 같다. 여행 운영자가 더 나은 계약 — 기업가가 지불할 의사가 있는 금액($3,300)보다 더 적은 금액($2,250)을 요구 — 을 제의함에 따라 기업가는 그 제의를 받아들일 것이다.

위의 주장으로부터 위험기피적 민간 투자자는 NPV를 계산하기 위해 연간 순이윤의 기대치를 사용하지 않고 각 연도의 기대치에 상응하는 확실등가를 사용한다고 우리는 결론 내린다. 이때 확실등가는 연간 기대치보다 작은데, 이 차이는 투자자의 위험기피 정도에 따라 증가한다.

연간 순이윤의 기대치에 상응하는 확실등가를 부여하는 대신 민간 프로젝트에 있어서 위험의 취급은 종종 예상 연간 순이윤을 할인하기 위해 사용되는 이자율 인상에 기초하기도 한다. 즉 이자율에 추가되는 위험 할증을 도입하는 것이다.

이자율을 인상하면 프로젝트의 수익성을 감소시키지만 이 접근법이 확실등가를 사용하는 것과 동일한 것은 아니다. 이자율에 고정된 위험 할증을 더하는 것은 암묵적으로 불확실성이 시간에 따라 지수적으로 증가하는 것을 가정한 것인데 이렇지 않을 수 있다. 때때로 위험은 프로젝트의 초기 동안 더 높거나 개인의 위험에 대한 태도를 반영하지 못할 수 있다.[3] 따라서 편익과 비용의 확실등가를 가지고 작업하고 위험이 없는 할인율로 할인하는 것이 더 낫다.

제 3 절 공공부문에서의 위험

프로젝트들이 공공부문에서 평가될 때 위험에 대해 상이한 취급을 지지하는 경제적 이유들이 존재한다. 위험기피적인 민간 투자자들에게 있어서 기대치보다 낮은 안전한 수익성 수준(확률등가)이 존재하는데, 그것은 투자자로 하여금 모험적 프로젝트와 위험이 없는 수익 간 무차별하게 한다.

민간 기업가에게 있어서 이윤을 보다 벅찬 비율로 할인하는 것이 사리에 맞는데, 왜냐하면 위험은 위험기피적 투자자에게는 실질 비용이기 때문이다. [그림 9-1]에서 프로젝트의 예상 수익은 $1,625이지만 확실등가는 $200이다. 차이($1,425)는 위험의 주관적 비용이다. 이 비용이 사회에 대한 실질 비용인데, 왜냐하면 편익과 비용은 사람들의 재화와 서비스에 대한 지불의사액과 위험을 피하기 위한 지불의사액에 의해 측정되기 때문이다. [그림 9-1]에서 기업가는 제의를 수락하

3) 5% 할인율을 사용할 때 연도 1의 화폐 1단위는 연도 0에는 0.952 값을 갖고 10년, 15년 후의 1단위는 연도 0에 그 값이 0.614, 0.481이다. 3%의 위험할증을 더하면 현재가치는 각각 0.926(−2.7%), 0.463(−24.6%), 0.315(−34.5%)이다(괄호 안의 값은 위험이 없는 상황에 대비한 값의 감소율을 나타냄).

는데, 왜냐하면 여행 운영자는 기업가가 제 3 자에게 위험 이전에 대해 지불할 의사가 있는 금액보다 더 낮은 가격을 요구하기 때문이다.

공공부문은 투자 프로젝트와 공공정책의 예상 순사회적 편익의 NPV를 극대화해야 하나? 아니면 위험에 대해 조정된 순사회적 편익의 NPV를 극대화해야 하나?

공공부문 프로젝트에서 위험 접근법을 버리는 데 대한 이론적 토대는 Arrow and Lind(1970) 정리에 의해 지지된다. 공공부문이 민간부문처럼 위험할증을 할인율에 도입해야 하는지 여부에 대한 Arrow-Lind 정리에 선행된 제안은 다음과 같다.

- 공공부문은 민간부문에서와 동일한 위험 조정된 할인율을 사용해야 하는데, 왜냐하면 만일 공공부문은 위험이 없는 할인율을 사용하는 한편 민간부문은 위험할증을 도입하면 공공부문에 대한 과다투자로 인해 비효율적 자원배분이 일어날 것이다.
- 공공부문은 불확실성을 무시하고 마치 그것이 위험에 무차별한 것처럼 행동해야 한다. 프로젝트 평가는 기대치와 위험이 없는 할인율로 수행되어야 한다. 닮은 유사하고 독립적인 프로젝트들이 수행된다는 것을 전제할 때 결과는 기대치가 되는 경향이 있다. 이것은 만일 유리한 상황에서의 이득으로 불리한 상황에서의 손실을 지불함으로써 스스로 보험에 가입하는 것처럼 해석될 수 있다.

두 번째 주장과 대조적으로 Arrow-Lind 정리는 위험의 다양성(다수의 프로젝트에 투자함으로써 수익은 기더치가 되는 경향이 있다)에 기초하는 것이 아니라 프로젝트의 편익(또는 손실)이 다수의 참여자(납세자)들 간에 나눠질 때 기대치와 확실등가 간의 차이는 0에 가까워지고 따라서 위험비용도 0에 가까워지는 위험분산 개념에 기초하고 있다.

사람들이 위험중립적 또는 위험선호적이 아니라면 예상 순현재가치는 그들의 지불의사액을 과다 추정하는 것이 사실이다. 사회적 위험비용은 편익을 누리고 비용을 지불하는 사람들의 선호와 그들이 가진 부에 대비한 이들 비용과 편익의 상대적 중요성에 달려 있다.

프로젝트의 경제적 평가에 대해 Arrow-Lind 정리가 보여주는 것은 다음과 같다. 가령 정부는 수혜자들에게 그들의 지불의사액을 청구하고 최종 순편익은 양의 값이든 음의 값이든 납세자들 간에 똑같이 분배되는 세상을 가정하자. 그들 소득에 대한 프로젝트의 영향이 매우 작은 한 영향을 받는 사람들의 수가 충분히 크면 위험의 사회적 비용은 0에 도달하고 기대치는 프로젝트의 진정한 편익에 접근한다. 이 주장은 주요 프로젝트의 경우에도 그것이 납세자의 소득에 무시할 만한 변화를 유발하는 한 적용될 수 있다.

실제 세상에서 비용과 편익은 항상 그러한 방식으로 분포되지는 않는다. 아주 자주 정부가 프로젝트의 투자비용을 떠안고 사람들은 편익(그리고 환경영향이나 사고 등과 같은 기타 비용)을 얻는데, 그 크기는 그들 소득의 상당한 비율과 같을 수도 있다. 다수의 프로젝트에서 납세자들이 지불하는 비용이 있고, 사람들이 지불하는/받는 상당한 비용과 편익이 존재한다.

Arrow-Lind 정리에 따르면 프로젝트의 NPV를 계산할 때 공공부문의 비용과 편익은 그것들의 기대치로 계산되고 위험할증이 없는 할인율을 사용한다. 이와 반대로 만일 비용과 편익이 민간부문에서 발생한다면 그들의 선호를 반영하는 약간의 조정이 이루어져야 하는데 이것은 기대치 대신 확실등가를 사용하는 것을 뜻한다.

프로젝트 평가에서 이용되는 자료의 총계 성격으로 인해 추가적 어려움이 등장한다. 비용과 편익이 빈번하게 합계된다는 것을 전제할 때 그것은 상이한 집단의 사람들에게 미치는 상이한 영향을 숨길 수 있다. 더욱이 합계된 사회적 편익은 어떤 사람들에게는 편익이 발생하고 또 다른 사람에게는 비용이 발생한 것을 포함할 수 있다. 이 경우 위험을 감안하기 위한 조정이 더 복잡해진다. 다수의 공공 프로젝트에서와 같이 만일 투자와 운영비용은 납세자들이 부담하고 편익(그리고 기타 비용)은 여러 집단의 사람들에게 돌아간다면 투자와 운영비용은 위험이 없는 할인율로 할인되어야 하고 사람들에 대한 편익(과 기타 비용)은 그들이 연관된 불확실성에 자라 아래로(위로) 조정되어야 한다.

Johansson and Kriström(2009)은 쉽게 무시될 수 있는 기타 비용들이 존재할 때 확실등가의 사용에 대해 경고하고 있다. 다음과 같이 제안된 프로젝트를 보자. 한 수력발전소가 연간 생산량을 3.7GWh만큼 감소시키도록 요구받았다. 이 프로젝트의 편익은 환경 및 여가선용에 있다. 강가에 사는 사람들을 대상으로 웹에 기반한 조건부 가치연구가 수행되었다. 일반투표 방식의 지불의사액 질문이 제시되었고 주민들 전체적으로 지불의사액은 현재가치로 표현해서 약 260만 달러이었다.

Nordic(Nord Pool) 전기 현물시장은 [그림 9-2]에 나와 있다. 각각 일정한 한계비용을 갖는 것으로 가정된 상이한 생산기술이 존재한다. 수력과 풍력은 매우 낮은 한계비용을 갖는다. 원자력은 중간쯤이고 화석연료 발전소는 가장 높은 한계비용을 갖는다. 시장가격은 1GWh당 $50,000이다. 실제로는 더 많은 대안들이 이용 가능하고 수요는 시간에 따라 기복이 있어서 그림은 시장의 매우 단순화한 양상을 보여준다는 것을 의미한다.

수력발전소의 소유주는 오직 한 번만인 연간 전력생산을 3.7GWh만큼 줄이는 대신 260만 달러의 확실등가의 지불을 받아들일 의사가 있는 것으로 보인다. 이것은 일종의 확실등가인데, 왜냐하면 대안이 가격 불확실성과 연관되고 기업은 사회(이 경우 3%)보다 훨씬 더 높은 할인율(7% 이상)을 사용하기 때문이다. 그래서 거래가 가능할 것으로 보인다. 지역주민 또는 납세자들은 이윤의 손실에 대해 지불할 수 있

[그림 9-2] 상이한 기술로 생산되는 전기의 현물시장

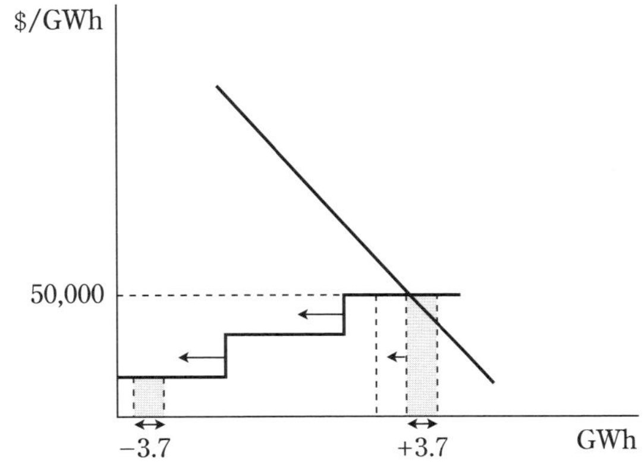

을 것이다. 그리고 분명히 아무도 두 당사자가 그 같은 거래를 하는 것을 막을 수 없다. 아직도 질문은 그 프로젝트가 사회적으로 수익성이 있는지 여부이다.

사회적 비용은 매년 3.7GWh를 대체하는 비용이다. [그림 9-2]를 보면 '공급 사다리'가 3.7GWh만큼 왼쪽으로 이동한다. 거의 비용이 안 드는 수력발전을 1GWh당 한계비용이 $50,000인 화석연료에 의한 전기로 대체하는 연간 비용은 50,000×3.7=$185,000이다. 만일 사회적 할인율이 3%라면 현재가치 비용은 약 600만 달러이다. 이 분석에 따르면 제안된 프로젝트는 사회적으로 매우 수익성이 없다.

사회의 관점에서 대체 전력을 생산할 수 있는 자원을 방출하기 위해 우리는 연간 $185,000의 소비를 축소해야 한다. 만일 할인율이 3%이면 이 비용의 현재가치는 600만 달러이다. 그래서 프로젝트에 대해 지불하기로 되어 있는 260만 달러에 덧붙여 추가적인 340(600−240)만 달러의 소비가 희생되어야 한다. 대체 전력을 생산하기 위해 소요되는 자원은 다른 데 사용될 수 있다. 이에 추가하여 우리는 '깨

끗한' 수력 대신 '더러운' 화석연료 전기로 대체하므로 외부효과도 내재한다. 하여튼 비록 한 당사자(납세자 또는 지역주민)가 다른 당사자(기업)에게 지불할 수 있다고 하더라도 비용-편익분석에서 고려되어야 할 다른 효과가 있을 수 있다. 재무적 또는 분배적 효과는 프로젝트의 진정한 편익과 비용을 숨길 수 있다.

이 프로젝트로부터의 교훈은 비용-편익분석에서 우리는 모든 비용과 영향 받는 사람들을 모두 포함시킬 필요가 있다는 것이다. Johansson and Kriström(2009)의 결론은 우리는 민간 선호(수력발전소와 주민의 확실등가)를 존중하고 더 높은 사회적 비용이 드는 대체 전기의 비용과 같은 여타 비용을 포함시킨다고 말하는 것과 같다. 그래서 우리는 개인 선호를 유지하고(위험비용을 포함한 그들의 지불의사액/수용의사액을 사용), 그리고는 위험이 없는 사회적 할인율을 사용한다.

제 4 절 위험 분석

민간부문과 공공부문 간의 위험 취급상의 차이를 분석하였으므로 평가되는 프로젝트와 연관된 위험에 대한 정보를 얻을 수 있는 이용 가능한 옵션을 생각해 보자.

프로젝트의 경제적 평가에서 최선의 이용 가능한 정보로부터 나오고 마치 그것이 미래에 실현되는 것처럼 취급되는 값인 수량과 가격에 대한 유일한 값을 선택하는 결정론적 분석의 사용이 드문 것은 아니다.

그러나 현실은 변수들이 결정적이라는 가정하에 NPV를 계산하는 것을 지지하지 않는다. 수요와 비용을 둘러싼 불확실성으로 인해 순현재가치의 범위와 그에 상응하는 연관 확률을 우리가 얻을 수 있도록 하는 확률변수를 포함할 것을 권고한다. 우리가 위험 분석을 설명하기 전에 민감도 분석의 근거를 간단히 조사하자.

1. 민감도 분석

민감도 분석은 한 변수의 값을 변동시키고 이것이 프로젝트의 결과에 어떻게 영향을 미치는지 점검하는 것이다. 여러 변수들이 동시에 변경될 때 우리는 시나리오를 사용한다.

9장 2절에서 분석한 경우로 돌아가서 완전 임대가 예상되는 150채의 아파트가 건설된다. 단순화를 위해 아무 외부효과도 추가되지 않고 잠재가격은 고려되지 않으며 할인율은 0으로 정해져 있다. 프로젝트의 사회적 편익은 $3,500이므로 만일 채택 또는 기각의 결정이라면 아파트 단지 프로젝트는 채택된다.

x와 C의 대안적 변동에 따른 이 프로젝트의 NPV의 민감도를 보자. 예를 들어 수요가 125일 때 이윤은 −$250이고 비용이 $600일 때 이윤은 $500이다. 따라서 분석자는 임대율이 떨어져서 단지 125채만 채워질 때 결과는 $250의 손실이라는 것을 안다. 125의 선정은 이 값이 투자자가 생각하는 가능한 최악의 상황이라는 선험적 믿음에 기초하여 자의적이다.

민감도 분석 내의 옵션은 적절한 변수들의 임계치를 계산하는 것이다. 결과의 민감도에 대한 이 점검은 NPV가 0이 될 때까지 선정된 변수의 값을 변동시킴으로써 수행되고 종종 이것은 프로젝트의 편익이 0이 되도록 하는 목표 변수의 백분비 변동과 같이 상대적 값으로 나타내진다. 예를 들어 건설비용의 경우에 NPV가 음의 값이 되기 전의 최대 증가는 26.9%인데, 가격의 감소는 15.6%이고 연간 비용의 증가는 58.3%이다.

시나리오의 논리적 근거는 민감도 분석과 크게 다르지 않다. 다른 값들은 고정시킨 채 단일 변수를 변동시키는 대신 시나리오 분석에서는 몇 개 선정된 변수 변동의 결합된 효과, 상이한 가능한 시나리오에 상응하는 변동을 본다. 예를 들어 우리는 세 변수들(건설비용, 연간 운영비용과 수요)을 전부 변동시킬 수 있다. 예를 들어 시나리오는 '낙관적'(높은 수요와 낮은 비용), '예상된'(비용과 수요의 평균값들), 그리고 '비관적'(높은 비용과 낮은 수요)이라 불린다.

민감도 분석과 시나리오의 사용은 한 변수 또는 변수 집합의 값의 변동으로 얻은 결과의 강건성 정도를 드러내고 결정론적 분석에서 얻은 결과와 비교하는 장점을 가지고 있다. 우리의 예에서 수요가 초기값 150에서 16% 하락할 때 프로젝트는 손해를 본다. 이 단순한 민감도 분석은 프로젝트를 수행하기 전에 우리가 보다 신뢰할 만한 수요에 대한 예측을 얻는 데 더 많은 노력을 해야 하고 심지어 어떻게든 수입을 보장하는 계약을 추구해야 한다는 것을 나타낸다.

일단 민감도 분석과 시나리오의 유용성이 인식되고 나면 값의 범위 대신 유일한 값을 사용하는 데 따른 한계와 달성 가능한 범위 내의 다른 값에 따라 NPV가 양이나 음이 될 가능성에 주목해야 한다. 단일 값의 사용은 객관적 체계를 의미하지 않는다. 개별 변수들의 값들을 선택함으로써 그들 간의 상호관계가 무시될 수 있다. 프로젝트에 영향을 미치는 많은 사상들의 무작위성이 시나리오의 엄격한 선택에 부합할 필요가 없는 변수 값들의 결합 실현을 초래할 것이다.

2. 위험 분석

가능한 조합의 수가 늘어남에 따라 의사결정자가 실제로 거의 사용하지 않는 너무 많은 정보를 제공함에 따라 대안은 민감도 분석에 더 많은 변수들을 추가하는 데 기초할 수 없다. 민감도 분석과 시나리오의 대안은 보다 더 체계적인 방법으로 프로젝트의 NPV에 대한 변수들의 영향을 분석하는 것이다. 대안적 접근법은 위험 분석이라 불린다. 아래에서는 이전의 예를 사용하여 위험 분석을 설명한다.

민감도 분석에서 수요는 최상의 경우 150의 값을, 최악의 경우 125의 값을 취할 수 있었다. 이전 접근법의 대안은 125와 150 사이의 모든 가능한 값들을 허용하면서 확률분포를 가지고 작업하는 것이다. 이것은 평가에 보다 더 큰 현실성을 가져온다. 요점은 민감도 분석에서 우리는 수요값을 150이나 125로 고정시키지만 이 값 중 어느 것과 범위 내에 있는 다른 가능한 값의 가능성에 대한 우리의 믿음을 이용하지 않는다는 것이다. 만일 이용 가능한 정보가 주어졌을 때 예를 들어 가장 가능성이 큰 값이 140이고 최소는 125, 최대는 150이라면 우리는 [그림 9-3]에 있는 것과 같은 삼각분포함수를 사용할 수 있을 것이다.

위험 분석은 이용 가능한 정보를 최대한 활용한다. 만일 적절한 변수들이 하락할 것으로 예상되는 선험적으로 타당한 범위에 대한 어떤 정보가 이용 가능하다면 발생 확률에 의해 가중치를 부여한 모든 값들을 사용하는 것이 선호된다. 위험 분석을 수행하는 어떤 소프트웨어도 짧은 시간 내에 수많은 반복을 수행하는데, 각 반복마다 상이

[그림 9-3] 삼각확률분포

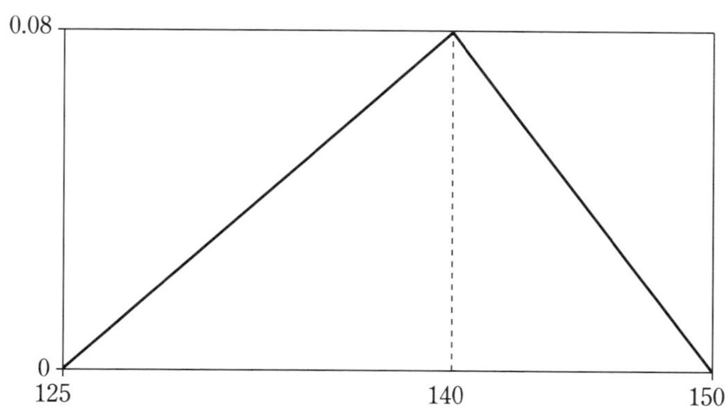

한 NPV를 계산해 낸다. 이것은 소프트웨어가 [그림 9-3]에 있는 삼각분포가 제공하거나 기타 이전에 선정된 정보에 따라 임대된 아파트의 수를 무작위로 선택할 것이기 때문이다. 가장 빈번하게 선택되는 값들은 140과 여기에 가까운 값들이다.

단일 NPV를 계산하고 수요에 대한 둘 또는 세 값으로 민감도 분석을 수행하여 이윤이 어떻게 변하는지를 보는 대신 이제 우리는 다수의 상이한 NPV를 가질 수 있는데, 그것은 125-150 범위 내의 무작위적 수요값과 선정된 확률분포함수에서 부여된 발생확률로 얻어진다. 위험 분석은 다음의 네 단계에 기초한다.[4)]

(1) 프로젝트의 모형화

이 단계는 결정론적이든 확률적이든(불확실성을 결합) 실제로 어떠한 재무분석이나 비용-편익분석에도 공통적이다. 그것은 변수들이 취하는 값에 따라 프로젝트의 NPV를 예측하기 위해 시간에 걸쳐 비용과 편익 간의 관계를 포착하는 모형을 구성하는 것이다.

아파트 단지 프로젝트의 경우 모형은 단순하다. 그것은 건설비용, 운영비용, 임대된 아파트 수, 가격 등 프로젝트의 생애인 15년에 걸쳐 상이한 값을 취할 수 있는 네 변수를 가지고 있다.

일반적으로 프로젝트의 변수에 대한 결정은 그것의 특징에 달려 있다. 가령 가격과 건설 기한을 정하는 건설회사와의 계약이 서명되었다고 하자. 그 계약은 만일 건설기간 동안 노동비용이 변한다면 가격을 자동으로 점검하는 조항을 포함한다. 만일 노동비용이 변할 것으로 예상되고 이것이 총비용의 의미 있는 일부라면 노동의 가격은 모형의 확률변수이어야 한다.

또한 선험적으로 정확히 결정하기는 불가능하지만 건설비용은

4) Monte Carlo 시뮬레이션을 이용하여 위험을 고려하는 데 필요한 단계에 대한 설명은 Savvides(1994)에 근거하고 있다.

지역의 일정한 특징에 민감할 수 있으므로 사용되는 재료의 비용과 노동비용 등 두 변수를 사용하는 것이 적절하다.

(2) 위험 변수의 선정

프로젝트의 수익을 결정하는 모든 변수들 가운데 변할 것 같은데 다가 만일 그것들이 변한다면 프로젝트의 결과가 의미 있게 수정될 것들만 선택해야 한다. 따라서 다음 두 조건 중 하나를 만족시키는 변수들은 제외될 수 있다. (i) 그것들이 변한다면 큰 영향을 가져야 하지만 그것들이 변할 것 같지 않거나 (ii) 그것들은 변할 것 같지만 만일 변하더라도 그것의 영향은 관계가 없다.

위험 분석에 포함되는 변수의 수를 가능한 한 많이 줄이는 이유는 포함되는 변수가 많으면 많을수록 그것들 간의 상호관계를 확립하기가 더 어렵고 무작위 시뮬레이션이 시행될 때 결과가 모순될 가능성이 더 크다. 더욱이 변수의 수를 줄임으로써 우리는 선정된 변수의 행태와 상호작용에 우리의 노력을 집중할 수 있다.

(3) 변수들의 확률분포

불확실성이 존재할 때 모형의 변수들의 값을 결정하기가 어렵다. 향후 15년 동안 정확한 임대율을 아는 것은 불가능하다. 그러나 우리는 15년간 임대된 아파트의 비율에 대한 예상범위를 정할 수는 있을 것이다. 만일 단지의 상태와 특징이 주어졌을 때 과거의 경험과 전문가 견해에 기초한 정보를 가지고 우리가 임대율이 예를 들어 70%와 90% 사이에 있을 것이라고 예측한다면 우리가 단지 두 값만 사용하는 상태에 비해 더 나은 입장이 된다.

일단 우리가 최저값과 최대값을 가지면 우리는 어떤 확률분포가 가장 적합한지 결정해야 한다. 참으로 범위와 확률함수 유형의 선택은 과거의 자료와 우리가 생각하는 미래에 대한 주관적 견해에 기초

[그림 9-4] 수요의 확률분포

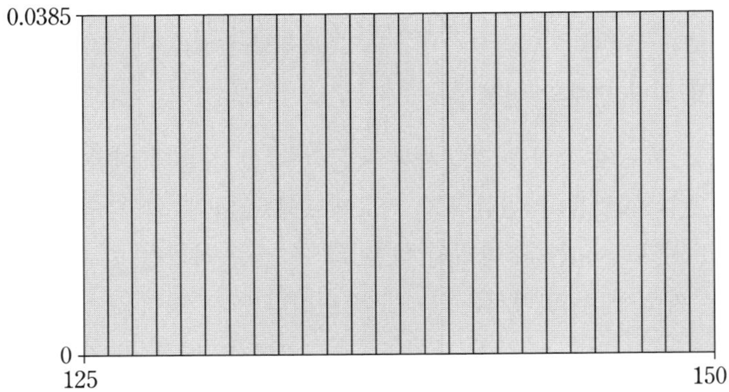

한 미래의 예측이다.[5)]

가령 아파트의 경우에 최근 10년의 임대율에 대한 통계 정보와 전문가들과의 면담을 통해 얻은 정보가 달성 가능한 범위 내의 특정 값이 나머지 값보다 더 가능하다는 타당한 믿음을 주지 않는다고 하자. 우리는 단지 최소(125)와 최대(150)만 안다. 이 경우 균등확률분포([그림 9-4])가 우리의 **선험적** 믿음을 반영하는 것이다.

이 확률분포가 주어지면 민감도 분석이나 시나리오와 같이 둘 혹은 세 값을 가지고 위험 분석을 수행하는 것은 적절치 않은 것으로 보인다. [그림 9-4]의 이산 균등확률분포는 26개의 똑같은 정도로 가능한 값들을 보여준다. 이 예상수요 양상이 주어졌을 때 극단치에 대한 이용 가능한 정보는 시뮬레이션을 수행하는 데 사용되는 확률함수를 만드는 데 도움이 된다. 많은 경우에 프로젝트의 본질이 주어졌을

5) Bernstein(1996)은 그의 책에 있는 얘기는 계속 최상의 결정은 과거의 양상에 의해 결정되는 수량화와 수에 기초한다고 주장하는 사람들과 불확실한 미래에 대한 믿음의 보다 주관적인 정도에 결정이 기초한다는 사람들 간의 지속적인 긴장으로 특징지어진다는 것을 강조하고, 이것은 결코 해결될 수 없는 논쟁이라는 것을 지적하고 있다.

때 가장 가능성이 높은 값만 알고 평균 양쪽으로의 변동에 대한 대략적 생각만 갖고 확률분포를 선택해야 하는 일이 벌어질 수도 있다.

예를 들어 어떤 서비스에 대한 수요량이 평균값 100이고 표준편차 5, 그리고 확률분포는 대략 대칭이라고 예상할 수 있다. 이 경우 정규분포가 적절하다. 일반적으로 변수의 값이 궁극적으로 비슷한 가중치를 갖는 대항 세력에 의존하는 경우 대칭분포가 사용되어야 하는 한편, 비대칭분포는 분포의 한쪽에 경직성이 존재하는 상황을 반영한다. 만일 토지의 가격이 높은 값들의 가능성이 더 높은 범위에 위치할 것으로 예상된다면 우리는 비대칭분포를 사용해야 한다.

만일 최소값과 최대값에 의해 형성된 범위 내의 어떤 값에도 더 큰 가중치를 부여하는 것을 지지할 증거가 없다면 많은 경우 [그림 9-4]에 나타난 것과 같은 균등분포(즉 각 값에 대해 동일한 확률 부여)가 적절할 것이다. 따라서 균등분포는 가장 낮은 수준의 정보에 적합한 기준선이다.

(4) 상관된 변수들

위험 분석은 *NPV*를 계산하기 위한 구체적 모형이 매 반복마다 결정적 변수의 고정된 값을 취하고 선정된 확률분포에 따라 위험 변수에 대한 값을 무작위로 끌어내면서 여러 번 돌아가는 컴퓨터 프로그램에 기초한다. 이 절차의 마지막에 프로그램은 각각의 확률이 부여된 *NPV*의 범위를 내놓는다.

계산 과정에서 프로그램은 여타 변수들에 대해 선택된 값에 상관없이 각 위험 변수의 값을 추출하는데, 이 절차는 만일 우리가 모순되는 결과를 피하고자 한다면 몇몇 변수들이 상관되어 있을 때, 이 관계가 프로그램에 포함되어야 하기 때문에 모순된 결과에 도달할 수 있다. 만일 공항의 지연이 '시간당 이륙수/공항 수용능력' 비율에 의존한다면 프로그램이 높은 대기시간 값과 동시에 낮은 비율 값을 선택할 수 있다는 것은 타당치 않다. 모순된 결과를 유발하는 프로그램을 방지하기 위한 절차는 한 변수와 다른 변수들 간의 관계가 반영되는 상관행렬을 만드는 것이다.

제 5 절 위험 분석 결과의 해석

우리의 예의 모형은 아래와 같이 단순하다.

$$NPV = -I_0 + \sum_{t=1}^{15}(p_t x_t - C_t) \tag{9.5}$$

위험 분석은 이전에 선정된 결정적 변수들을 사용한다. 우리의 예에서 I는 항상 13,000이고 p는 10, C는 400이다. 이 세 변수들은 변하지 않으므로 우리가 프로그램을 돌릴 때마다 이 미리 결정된 값으로 하나의 NPV값이 생성된다. 위험 변수에 대한 확률분포가 [그림 9-4]에 나타나 있는데, 최소값 125, 최대값 150인 균등분포이다. 우리는 주어진 연도에 수요 변수가 취할 수 있는 26개의 가능한 모든 값에 대해 동일한 확률을 부여한다.

일단 소프트웨어가 충분히 많은 수의 반복을 생성하고 나면 결과는 확률분포함수로 나타낼 수 있는데, 이것은 프로젝트의 NPV와 연관된 확률분포를 나타내고 이것은 우리로 하여금 NPV가 어떤 값 이상 또는 이하에 있거나 값의 어떤 범위어 있을 확률을 계산할 수 있도록 한다.

프로젝트의 NPV는 이제 의사결정자의 위험기피에 따라 높거나 낮은 유의수준을 갖는 단일 수치가 아니다. 위험 분석으로 보다 더 정보에 근거한 결정을 하는 데 기여하는 프로젝트의 NPV의 확률분포를 갖는다. 분명히 프로젝트의 위험은 단순한 기대치 분석, 민감도 검정, 시나리오의 사용 또는 Monte Carlo 분석과 정확히 동일하지만 잘 집행된 위험 분석 후에 잘못된 결정을 할 위험은 감소한다.

아파트 투자의 예에서 편익의 기대치와 동일한 확률로 125 또는 150으로 주어진 연간 수요에 기초한 프로젝트의 평가는 $1,625의 예상이윤을 가져온다([그림 9-1] 참조). 만일 수요가 가장 큰 값을 취하면 편익은 $3,500인 한편 최소값을 취하면 $250의 손실을 초래한다는 것을 기억하라.

가령 그 대신 한 해에 수요가 취하는 값이 다음 연도들의 수요를 결정하지 않는다고 하자. 이 가정하에서 우리는 프로젝트의 15년 매해마다 확률변수 x의 값을 뽑아내야 한다. 주어진 반복에서 얻은 NPV는 15년 각각에 대해 26개의 가능한 값들 내의 x의 15개 값을 뽑아낸 결과일 것이다. 이 과정은 컴퓨터에 의해 수천, 수만 번 기계적으로 반복된다.

위험 분석이 NPV값을 제공할 뿐만 아니라 그것들의 발생확률도 제공한다는 것을 강조해야 한다. 만일 내가 단지 하나의 잠재적 음의 결과를 갖는 사업에 내 연간 봉급의 50%를 투자해야 한다면 나는 안 좋은 결과가 발생할 확률이 동전 던지기에서 표면이 나오거나 복권에서 1등에 당첨될 확률과 비슷한지를 아는 데 흥미를 느낄 것이다.

[그림 9-5]는 모형의 100,000회 반복에 상응하는 편익의 확률분포이다. 이것은 15년 매해에 대해 수요에 대한 100,000개의 값을 무작위로 뽑아서 얻은 100,000개의 NPV값의 그림이다. 평균 NPV는 $1,625인데, 이것은 수요의 기대치로 얻은 것과 일치한다([그림 9-1] 참조). 이것은 우리가 이미 알고 있는 것에 어떤 값도 더하지 않았다. 그럼에도 불구하고 순현재가치의 분포는 새로운 가치 있는 정보를 제공한다. 만일 우리의 수요 행태에 대한 가정이 맞다면 이제 우리는 음의 NPV가 있을 것 같지 않다는 것을 안다. 왜? 그 이유는 음의 NPV 값은 낮은 수요값이 여러 해 동안 뽑히는 것을 필요로 하는데 그것은

[그림 9-5] *NPV* **확률분포의 히스토그램**(프로젝트의 각 연도에 대한 수요의 균등확률분포)

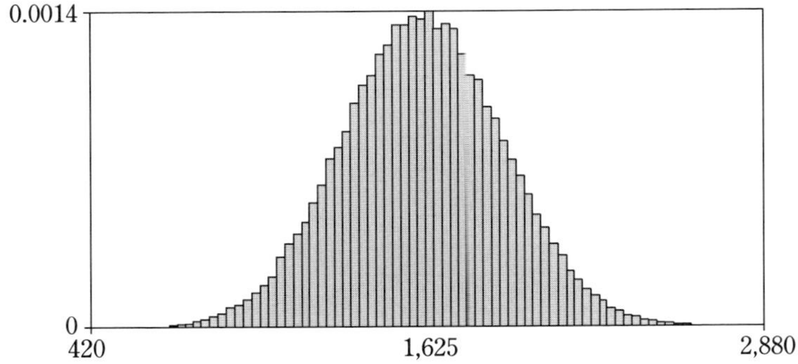

분명 가능하지 않다.

[그림 9-5]에 나타난 이윤의 확률분포는 음의 결과가 거의 불가능하다는 것을 보여주는데, 왜냐하면 최소값이 \$420이고 최대가 \$2,880이며 기대치는 \$1,625, 표준편차는 \$291이기 때문이다. 그러나 손실을 유발하는 수요값이 존재한다는 것을 우리는 안다. 수요가 125일 때 손실은 4,250이고 [그림 9-4]에서와 같이 125란 값은 다른 어떤 값과도 확률이 같다. \$250의 음의 이윤이 되기 위해서는 수요가 15년 동안 최저값(125)을 취해야 한다는 것을 상기하면 모순은 해결된다.[6]

위험 분석이 보여주는 것은 상당히 많은 횟수의 *NPV* 계산을 반복한 다음 그러한 음의 결과가 불가능하다는 것이다. 수요 변수는 한 해에 평균 3.85%만큼 125의 값을 취한다. 그러나 이루어지는 추출의 수는 15이고 이 15번의 계속적이고 독립적인 추출에서 125란 값이 실현되어야 한다. 경향은 중심을 향하고 있고, 이것을 [그림 9-5]가 보여준다.

[그림 9-6]에 나타나 있는 누적확률분포는 이것이 모험적 프로젝

6) 이 사상의 확률은 $(0.0385)^{15} = 6.05 \times 10^{-22}$이다.

[그림 9-6] *NPV*의 누적확률분포(프로젝트의 각 연도에 대한 수요의 균등확률분포)

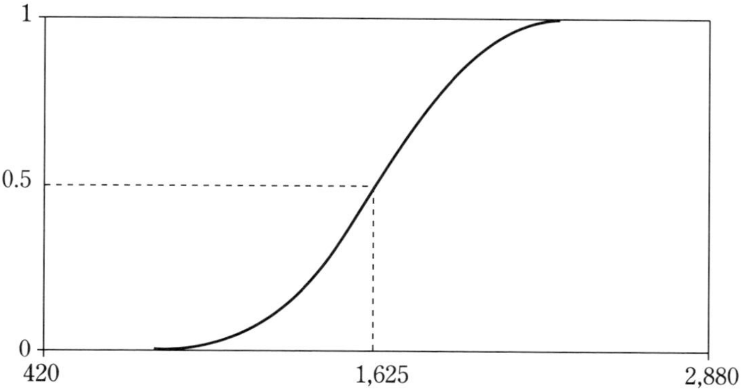

[그림 9-7] *NPV*의 확률밀도함수(프로젝트의 각 연도에 대한 수요의 균등확률분포)

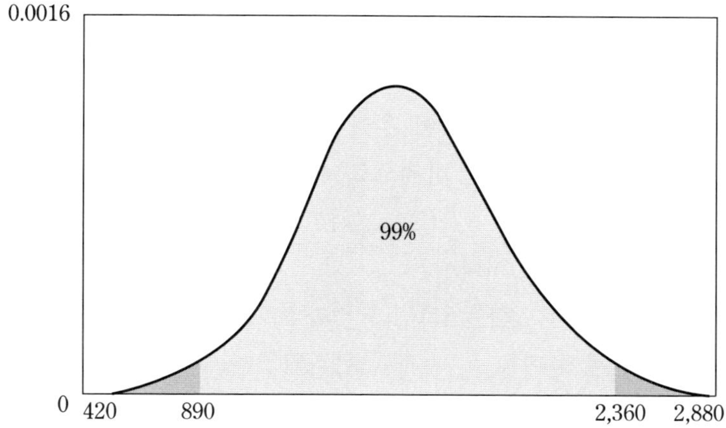

트가 아니라는 것을 보여주는 또 다른 방법인데, 왜냐하면 수익이 $420보다 작은 경우가 없기 때문이다. [그림 9-7]은 [그림 9-5]의 히

스토그램에 적합시킨 곡선이다. 조정된 밀도는 예를 들어 잠재적 순현재가치의 99%가 양의 이윤(890; 2,360)의 범위 내에 있고 음의 결과를 갖는 것은 사실상 0의 확률이라는 것을 보여준다.

우리는 이 프로젝트에서 손실의 가능성을 배제해야 하나? 만일 아파트에 대한 투자를 나타내기 위해 우리가 사용한 모형이 적절하고 변수의 행태를 반영한다면 답변은 예이다. 위험 분석 소프트웨어는 이용자로부터 받는 투입물로 작동하지만 현실적인 행태의 모형과 부적절한 가정에 기초한 모형 간에 구별을 할 수 없다.

우리의 예에서 위험 변수에 관한 주요 가정은 전년도에 무슨 일이 일어났는지에 상관없이 수요는 매년 확률변수라는 것이고 임대된 아파트의 수는 건설된 150채 가운데 125채보다 작을 수 없고 이 가운데 최저값과 최고값을 포함하여 어떤 수도 동일하게 가능하다는 것이다.

모형의 가정의 중요성을 설명하기 위해 우리가 이 장의 앞부분에서 한 것처럼 수요는 125와 150의 한계 내에서 첫째 해에만 확률적이고 일단 첫 해에 x의 값이 추출되고 나면 나머지 연도 동안 일정하게 유지된다고 하자. 만일 이것이 우리가 모형화하려는 실제 세상을 나타내는 가정이라면 결과는 극적으로 바뀐다. 비록 평균은 동일하지만($1,625) 최소 및 최대 *NPV*는 변하고(−$250과 $3,500) 표준오차는 $1,125(앞의 경우 $291)이다.

결과의 현저한 변화는 [그림 9-8]과 [그림 9-9]에 나와 있는데 그것은 앞의 결과에 비해 두 가지 근본적인 차이를 보여준다. 첫째, 프로젝트는 더 높은 수익($3,500의 *NPV*는 평균과 거의 같은 가능성)의 가능성을 보여주고, 둘째, 결과의 가변성이 증가한다(손실의 가능성을 포함: −$250은 범위 내의 어떤 다른 값과도 동일한 가능성).

예상한 바와 같이 동일 자료가 수요의 행태에 대한 가정에 따라 다른 결과를 가져온다. 이전의 분석으로부터 우리는 가능한 한 변수

[그림 9-8] *NPV*의 확률밀도함수(프로젝트의 전 생애에 대한 수요의 균등분포)

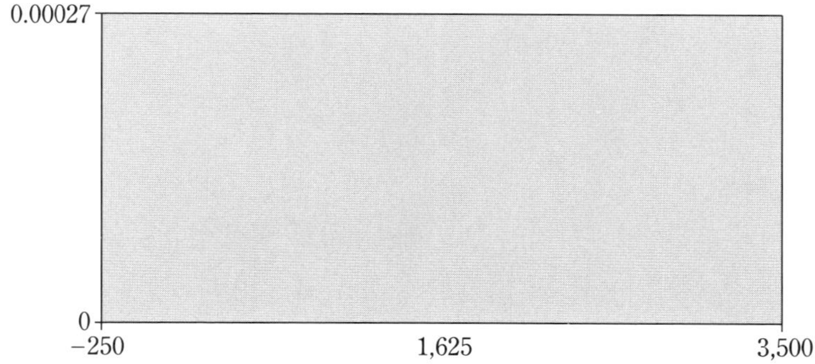

[그림 9-9] *NPV*의 누적확률분포(프로젝트의 전 생애에 대한 수요의 균등분포)

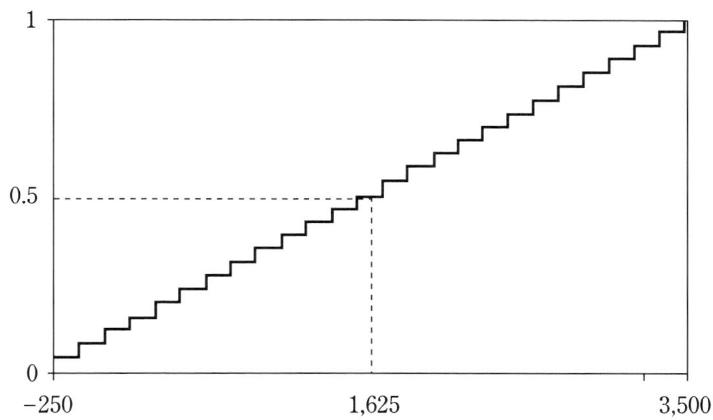

의 실제 행태를 가깝게 반영하는 일관된 모형을 개발하기 위한 노력의 중요성을 감지할 수 있는데, 왜냐하면 그러한 행태를 틀리게 모형화한 결과는 평가 결과에 결정적 영향을 미칠 수 있기 때문이다. 이

모형화는 의사결정자로 하여금 가능한 결과와 그들 각각의 확률을 가지고 작업하게 하지만 그것의 타당성은 모형이 얼마나 잘 현실 세계를 나타내는지에 달려 있다.

때때로 이 정보는 프로젝트의 바람직함에 대한 결정을 하기에 충분하다. 다른 경우에는 단일 결정규칙으로는, 특히 프로젝트들을 비교할 때 아무 것도 결론내릴 수 없다. 이제 우리는 결정이 '채택 또는 기각'이거나 '두 상호배타적인 프로젝트에서의 선택'일 때 유용한 위험 분석의 결과를 이용한 몇 가지 가능성을 볼 것이다.

1. 불확실성하의 결정기준

(1) 프로젝트의 채택 또는 기각

만일 한 프로젝트를 채택하느냐 또는 기각하느냐를 결정하는 것이고 NPV의 확률분포가 어떤 양의 값도 보여주지 않는다면 기준은 NPV가 음의 값인 결정적 변수들로 평가하는 경우와 동일하다. 프로젝트를 기각한다.

NPV 확률분포의 모든 값들이 양일 때 원칙적으로 기준은 프로

[그림 9-10] 채택-기각

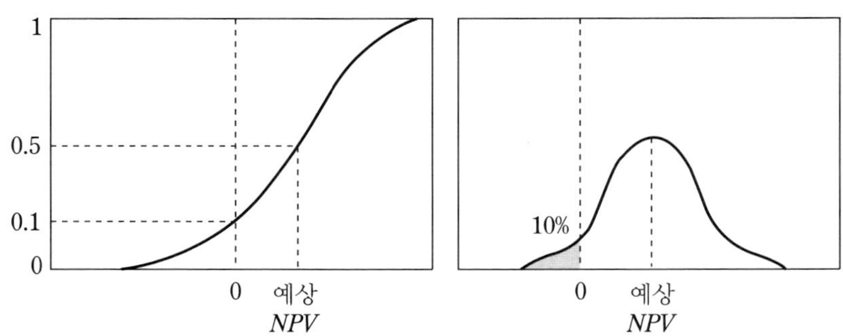

젝트를 채택하는 것이다. 프로젝트의 궁극적인 채택은 재무적 결과도 역시 양의 값이어야 한다는 것을 필요로 하는데, 왜냐하면 만일 재무적 *NPV*가 음이거나 또는 음의 결과가 될 가능성이 높다면 결정은 예산제약에 달려 있을 것이기 때문이다.

사회적 *NPV*의 기대치가 양이고 재무적 결과가 수용 가능할 때 만일 의사결정자가 위험중립적이라면 프로젝트는 채택되어야 한다. 그러나 결정적 값의 상황과 달리 우리는 이제 음의 결과가 나타날 확률([그림 9-10]에서 10%)을 알고 따라서 예산제약의 존재와 의사결정을 하는 사람들의 위험에 대한 태도에도 의존하는 결정을 하기 위한 추가적 정보를 가지고 있다. 사회적 *NPV*의 예측할 수 있는 악화가 받아들일 수 있는 수준을 넘지 않는다는 전제하에 다른 가격정책, 수용능력 규모, 서비스 수준 등등을 조사하는 것은 프로젝트의 사회적 및 재무적 수익성 간 균형을 증진시키는 방법이 될 수 있을 것이다.

(2) 프로젝트 간의 선택

두 대안적 프로젝트 *A*와 *B* 간에 선택하기 위한 기본적 기준은 확률밀도함수가 다른 것에 비해 분명한 우월성을 보여주는 프로젝트

[그림 9-11] 밀도함수들이 교차하지 않음

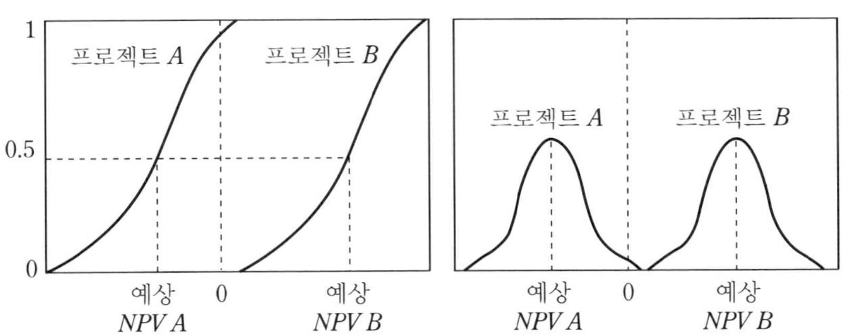

를 선정하는 것이다. [그림 9-11]에서 각각의 확률분포는 교차하지 않고 한 프로젝트가 다른 프로젝트에 비해 분명히 우월하다. 심지어 이 유리한 상황에서도 예산제약이 존재하는 경우 재무적 결과가 양인지(또는 만족할 만하게 높은 양의 확률을 가지고 있는지) 점검할 필요가 있다는 것을 기억해야 한다.

[그림 9-12]에서와 같이 두 프로젝트의 누적밀도함수는 교차하지 않지만 밀도함수는 교차하는 경우가 있을 수 있다. 이 경우 선택은 재무적 결과에 크게 의존할 수 있다. [그림 9-12]에서 프로젝트 B는 프로젝트 A보다 선호되는데, 그 이유는 그것이 더 높은 기대치를 가지고 있고 더욱이 확률밀도함수에 음의 값이 없기 때문이다. 그러나 만일 재무적 결과가 중요하고, A가 양의 재무적 결과를 가지고 B는 음의 결과를 가진다면 A가 B보다 선호될 수 있다.

누적밀도함수가 교차하는 두 프로젝트의 경우를 보자. 어떤 프로젝트가 선정될 것인가에 대한 결정은 앞의 경우와 같이 사회적 NPV, 재무적 결과 그리고 위험 수준에 달려 있다.

[그림 9-13]에 나타난 두 프로젝트 간 선택하는 첫 번째 기준은 어떤 프로젝트가 더 높은 예상 사회적 NPV를 갖는지 점검하는 것이

[그림 9-12] 밀도함수들이 교차함

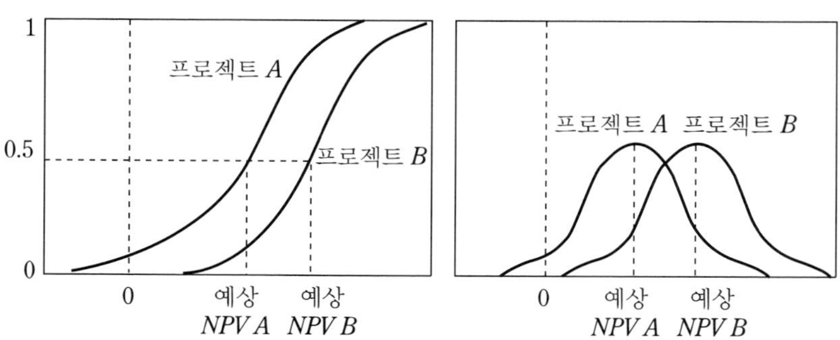

[그림 9-13] 누적밀도함수들이 교차함

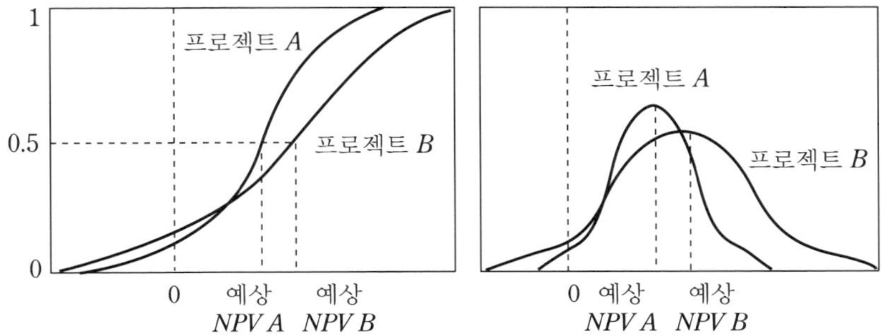

다. [그림 9-13]이 보여주듯이 프로젝트 B는 프로젝트 A보다 더 높은 예상 NPV를 가지고 있다. 만일 두 프로젝트 모두 재무적 NPV가 양이라면 프로젝트 B의 경우 음의 값의 더 넓은 범위와 누적확률과 의사결정을 하는 공공기관의 위험기피로 인해 프로젝트 A를 더 매력적으로 만들지만 않는다면(작지만 덜 위험한 예상 NPV) 프로젝트 B가 선호된다.

프로젝트 A의 재무적 NPV가 양이고 프로젝트 B는 음일 때 예산제약이 존재하는 상황에서 A를 선택하는 것이 더 선호된다. 만일 이에 더하여 [그림 9-13]에서와 같이 프로젝트 A와 관련된 위험이 더 작다면 프로젝트 A가 더욱 선호된다.

두 프로젝트 모두 재무적 NPV가 음이고 예산제약이 존재할 때 최상의 옵션은 사회적 NPV가 가격수준, 수용능력 설계, 서비스의 수준 등등의 변화에 어떻게 영향을 받는지 보는 것이다. 사회적 NPV의 감소와 재무적 성과의 증진 간에는 상충관계가 존재한다.

요점 정리

- 불확실성은 어떠한 프로젝트에도 흔한 것이어서 프로젝트의 경제적 평가는 결과의 가변성을 다루어야 한다. 위험기피적인 사람들에게 기대치는 위험 비용을 무시하는 것이다. 사람들은 만일 그렇게 함으로써 결과의 변화 가능성을 피한다면 기대치보다 작은 금액을 수용할 의사가 있다. 이리하여 영향을 받는 사람들 집단에 대한 편익과 비용의 평가는 위험 비용을 감안하기 위한 조정이 필요하다.
- Arrow-Lind 정리에 따르면 공공부문은 기대치에 따라 결정을 해야 한다. 이 제안의 이론적 근거는 프로젝트의 결과가 다수의 참여자(납세자)들 간에 나누어질 때 기대치와 확실등가 간의 차이는 0에 수렴하므로 위험 비용이 0에 수렴한다는 위험 분산 개념에 기초한다.

  그럼에도 불구하고 구체적 개인 집단이 부담하는 비용의 경우 확실등가가 계속 올바른 접근법이다.
- 비록 공공부문은 위험중립적으로 간주될 수 있고 그 결정을 기대치에 기초하지만 위험 분석을 통해서 얻은 정보는 도움이 된다. 좋고 나쁜 결과의 확률에 대한 정보는 의사결정자로 하여금 프로젝트의 예상 성과와 그 결과에 대한 보다 완벽한 그림을 가능하게 한다.
- 채택-기각 또는 프로젝트 간의 선택 유형의 결정은 거의 사회적 NPV에만 배타적으로 기초할 수 없다. 재무적 NPV는 최종 결정을 하는 데 유익할 수 있다. 대개 우리는 재무적 가능성을 대가로

더 낮은 사회적 NPV를 갖는 상충관계에 직면해야 한다.

- 위험 분석을 위해 이용 가능한 최선의 소프트웨어는 우리가 평가하기를 원하는 경우를 나타내는 좋은 모형을 가질 필요성을 제거하지 않는다.

CHAPTER 10

응 용

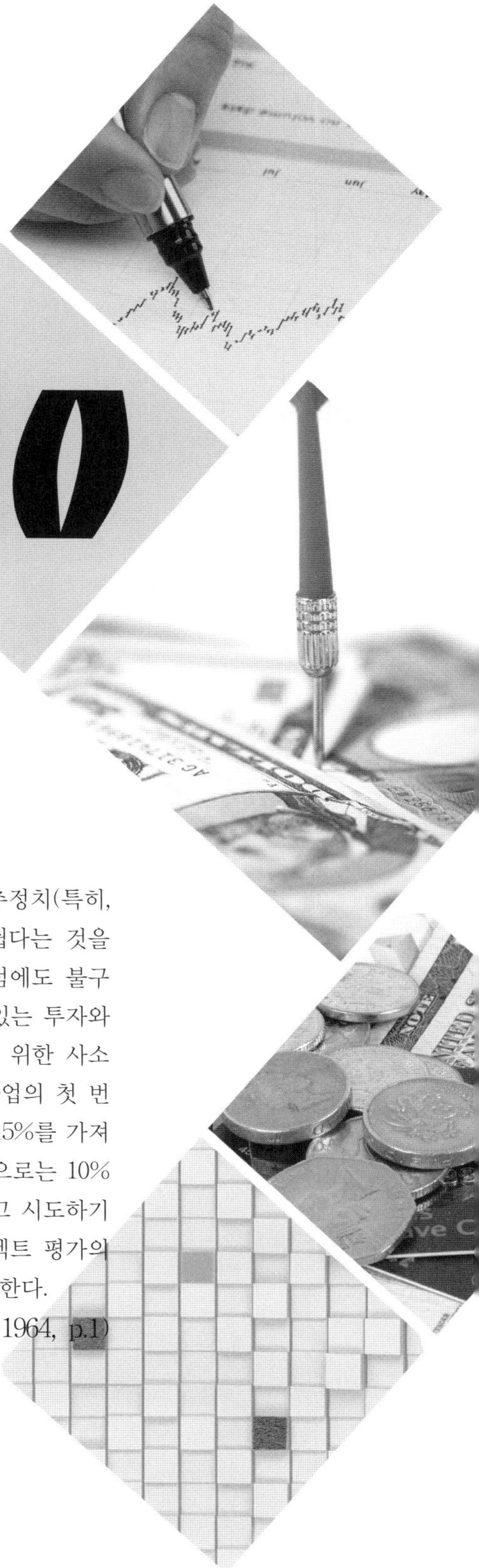

… 미래의 비용과 편익에 대한 우리의 추정치(특히, 후자)가 불가피하게 큰 폭의 오류를 갖기 쉽다는 것을 당연하게 여겨야 한다고 나는 생각한다. 그럼에도 불구하고 1년에 10.5%의 예상수익을 가져올 수 있는 투자와 단지 10%를 가져오는 것을 정확히 차별하기 위한 사소한 것에 집중하는 것은 그리 타당치 않다. 사업의 첫 번째 규칙으로 우리는 10%의 투자와 5% 또는 15%를 가져오는 투자를 구별할 수 있기를 원하고, 한편으로는 10%의 수익과 9% 또는 11%의 수익을 구별하려고 시도하기 위해 우리가 심각하게 직면할 수 있는 프로젝트 평가의 많은 문제들을 해결할 날을 희망적으로 기대한다.

(Arnold C. Harberger, 1964, p.1)

제1절 서 론

이 장은 앞에서 도출된 기준과 규칙을 적용하는 것이 그 내용이다. 이 책에서 우리는 광범위한 의미에서 프로젝트의 사회적 수익성을 추구하는 일련의 합리적 지름길로서 비용-편익분석에 접근하였다. 비용-편익분석에 대해 다수의 가능한 후보들이 존재한다.

수송 사회기반시설의 경제적 평가는 10장 2절과 3절의 내용이다. 고속철도 사회기반시설에 대한 투자는 비용이 많이 들고 비가역적이며 비용과 수요 불확실성이 존재한다. 고속철도의 비용-편익분석은 주요 편익이 창출된 여행에 대한 지불의사액, 정체의 감소, 질의 증가, 시간절약 등이어서 도로나 항만 또는 공항의 평가와 유사하다. 그것은 주요 어려움 없이 비용-편익분석 구조 안에서 분석될 수 있는 전형적 투자이고 실용적인 접근법은 여타 사회기반시설에도 일반화될 수 있다.

논란이 되는 정책은 공적자산의 판매 또는 전 세계적으로 광범위하게 적용되듯이 계약 협정에서 확립된 조건에 따라 공공부문이 미리 정해진 기간 동안 공공 서비스의 제공을 민간부문에 양허하는 양허계약을 통한 공기업 소유권의 변동이다. 4절에서는 공기업의 민영화에 적용하기 쉬운 기본 모형이 제시되고 5절에서는 물 공급 양허계약에 적용이 된다. 분석 구조는 가격의 평가나 품질의 규제에 적용 가능하다.

6절의 내용은 적용은 아니지만 비용-편익분석의 적용에 결정적인 인센티브의 중요성이다. 이것은 비록 정보에 근거한 의사결정을 위한 도구로서 비용-편익분석의 성공에 필수적이지만 프로젝트의 경제적 평가에서 충분한 주목을 받지 못한 토픽이다. 제도 및 계약 디자인에서의 인센티브의 중요성이 간과된다.

우리가 제도적 맥락과 내재된 기관의 상충되는 목적함수를 이해하지 못한다면 사전적 평가는 공허한 관료주의적 절차일 수 있다. 만일 우리가 비용-편익분석을 합리적 의사결정을 위한 경제적 도구가 아니라 쓸모없는 행정적 절차로 전환되는 것을 피하고자 원한다면 민간 참여를 위한 계약 메뉴의 함축성은 물론 대개 주요 프로젝트와 정책에 개입된 정부의 상이한 수준에 대한 이해는 기본적인 단계이다.

제 2 절 투자 프로젝트: 사회기반시설의 경제적 평가

고속철도에 대한 투자는 고품질과 속도에 가치를 매기는 직접 이용자들과 그것을 통합을 위한 도구와 도로와 공항에서의 정체 감소를 위한 도구로 여기는 정부, 운송수단 가운데에서 교통의 분배에서 철도의 하락하는 시장점유 맥락에서 부활의 길로 여기는 철도 당국, 그리고 그것이 가지고 있는 사업규모면에서 철도 장비를 생산하는 기업들의 지지를 받았다.

고속철도라 알려진 기술의 도입은 1시간에 350km로 열차가 움직이는 것을 가능하게 하는 기초 구조와 차량으로 구성되어 있는데, 철도 수송의 부활을 초래했다. 산업의 선전과 고속열차의 신화는 별개로 하고 이 기술은 400-600km의 거리에서 도로와 항공수송과 경쟁하는데 대개 철도가 주요 수송수단이다. 단거리 여행의 경우 민간 승용차가 시장점유를 회복하고 장거리 여행의 경우 항공이 지배적 수송수단이다.

고속의 근본 문제는 기술적인 것이 아니라 경제적인 것이다. 고속철도 구조의 비용은 강한 불가분성과 연관된 매몰비용으로서 매우 높다(구조의 규모는 사실상 기존 수요의 규모와 상관없이 하나의 노선에 대해 동일하다). 낮은 수송밀도를 갖는 노선에서는 승객 1인당 비용은 매우 높아서 재무적 안정성을 달성할 수 없게 만든다.

고속철도 구조의 투자비용이 전통적인 기차가 필요로 하는 것보다 훨씬 크고 그것의 이용은 대단히 현저한 평균비용 감소와 연관되기 때문에 인구밀도가 대개 투자의 재무적 및 사회적 가능성을 결정한다. 이 절에서 우리는 고속철도 투자를 평가하기 위한 단순한 모형을 제시한다. 지역 결합과 지역 발전에 있어서의 그것의 역할에 대한 정치적 과장과 시장점유와 상관없이 우리는 다음 질문을 답하고자 한다. 사회는 고속철도의 사회적 비용을 지불할 의사가 있는가?[1)]

1. 고속철도 투자의 비용-편익분석: 기본 구조

비록 고속철도 구조를 건설하는 것의 영향은 많지만 첫 번째 직접적 영향은 여행시간의 감소(동시에 여행의 질을 증진)이고 교차효과가 유의할 때 도로와 항공의 정체 감소이다.

전통적인 철도 네트워크의 포화로 수송능력 확장이 요구되는 경우 새로운 고속철도의 건설은 전통적인 네트워크의 개선과 확장에 대한 대안이면서 수송능력을 갱신하는 추가적 편익을 갖는 것으로 평가되어야 한다. 분명히 해당 노선의 수요가 기존의 수요능력을 초과할 때 추가적인 수용능력은 가치가 있다. 이러한 상황에서 추가적인 수용능력은 고속철도가 운행되는 도시 간의 교통의 성장을 흡수할 뿐만 아니라 교외 거주자 또는 화물운송 등과 같은 다른 수송에 응하기 위해 기존 노선에 대한 수용능력을 갱신하기 때문에 가치가 있을 수 있다.

유발된 수송은 이용자들에게 직접적인 편익인데, 이것은 일반적으로 '반의 법칙'(2장 참조)에 따라 기존 이용자들의 편익의 절반으로

---

1) 보다 상세한 분석은 de Rus(2008, 2009), de Rus and Nombela(2007) 참조.

가치가 매겨진다. 그러나 이 유발된 수송이 전통적인 비용-편익분석에서 포착되지 않는 더 큰 경제적 편익을 포함하고 있는지 여부에 대한 논란이 존재한다. 여가 여행이나 사업상의 여행은 비록 그것이 경제활동의 진정한 확장인지 또는 직장과 이전의 경제활동의 단순한 재배치인지 구별하는 것이 중요하지만 항선지에 편익을 준다.

이러한 이슈에 대한 논란은 이러한 변동이 추가적인 경제활동인지 혹은 이전에 존재한 활동의 단순한 재배치인지에 초점이 맞추어진다. 그 밖에 일반적으로 많은 간접적 편익이 고속철도에만 배타적이 아니라 일반적인 수송 사회기반시설과 연관되어 있어서 설령 그것들이 수송에 대한 투자의 사회적 수익을 증가시킬지라도 그것들은 반드시 고속철도를 다른 수송 투자 옵션보다 더 나은 입장에 올려놓는 것은 아니다. 더욱이 왜곡되지 않은 경쟁 시장에서 이론은 우리에게 정체의 한계변동의 순편익은 0이라고 알려준다.

공간적 영향에 관해 고속철 노선은 중심 위치에 유리한 경향이 있어서 만일 목표가 중심도시를 재생하는 것이라면 고속철 투자는 유익할 수 있다. 그러나 만일 침체된 지역이 주변 지역이라면 영향은 음일 수 있다. 고속철은 또한 불완전경쟁의 영향을 감소시키고 집적의 외부편익이 존재하는 주요 도시중심에 직장의 입지를 촉진함으로써 시장의 확장과 규모의 경제의 이용을 가능하게 한다(Graham, 2007). 이들 효과의 어느 것도 서비스 산업의 경우 나타날 가능성이 높다(Bonnafous, 1987)(3장 참조).

고속철 투자의 환경 영향은 두 가지 방향을 향하는데, 그 중 하나가 항공 및 도로교통의 감소이다. 그러한 경우 비록 이들 수단으로부터 승객들의 의미 있는 이탈이 필요하다는 것을 우리가 잊어서는 안되지만 이 수송수단의 음의 외부효과를 줄이는 기여는 양이 될 수 있다. 더욱이 이 수송능력의 이용은 충분히 커서 소음 공해는 물론 고속철이 소비하는 전력의 생산과 연관된 오염을 상쇄하기에 충분해야 한다. 철로 시설 또한 건설과 뒤이은 유지 및 운영에 필요한 접근도로를 위해 점유된 토지뿐만 아니라 장벽효과와 같은 음의 환경 영향을 가지고 있다. 이들 영향의 순균형은 영향을 받는 지역의 가치, 영향을 받는 사람들의 수, 전환된 수송의 편익 등에 달려 있다(Nash, 2009).

고속철의 사회적 수익성의 평가는 우리가 이 공적 활동을 고정된 구조와 전문화된 차량에 대한 투자로 여기도록 요구하는데, 이것은 운영을 위해 유지, 에너지, 자재와 노동, 그리고 수요의 규모에 달려 있는 몇몇 고정된 기타 비용들을 초래한다. 초기 투자와 연간 비용은 우리로 하여금 구조의 생애동안 편익의 흐름을 얻을 수 있게 한다.

철도구조를 건설하는 비용과 뒤이은 유지 및 운영비용은 다음과 같이 단순한 형태로 표현될 수 있다.

$$TC = I_0 + \sum_{t=1}^{T} \frac{(C(x_t) + C_t)}{(1+i)^t} \tag{10.1}$$

여기서 TC는 총비용, I_0는 연도 0의 투자비용, $C(x_t)$는 x_t에 의존하는 연간 운영비용, C_t는 연도 t의 연간 고정된 유지 및 운영비용, T는 프로젝트 생애, i는 사회적 할인율, x_t는 연도 t의 승객 여행수이다.

단순화를 위해 우리는 여기서 고속철 투자의 편익은 시간절약과 품질의 증진에 한정된다고 가정한다. 간접적 효과와 환경영향의 순균형은 관계가 없는 것으로 간주한다.

고속철에 대한 투자는 만일 편익이 비용을 능가하면 사회적으로 이득이 될 수 있는데, 이는 식 (10.2)가 0보다 커야 되는 것을 말한다.

$$NPV = -I_0 + \sum_{t=1}^{T} \frac{(B(x_t) - C(x_t))(1+\theta)^{t-1} - C_t}{(1+i)^t} \tag{10.2}$$

여기서 $B(x_t)$는 연간 편익이고 θ는 연간 순편익의 연간 성장률이다.

고속철 구조에 영향을 미치는 불가분성을 전제할 때 I_0와 C_t의 값은 (주어진 노선 길이에 대한) 수요의 크기에 그다지 민감하지 않다. 이 모수의 값이 크면 클수록 양의 NPV에 도달하기가 더 어렵다. 이것은 비록 가변비용이 수요 크기에 달려 있다고 하더라도 가변비용에도 적용된다. 따라서 핵심은 주어진 T에 대해 편익이 프로젝트의 생애동안 이용자 수에 의존한다는 것이다. 수요 수준(초기 규모와 그것의 성장률)은 식 (10.2)에서 사회적 수익성 조건을 만족시키는 기초 결정인자로 보인다.

수요의 중요성은 [그림 10-1]로 설명될 수 있는데, 이것은 고속철의 평균비용(AC)과 한계비용(MC)의 함수로 나타나고 총비용함수는 $C=K+cx$인데 여기서 K는 연간 고정비용, c는 1년당 승객 여행수(프로젝트의 생애동안 일정)이다. 그래프는 두 개의 수요곡선을 보여주는데, D_1는 인구밀도가 낮은 나라의 곡선이고, D_2는 인구밀도가 높

[그림 10-1] 고속철의 수요, 비용과 사회적 편익

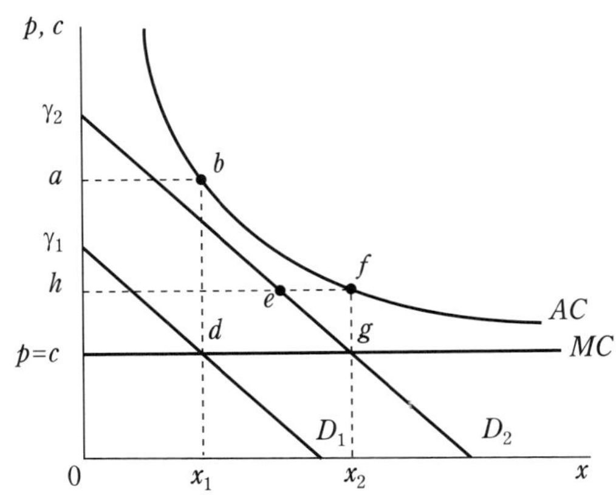

은 나라의 곡선이다(두 나라 모두 1인당 소득수준은 동일하다고 가정).

가격이 한계비용과 같다고 가정하면 두 나라 모두 수입은 총비용보다 작아 재무적 안정성을 보장하기 위해 공적 자금조달이 요구된다. [그림 10-1]에서 고정비용은 충당되지 않는다. 그러나 두 프로젝트의 비용-편익분석은 대단히 상이한 사회적 수익성을 보여준다.

고수요 국가의 경우(D_2) 수입은 cgx_20으로 단지 가변비용만 충당되고 손실은 면적 $hfgc$로 표시되는데, 연간 고정비용을 나타낸다. 그러나 개인들의 지불의사액은 철도의 비용을 능가하는 면적 γ_2gx_20인데, 이것은 사람들에게 고속철의 총가치(간접적 효과나 외부효과 또는 여타 왜곡이 없다고 가정)로서 가변비용 cgx_20가 충당되도록 한다. 이에 따라 소비자잉여 γ_2gc(우리는 수용능력에 대한 지불의사액이라 부를 수도 있다)는 그 수용능력의 비용 $hfgc$를 능가하는데, 왜냐하면 γ_2eh가 efg보다 크기 때문이다. 재무적 결과가 음인 데도 불구하고 경제적 결과는 양이다. 이 경우 고속철도 시설은 사회후생을 증가시킨다.

저수요 국가의 경우(D_1) 재무적 결과는 음이고 면적 $abdc$와 같다. 그러나 고수요 국가와 달리 프로젝트의 편익으로 소비자잉여를 포함시키는 것은 양의 결과를 허용하지 않는다. 이 나라에서 수용능력에 대한 지불의사액(γ_1dc)은 수용능력의 비용($abdc$)보다 작다. 경제적 평가는 연간 사회적 손실이 면적 $abd\gamma_1$과 같다는 것을 보여주어 결론은 수요 D_1을 갖는 국가는 고속철 시설을 건설하지 말아야 한다는 것이다.

사회기반시설 건설의 바람직함에 관한 결정이 의거하는 가정들을 여기서 상기할 가치가 있다. 첫째는 여타 적절한 영향이 없다는 것이고 둘째는 소요되는 공적자금의 기회비용을 증가시켜 사회적 수익을 감소시키는 예산제약이 없다는 것이며, 셋째는 우리는 한 프로젝트를 별도로 평가하는 것이고 결정은 '채택-기각' 형태이어서 $NPV > 0$

은 프로젝트를 채택하는 충분조건이며, 넷째는 효율성이 유일한 결정 기준이라는 것이다.

제 3 절 고속철의 비용-편익분석: 예시

중간역 없이 500km의 새로운 고속철 노선에 대한 투자 프로젝트를 생각해 보자. 이 노선은 전통적인 기차, 도로 및 항공이 운영되는 노선에 건설될 것이다. 프로젝트의 수명은 30년이다.

투자비용은 프로젝트의 초기 연도(연도 0)에 45억 달러에 이르고, 잔존가치는 0이고 고속철의 평균가변비용은 일정하고 승객 여행수당 $45이다. 고속철 승차권 가격은 $55로 정해져 있다. 전통적인 기차, 자동차, 비행기의 평균비용은 모두 일정하고 각각 $36, $50, $90이며 세 경우 모두 가격은 평균비용과 같다. 각 교통수단에 대한 여행의 일반화 가격은 $g_i = p_i + \nu_i t_i$($i=$기차, 자동차, 비행기)로 주어져 있다. 각 수단의 여행시간 t_i와 시간의 가치 ν_i는 〈표 10-1〉에 열거되어 있다.

〈표 10-1〉에서의 시간의 가치는 각 수단을 이용하는 모든 사람들에게 동일하고 그것은 소득과 동일한 비율로 매년 증가한다. 이자율은 사회적 할인율(5%)과 같다. 모든 값들은 실질값으로 표현된다.

프로젝트에 대한 수요의 크기에 대하 불확실성이 존재한다. 이리

〈표 10-1〉 여행시간과 시간의 가치(노선 길이: 500km)

	고속철도	전통적 철도	자 동 차	항 공
총여행시간 (십진법으로)	2.67	6.67	5.30	2.58
시간의 가치($) (연도 $t=1$)	-	10	10	20

하여 예시적 목적으로 미래의 수요를 예측하는 데 우리는 두 가지 시나리오를 생각하기로 한다. 첫 번째 시나리오는 비관적인 것으로 프로젝트의 첫 해 동안 연간 300만의 여행수를 가정하는 것인 반면, 두 번째는 낙관적으로 첫 해에 600만의 여행수를 가정한다. 우리는 소득에 대한 수요의 탄력성을 1.2로, 소득의 성장률을 2.5%로 가정한다.

2장에서 우리는 비용-편익분석을 수행하는 두 가지 동일한 접근법에 대해 논의하였다. 첫째는 사회 구성원들의 잉여의 변동을 더하는 것이고, 둘째는 시간절약, 유발된 교통의 편익, 회피된 사고의 비용과 비용의 변동을 계산하는 것이다. 우리는 여타 편익이나 비용이 존재하지 않는다고 가정한다.

1. 사회적 잉여의 변동

첫 번째 절차를 따르면 우리는 다양한 사회 구성원들의 잉여를 더해야 한다. 첫째는 고속철로 바꾼 다른 교통수단 이용자들의 각 집단에 대해 별도로 계산된 일반화 가격(돈 더하기 시간)으로 표현된 사용자 이득이다. 고속철의 도입은 <표 10-2>에 나타난 것과 같이 일반화 가격의 변동을 뜻한다.

승객 여행당 일반화 가격의 변동에 대한 이 자료로부터 우리는 고속철 이용자들에 대한 편익을 평가할 수 있다. 이전에 우리는 유발된 승객 여행과 교통수단을 변경한 승객 여행(그들의 소비자잉여는 일반화 가격의 차이로 얻어진다)[2)]을 구별해야 한다. 후자의 경우 고속철의 도입으로 유발된 소비자잉여의 증가는 수요곡선과 가격과 수량의 차이로 경계가 된 삼각형의 면적과 같다. 편익은 프로젝트가 있을 때와 없을 때의 일반화 비용의 차이의 절반에 일반화된 승객 여행수를

2) 교통수단을 바꾼 각 이용자 집단 내에서 시간절약은 동일한 것으로 가정된다.

〈표 10-2〉 교통수단을 바꾼 승객들의 일반화 가격의 변동(첫 해)

	원래 수단의 일반화 가격(1)	그속철의 일반화 가격(2)	차이: (1)-(2)
전통적 기차	36+6.67×10=102.7	55+2.67×10=81.7	21.0
자 동 차	50+5.30×10=103	55+2.67×10=81.7	21.3
항 공 기	90+2.58×20=141.6	55+2.67×20=108.4	33.1

〈표 10-3〉 첫 해 이용자들의 편익(저수요) (단위: $)

	교통수단을 바꾼 수요집단의 이용자 편익	유발된 수요집단의 이용자 편익	총 편 익
전통적 기차	1,500,000×21 =31,500,000	0.5×648,000×21 =6,804,000	38,304,000
자 동 차	300,000×21.3 =6,390,000	0.5×126,000×21.3 =1,341,900	7,731,900
항 공 기	300,000×33.2 =9,960,000	0.5×126,000×33.2 =2,091,600	12,051,600
합 계	47,850,000	10,237,500	58,087,500

곱한 것으로 계산된다.

〈표 10-3〉은 저수요 시나리오(300만의 승객 여행수)에 대해 상이한 수단으로부터 오는 이용자들과 유발된 교통(고수요 경우와 동일한 비율로 가정)과 이 이용자들이 첫 해에 얻는 편익을 보여준다.

프로젝트의 첫 해에 비용과 편익은 다음과 같다.

- 시간절약과 유발된 교통: 58,087,500
- 사고의 감소: 1,800,000
- 수입: 55×3,000,000=165,000,000
- 운영비용: 45×3,000,000=135,000,000

〈표 10-4〉 프로젝트의 사회적 및 재무적 편익(100만 달러, 할인된 값)

	저 수 요 q=3,000,000	고 수 요 q=6,000,000
시간 절약과 유발된 교통	2,013	4,027
사고 감소	37	37
수 입	3,617	7,233
운영비용	−2,959	−5,918
사회기반시설 비용	−4,500	−4,500
사회적 NPV	−1,792	879
재무적 NPV	−3,842	−3,185

주: 프로젝트 수명=30년; 소득의 성장률=2.5%; 할인율=5%; 소득-수요탄력성=1.2; 소득-시간가치 탄력성=1; p=55.

두 수요 시나리오에 대해 프로젝트 전체에 대해 얻은 결과가 〈표 10-4〉에 나와 있다.

2. 지불의사액과 자원의 변동

프로젝트의 NPV를 계산하는 두 번째 접근법은 이전은 무시하고 지불의사액과 자원의 변동에 초점을 맞추는 것이다. [그림 10-2]는 저수요 시나리오에서 전통적인 기차의 경우 기존 이용자들의 시간절약의 편익(진하게 표시된 면적)을 보여준다.

[그림 10-2]에서 유발된 여행의 편익은 흐리게 표시된 면적으로 나타난다. 이 유발된 교통에 대해 편익은 새로운 여행에 대한 지불의사액(648,000의 유발된 여행 구획에서 수요곡선 밑에 있는 면적)에서 그 여행에 지출된 시간의 가치(이 여행에 참여하는 운영비용은 그림에 나타나 있지 않는데, 이것은 유발된 교통의 편익을 얻기 위해 공제되어야 한다)를 뺀 값으로 계산하여 얻을 수 있다.

이와 유사하게 기존 승객들의 여행과 새로운 승객들의 여행을 별

[그림 10-2] 고속철의 편익(전통적인 기차 이용자들)

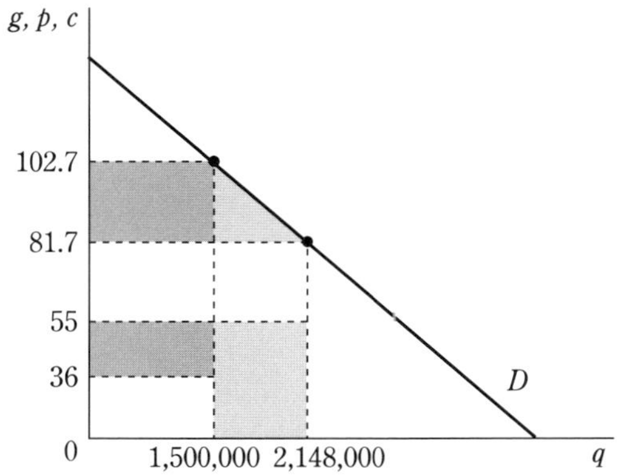

도로 고려하여 도로 및 항공수송에 대한 계산이 이루어진다. 이렇게 얻은 편익에 대해 교통량이 줄은 교통수단의 비용감소와 사고 회피에 따른 편익에 기인한 편익들이 더해져야 한다. 마지막으로 사회적 *NPV*를 얻기 위해 프로젝트의 비용이 공제되어야 한다. 이 대안적 접근법을 이용하여 얻은 결과는 〈표 10-5〉에 나와 있다. 우리가 볼 수 있듯이 두 접근법에서 사회적 *NPV*는 동일하다.

이 평가로부터 도출되는 결론은 이 프로젝트는 저수요 시나리오에서는 사회적으로 가치가 있지 않다는 것인데, 왜냐하면 사회적 *NPV*와 재무적 *NPV*가 모두 음의 값이기 때문이다. 이와 대조적으로 고수요 시나리오에서는 비록 재무적 *NPV*는 계속 음의 값이지만 사회적 *NPV*의 결과는 변해 양의 값이 된다. 고수요인 경우에도 이 프로젝트는 수입이 비용을 충당하지 못하므로 재무적으로 수익성이 없어서 민간부문은 보조가 없이는 운영될 수 없을 것이다. 그럼에도 불구하고 사회적 견지에서 그리고 예산제약이 없는 맥락에서 시간과 비용절약, 유발된 여행과 회피된 사고로부터의 편익은 프로젝트의

〈표 10-5〉 고속철의 편익(100만 달러, 할인값)

	고 수 요	저 수 요
전환된 여행으로부터의 시간절약	2,085	4,170
기 차	1,858	3,715
자 동 차	244	488
비 행 기	−17	−33
유발된 여행의 편익	1,440	2,881
비용절약	2,105	4,209
기 차	1,184	2,367
자 동 차	329	658
비 행 기	592	1,184
사 고	37	37
투자비용	−4,500	−4,500
유지 및 운영비용	−2,959	−5,918
NPV(사회적)	−1,792	879
NPV(재무적)	−3,842	−3,185

주: 프로젝트 수명=30년; 소득의 성장률=2.5%; 할인율=5%; 소득-수요탄력성=1.2; 소득-시간가치 탄력성=1; p=55; 저수요(첫 해)=3,000,000; 고수요(첫 해)=6,000,000.

건설 및 운영비용을 능가한다.

제 4 절 정책평가: 민영화의 비용-편익분석

민영화 정책의 경제적 평가는 세 주요 요소들을 가지고 있다. 첫째, 공공부문과 민간부문 간의 비용 차이의 존재, 둘째, 회사가 운영되는 시장의 유형과 독점력을 행사할 수 있는 능력, 셋째, 판매가격 등이다.

심지어 민영화 정책이 사회에 순편익을 가져온다고 가정하더라도 이 편익은 잘 분배되지 않을 수 있다. 생산자들은 민영화로 인해 더 좋아질 수 있지만 소비자들과 근로자들은 더 나빠질 수 있다. 따라서 실제로 민영화 프로젝트를 평가하기 위해서는 수행자는 승자와 패자의 상세한 평가를 해야 한다. 이것은 형평의 이유로 또는 프로젝트가 정치적으로 수용 가능하도록 하기 위해 보상 메커니즘을 고안하는 데 필요할 것이다.

이 절에서는 기본 모형을 제시하고 공기업 또는 공공 서비스의 민영화로 사회가 이득을 보는지 또는 잃는지를 평가하는 응용을 보여준다. 민영화 모형은 엄밀한 의미에서의 민영화 또는 양허의 평가에 동등하게 적용될 수 있고 가격과 품질규제의 평가에도 역시 확장될 수 있다.

1. 민영화의 사회적 편익과 판매가격

종종 민영화의 성공은 달성되는 판매가격과 연관되어 왔다. 민영화의 재무적 측면에 대해 강조하다 보면 민간 주체 간의 거래와 달리 공적 자산의 판매의 경우 교환 후에 어떤 일이 발생하는지를 알 필요가 있다는 것을 잊게 만드는 것이 가능하다. 예를 들어 공기업의 높은 판매가격은 단지 회사의 구입자가 예상하는 독점이윤의 순현재가치를 반영하는 것일 수 있다.

출발점으로서 [그림 10-3]에 나타난 공기업의 경우로 그것을 민영화하는 프로젝트의 평가를 보자.[3)]

공기업은 가격 p_g를 부과하고 단위비용 c_g에서 생산하여 연간 이윤은 $(p_g - c_g)x_g$로서 [그림 10-3]에서 면적 p_gabc_g와 같다. 공기업일 때 변수들은 하첨자 g(정부)로 표시되고 그것이 민간의 손으로 넘어가면 하첨자 p(민간)로 표시된다.

3) 이 절에서의 기본 모형은 Jones et al.(1990)의 훌륭한 연구를 요약한 것이다.

[그림 10-3] 가격이나 비용의 변동이 없는 민영화

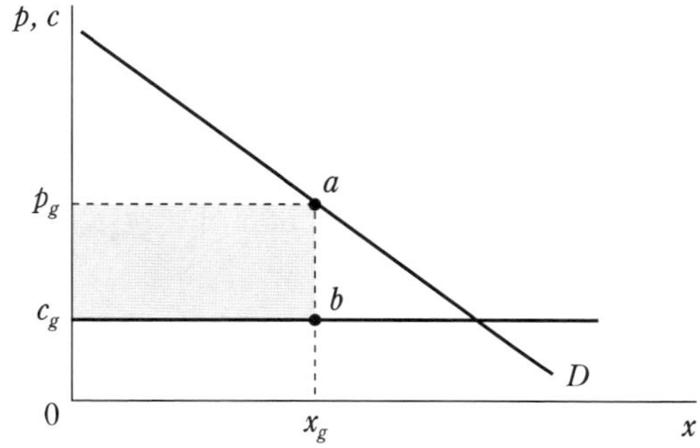

만일 가격($p_p = p_g$)이나 비용($c_p = c_g$)에서 변동이 없다면 민간 기업가는 [그림 10-3]에 표현된 공기업에 대해 최대 얼마나 지불할 의사가 있는가? 기업의 생애가 T년이고 공공부문이나 민간부문에서 할인율은 0이라고 가정할 때 민간인 손에서의 기업의 사적 가치(V_{pp})는 다음과 같이 표현될 수 있다.

$$V_{pp} = T(p_p - c_p)x_p \tag{10.3}$$

만일 기업가가 기업에 대해 V_{pp}를 지불한다면 공공부문은 기업의 생애 T년 동안 민간의 손에서 기업이 창출한 할인된 편익을 얻는다. 만일 우리가 Z를 민영화를 위해 기업가가 정부에 지불한 가격이라 하면 Z의 가능한 가장 높은 값은 V_{pp}이다.

만일 돈이 민간부문보다 정부에서 더 높은 가치를 가지지 않는 한 Z는 단순히 소득의 이전이고 따라서 정부는 Z의 값에 대해 무차별할 것이라는 것을 여기서 상기해야 한다. 이리하여 우리는 공공부문에서의 돈의 가치(λ_g)는 민간부문에서의 돈의 가치(λ_p)보다 크고 λ_p의 값은 1이고 1달러가 민간부문에서 공공부문으로 옮겨가면 이 1달러의 추가적 가치는 ($\lambda_g - \lambda_p$)라고 가정한다.[4)]

[그림 10-3]으로 돌아가서 민영화를 통해 사회적 잉여가 증가하기 위해서는 다음 조건이 충족되어야 한다.

$$\lambda_g Z - \lambda_p Z - \lambda_g T\pi_g + \lambda_p T\pi_p > 0 \tag{10.4}$$

여기서 π_g, π_p는 민영화 이전과 이후의 편익(즉 각각 공공부문과 민간부문에서)이다.

식 (10.4)는, 정부와 민간부문이 보유한 돈의 잠재가격으로 가치가 매겨진 공기업 판매로 발생한 변동을 나타낸다. 어떻게 정부가 Z를 받고 민간 구입자가 지불하는지를 볼 수 있다. 또한 정부는 판매 이전에 얻는 이윤(π_g)을 잃고 회사가 민간부문으로 이동함으로써 구입자는 π_p를 얻는다. [그림 10-3]에서 우리는 가격과 비용이 변동하지 않는다고 가정하였으므로 우리는 $\pi_g = \pi_p = \pi$라는 것을 알고 (10.4)는 다음과 같이 표현될 수 있다.

$$(\lambda_g - \lambda_p)(Z - T\pi) > 0 \tag{10.5}$$

Z는 $V_{pp} = T\pi$보다 클 수 없기 때문에 사회적 잉여를 증가시키는 필요조건은 충족될 수 없다.

[그림 10-3]에 나타난 상황에서 만일 정부가 기업을 구입자가 지불할 의사가 있는 가장 높은 가격에 판다면 민영화는 사회적 잉여를 변동시키지 않는다. 만일 기업가가 $T\pi$ 이하의 가격을 지불한다면 사회는 민영화로 손실을 보게 된다.

이제 가령 [그림 10-4]에서 보는 것처럼 민간기업이 공기업보다

---

4) $\lambda_g > \lambda_p$의 정당성은 정부가 조세를 통해 자금을 얻을 때 그것은 경제에 추가적 부담(조세의 자중손실)을 부과하므로 암묵적으로 민간부문에서보다 정부부문에서 돈에 더 많은 가치를 부여한다는 것이다. 따라서 만일 공기업의 민영화를 통해 정부가 경제를 왜곡시키지 않으면서 자금을 얻는다면 이 자금의 잠재가격은 동일한 수입을 조세를 통해 얻을 때의 왜곡을 피하는 추가적 편익을 반영해야 한다.

[그림 10-4] 비용이 감소하는 민영화

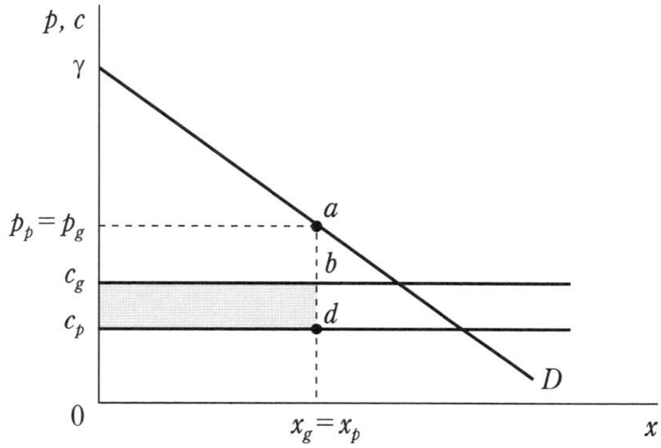

더 효율적이고($c_p < c_g$) 가격은 변하지 않는다($x_p = x_g$)고 하자. 민영화에 의해 생산자잉여는 매년 $(c_g - c_p)x_p$만큼 증가하여 민간부문에서의 기업의 사적 가치(V_{pp})는 이 금액에 T를 곱한 것만큼 증가한다. V_{pp}의 증가는 판매를 위해 선택된 절차에 따라 Z의 증가로 옮겨질 수도, 그렇지 않을 수도 있다. 명백한 것으로 보이는 것은 $T(c_g - c_p)x_p$(T 곱하기 면적 $c_g bdc_p$)는 민영화에 따른 효율성 이득이다.

공기업의 판매에 따른 사회적 잉여의 변동을 평가하기 위해 우리는 다음 식을 사용할 수 있다.

$$\Delta SS = V_{sp} - V_{sg} + (\lambda_g - \lambda_p)Z \tag{10.6}$$

$$V_{sp} = T(S_p + \lambda_p \pi_p) \tag{10.7}$$

$$V_{sg} = T(S_g + \lambda_g \pi_g) \tag{10.8}$$

여기서 ΔSS는 사회적 잉여의 변동, V_{sp}는 민간부문에서의 기업의 사회적 가치, V_{sg}는 공공부문에서의 기업의 사회적 가치, S_p는 민간기업일 때의 소비자잉여, S_g는 공기업일 때의 소비자잉여이다.

식 (10.6)은 사회적 잉여의 변동을 민간부문에서의 기업의 사회적 가치와 공공부문에서의 기업의 사회적 가치의 차이와 판매가격의 비율의 합계로 나타내고 있다. 우리는 판매가격이 민간 구입자와 정부(납세자들) 간의 소득 이전이라는 것과 정부의 손에 있는 돈이 더 높은 가중치가 부여되지 않는 한 판매가격은 후생에 영향을 미치지 않는다는 것을 잊을 수가 없다.

식 (10.7)과 (10.8)을 (10.6)에 대입하고, 가격이 일정하게 유지되는 것을 고려하면 $S_g = S_p = S$(면적 $\gamma a p_g$)이고 기업은 구입자가 지불할 의사가 있는 최대값에 팔린다는 것을 가정하면($Z = V_{pp} = T\pi_p$), 우리는 잉여의 형태로 민영화의 사회적 편익을 얻는다.

$$\Delta SS = T(S + \lambda_p \pi_p - S - \lambda_g \pi_g) + (\lambda_g - \lambda_p) T\pi_p \qquad (10.9)$$

식 (10.9)를 단순하게 하면 우리는 민영화로부터 얻을 수 있는 최대 사회적 가치를 얻는다.

$$\Delta SS = T\lambda_g(\pi_p - \pi_g) \qquad (10.10)$$

식 (10.10)의 괄호 안의 표현은 [그림 10-4]에서 $c_g bdc_p$와 같다. 민영화의 잠재적 최대 사회적 가치는 달성된 효율성 이득 $\pi_p - \pi_g$이 프로젝트의 생애인 T로 곱해지고, 다시 정부부문에서의 돈의 잠재가격이 곱해져서 얻어진다. 만일 판매 절차가 효율성 이득을 정부에 이전하는 데 실패한다면 비록 연간 효율성 이득이 $c_g bdc_p$로 남아있다 하더라도 사회적 잉여는 작아질 것이다. 우리는 또한 소비자잉여의 변동이 없다는 전제하에 면적 $\gamma a p_g$는 식 (10.10)에 나타나지 않는 것을 볼 수 있다.

식 (10.6)에 따르면 정부는 두 가지의 민영화 목적을 가지고 있다. 즉 사회적 잉여의 최대 증가를 가져오는 입찰자에게 공기업을 파는

것과, 이 입찰자로부터 가능한 한 가장 높은 가격을 받는 것이다.[5)]

이전에 우리는 민영화 이후 가격이 변하지 않아서 소비자잉여도 일정하다($S_g = S_p = S$)고 가정했다. 우리는 이제 이 가정을 버리고 민영화 이후 가격, 비용, 수량이 변하고 할인율은 양이며 민영화된 기업은 이윤의 일부를 조세로 정부에 돌려주는 일반적인 경우를 보자.

공공부문과 민간부문에서의 기업의 사회적 가치는 각각 다음과 같다.

$$V_{sg} = \sum_{t=0}^{T} \frac{1}{(1+i)^t}[S_g(t) + \lambda_g \pi_g(t)] \tag{10.11}$$

$$V_{sp} = \sum_{t=0}^{T} \frac{1}{(1+i)^t}[S_p(t) + (\lambda_g - \lambda_p) Y(t)] \tag{10.12}$$

여기서 $Y(t)$는 민영화 이후의 조세, i는 사회적 할인율(우리는 이것이 이자율과 같다고 가정)이다.

사회적 잉여의 변동은 식 (10.11)과 (10.12)를 (10.6)에 대입하여 얻는다.

$$\begin{aligned}\Delta SS = \sum_{t=0}^{T} \frac{1}{(1+i)^t}[S_p(t) + \lambda_p \pi_p(t) + (\lambda_g - \lambda_p) Y(t) \\ - S_g(t) - \lambda_g \pi_g(t)] + (\lambda_g - \lambda_p) Z\end{aligned} \tag{10.13}$$

식 (10.13)을 가지고 $\lambda_g \pi_p$를 더하고 빼주면 다음을 얻는다.

---

5) 네 가지 가장 흔한 유형의 경매에 집착하면(영국식, 네델란드식, 밀봉 입찰식 경매, Vickrey 경매) 첫 번째 목적은 영국식과 Vickrey 경매로 달성될 수 있지만, 두 번째는 넷 중 어느 것으로도 보장되지 않는다. 따라서 우리는 자주 그렇듯이 특히 민영화 과정에서 입찰자의 수가 그리 많지 않을 때 일반적으로 Z는 V_{pp}보다 작다고 예상할 수 있다. 경매에 대한 보다 자세한 논의는 Klemperer(1999) 참조.

$$\Delta SS = \sum_{t=0}^{T} \frac{1}{(1+i)^t}[S_p(t) - S_g(t) + \lambda_g(\pi_p(t) - \pi_g(t))] - (\lambda_g - \lambda_p)\left[\sum_{t=0}^{T} \frac{1}{(1+i)^t}(\pi_p(t) - Y(t)) - Z\right] \tag{10.14}$$

정부가 구입자로 하여금 그의 지불의사액의 최대값과 같은, 즉 민간부문에서 기업의 사적 가치(V_{pp})인 가격 Z를 지불하도록 하기가 꽤 어렵다. 이 값은 다음과 같다.

$$V_{pp} = \sum_{t=0}^{T} \frac{1}{(1+i)^t}(\pi_p(t) - Y(t)) \tag{10.15}$$

식 (10.15)를 (10.14)에 대입하고 잉여의 차이를 증가로 표현하면 우리는 민영화의 사회적 편익을 계산하기 위한 실용적 식을 얻는다.

$$\Delta SS = \sum_{t=0}^{T} \frac{1}{(1+i)^t}[\Delta S(t) + \lambda_g \Delta\pi(t)] - (\lambda_g - \lambda_p)(V_{pp} - Z) \tag{10.16}$$

민영화가 사회적 잉여의 증가를 가져오기 위해서는 식 (10.16)이 0보다 커야 한다. 식 (10.16)의 경제적 해석은 다음과 같다. 전형적인 경우인 $\lambda_g > \lambda_p$일 때 정부가 기업을 구입자가 지불할 의사가 있는 최대가격에 판다($Z = V_{pp}$)고 가정하면 민영화의 사회적 편익은 소비자잉여와 생산자잉여 변동의 합계와 일치하는데, 후자는 정부부문에서의 돈의 잠재승수로 곱해진다.

식 (10.16)을 보다 자세하게 조사하자. 할인율이 주어졌을 때 (단순화를 위해) 판매 후에 비용과 가격이 더 낮아진다고 가정하면 민영화로부터 도출되는 최대 사회적 편익은 괄호 안의 식으로서 판매가격이 구입자의 최대 지불의사액과 같을 때 소비자잉여의 증가와 비용감소로 인한 이윤 변동(이 편익은 전부 정부로 이전되므로 λ_g가 곱해짐)이다. 판매가격 Z가 기업에 대한 지불의사액(V_{pp})보다 작을 때 사회적 편익은 괄호 안에 있는 최대값과 비교해서 $(V_{pp} - Z)$가 발생한 편차에 비례하여 감소한다.

2. 가격규제의 후생효과

결과에 영향을 미치는 또 다른 메커니즘은 민영화 후의 가격정책이다. 기업이 독점으로 운영될 때 그것의 가격은 규제되는 경향이 있다. 만일 그 기업의 영업 허가가 민간기업가에게 부여된다면 가격의 규제를 위한 절차가 도입되는 것이 통상적이다. 민영화로부터의 잠재적 효율성 이득은 잘 고안된 판매의 결과로 그것이 낮은 가격이나 높은 품질을 통해 소비자에게 가거나 민간기업의 편익이 되거나 정부로 갈 때 사회적 편익이 된다.

만일 우리가 $c_p < c_g$일 때 가격을 한계비용과 같게 정하면($p_p = c_p$) 소비자들은 민영화의 수혜자들로서 팔리는 수량이 증가함에 따라 효율성 이득은 증가하고 공적 자금의 잠재가격이 상당히 높고 수요의 탄력성이 상당히 낮지 않다면 가격이 변하지 않는 상황에 비해 후생은 증가한다.

이전의 주장은 신뢰할 수 없는 잠재적 가정을 도입한다. 첫째 만일 구입자가 가격이 한계비용과 같아질 것이라는 것을 안다면 왜 기업을 구입하나? 더욱이 만일 규제자가 가격을 비용과 같게 정한다면 왜 기업가는 비용을 줄이고자 해야 하나?

이 인센티브 문제를 예방하는 가격규제 설계는 최고 가격(가격상한), 예를 들어 $p_p = \kappa p_g$를 도입하는 것인데, 여기서 κ는 1보다 작고 단위비용 감소의 예상비율보다 높다. 이제 민간기업의 비용은 규제 메커니즘에 나타나지 않고 회사는 원칙적으로 비용을 낮출 인센티브를 갖는데, 왜냐하면 가격이 고정되어 있고(κp_g) 따라서 만일 기업가가 규제가격 밑으로 가격을 낮출 수 있다면 이윤이 증가할 것이기 때문이다.[6)]

만일 시장이 완전경쟁이 아니라면 인센티브에 기초한 가격규제 설계와 회사 판매로부터의 수입을 극대화하는 경매 설계의 결합이 사회적 잉여를 극대화하는 방법이다. 물 공급, 전기 또는 공공 수송과 같은 서비스의 민영화는 좋은 예이다.

제 5 절 가정용 물 공급 허가의 비용-편익분석

이 절에서는 중간 규모 도시의 물 공급 (허가계약을 통한) 민영화 정책을 평가한다. 목표는 이전에 다루어진 이론적 구조가 실제 시장에서 비용과 가격에 대한 실제 자료에 적용될 수 있는지를 보여주는 것이다.

사회적 잉여의 증가를 계산하기 위해 우리는 식 (10.16)을 계산하는 것이 필요하다. 이것은 λ_g, λ_p, V_{pp}의 값에 대한 정보와 물 수요에 대한 정보를 필요로 한다. 우리는 다음과 같은 단순화를 위한 가정을 한다.

- 가정 1. 공공부문과 민간부문에서의 돈의 잠재가격은 동일하게 1이다. $\lambda_g = \lambda_p = 1$. 이 가정으로 인해 식 (10.16)의 마지막 항이 없어지는데, 이것은 낙찰자가 최대금액을 지불한다($Z = V_{pp}$)고 가정할 때도 달성될 수 있다. 가정 $\lambda_g = \lambda_p = 1$은 식 (10.16)

6) 허가계약과 가격규제의 설계에 대한 분석은 Guasch(2004) 참조. 비용-편익분석에서 이 이슈의 중요성은 결정적인데, 왜냐하면 프로젝트의 수행에서 발생하는 실제 사회적 *NPV*는 주로 규제 메커니즘에 의해 영향받기 때문이다.

에서 소비자잉여와 이윤의 변동에 대해 동일한 가중치가 부여된다는 추가적 이점이 있다.

- 가정 2. 물 수요는 선형이고 따라서 우리는 소비자잉여를 계산하기 위해 '반의 법칙'을 적용한다. 이 가정을 사용하면 소비자잉여와 이윤의 변동은 다음과 같다.

$$\Delta S(t) = \frac{1}{2}(p_g(t) - p_p(t))(x_g(t) + x_p(t)) \tag{10.17}$$

$$\Delta \pi(t) = (p_p(t) - c_p(t))x_p(t) \tag{10.18}$$

- 가정 3. 기업이 민간부문에 있을 때 평균비용이 더 낮다($c_p < c_g$). 소비자잉여와 이윤의 변동은 시간에 대해 일정하다.

$$\Delta S(t) = \Delta S; \Delta \pi(t) = \Delta \pi \tag{10.19}$$

- 가정 4. 보조금은 없다. 공기업은 비용을 충당하는 한편($p_g = c_g$), 규제를 받는 민간기업은 $p_p = \kappa c_p$로 정하도록 허용되는데, 여기서 $\kappa \geq 1$은 규제자가 정한다. 이 가정은 최적 가격설정과 최적 보조금, 그리고 비대칭적 정보의 문제로부터 여기에서 논의되는 문제 — 소유권 변동을 통한 후생증가의 평가 — 를 분리하기 위해 부여된다.

네 번째 가정으로 인해 우리는 ΔSS를 평가하기 위해 필요한 가격수준 p_g, p_p를 결정할 수 있다. 이 가정을 완화하면 보조금 수준에 대한 추가적 가정을 해야 한다.

위의 네 가정으로 인해 식 (10.16)은 다음과 같이 단순하게 된다.

$$\Delta SS = \sum_{t=0}^{t} \frac{1}{(1+i)^t} \left[\frac{1}{2}(p_g - \kappa c_p)(x_g + x_p) + (\kappa - 1)c_p x_p \right] \tag{10.20}$$

여기서 $(\kappa-1) \geq 0$은 규제받는 민간기업이 정하도록 허용된 할증(비용을 능가하는 가격 마진)이다.

만일 D가 [그림 10-5]에 나타난 물 수요의 선형함수라면 식 (10.20)의 괄호 안의 항은 면적 $p_g abdc_p$를 나타낸다. 면적 $p_g abp_p$는 소비자잉여에서 얻은 변동인 한편 $p_p bdc_p$는 $\kappa > 1$인 경우 기업의 이윤을 나타낸다.

식 (10.20)을 이용하여 민영화를 통해서 얻는 후생변동을 평가하기 위해 필요한 새로운 값들은 단지 p_g, c_p, x_p, i, κ이다. 우리는 p_g와 x_g가 공기업의 가격(이 경우 한계비용과 동일)과 생산수준의 관찰치라는 것을 알고 있다.

〈표 10-6〉은 물 공급을 하는 공기업을 민영화하는 프로젝트의 기초 자료를 보여주고 있다. 허가는 30년 간 지속될 것이고 편익은 매년 말에 발생하고 잔존가치는 0이다. 할인율과 이자율은 5%로 동일하다. 공기업은 \$2의 가격(한계비용과 동일)으로 1년에 물 300,000㎥를 판매한다. 민간기업은 사적 한계비용(c_p)을 10% 초과하여 할증을 할 수 있도록 허용된다. 비록 민영화 이후 비용감소는 모르지만 우리는 최

[그림 10-5] 가정용 물 공급의 민영화

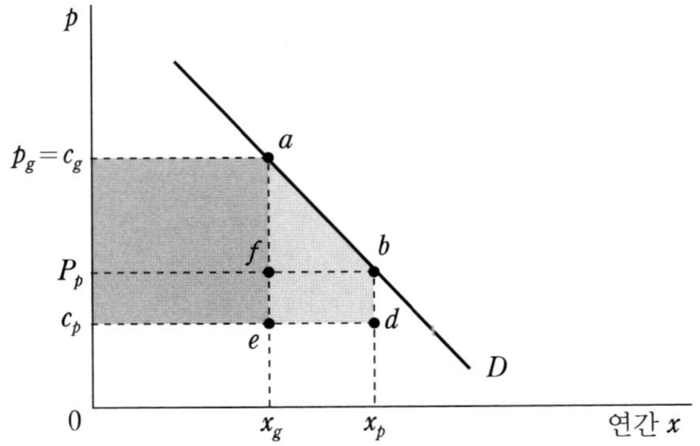

〈표 10-6〉 물 허가 프로젝트의 평가를 위한 기초 자료

I	0
T	30
i	5%
x_g	300,000
수요-가격탄력성	삼각확률분포* (−0.7; −0.4; −0.2)
수요-소득탄력성	균등확률분포** (0.25; 0.5)
$p_g = c_g$	2
p_p	1.1 c_p
c_p	삼각확률분포 (1; 1.6; 2). 이것은 0−50%까지의 비용절감 범위를 의미하고, 20%가 가장 높은 확률임.
소득성장률	균등확률분포 (0.01; 0.03)(매년)

주: *삼각확률분포(최소값, 최빈값, 최대값); **균등확률분포(최소값, 최대값).

대 50%, 최소 0%의 범위와, 최빈값으로 20%를 가정한다.

우리는 민영화 이후의 수요를 예측할 필요가 있다. 가정용 물 수요 탄력성에 대한 근거가 존재한다(Espey et al., 1997의 메타 분석; 또한 Dalhuisen et al., 2003 참조). 이 근거에 기초하여 그리고 극단치와 덜 발생할 값들을 제거한 후 우리는 최소 수요-가격탄력성 값은 −0.7, 최대값은 −0.2, 그리고 최빈값은 −0.4를 사용한다.

허가기간 동안 소득은 성장한다. 우리는 연간 성장률이 최소값 1%, 최대값 3%인 균등확률분포로 표현될 수 있다고 가정한다. 우리는 또한 수요-소득 탄력성이 0.25∼0.5 범위에 있지만 어느 특정값의 확률에 대해서 아무 것도 몰라 균등확률분포를 사용한다고 가정한다.

그러면 우리는 평가할 때 네 개의 확률변수를 갖는데, 두 개는 수요탄력성이고 민영화 이후의 비용감소와 연간 소득성장률이다. 마지막 변수와 나머지 변수 간에는 중요한 차이가 있다. NPV를 계산할 때 우리 모형에 따르면 컴퓨터 프로그램은 30년의 허가기간 매해에 대해 소득성장률의 확률분포로부터 하나의 수치를 추출한다. 이리하

여 어떤 NPV값에 대해서 소득성장률 확률분포로부터 30개의 독립적인 추출이 존재한다. 이것은 연간 성장률이 이전의 연간 성장률과 상관되지 않는다는 것을 암묵적으로 가정하는 것이다.

이와 반대로 다른 세 확률분포는 평가 불확실성을 반영한다. 이것은 우리가 몇몇 모수들의 정확한 값을 몰라서 프로그램으로 하여금 각 확률분포로부터 단지 하나의 값을 선택하여 반복이 되더라도 T년 동안 이 값이 고정되도록 한다. 프로그램은 다음 반복에서 다른 값을 선택할 것이다.

[그림 10-6]과 [그림 10-7]은 NPV에 대한 사회적 및 재무적 확률분포를 나타낸다. 두 확률분포는 정책의 채택을 지지한다. 있을 법한 사회적 및 재무적 순현재가치의 범위는 양이고 기대치는 사회적 NPV와 재무적 NPV 각각 250만 달러와 80만 달러이다.

그럼에도 불구하고 [그림 10-8]에 나타난 소비자잉여의 확률분포는 비록 기대치는 160만 달러이지만 100만 달러와 0 사이의 음의 소비자잉여를 가질 확률이 8.3%라는 것을 보여준다. 소비자잉여의 이런

[그림 10-6] 사회적 *NPV*

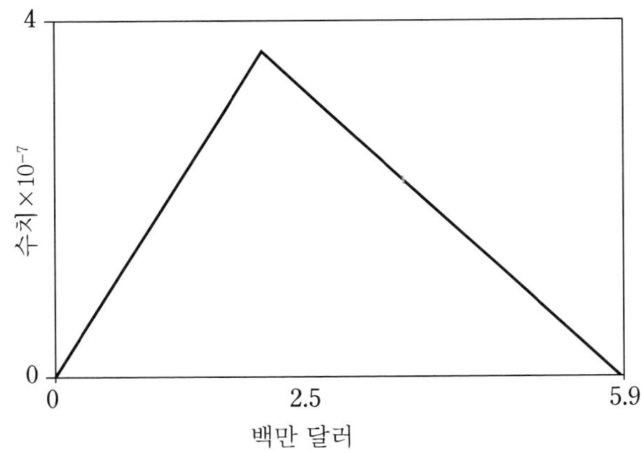

[그림 10-7] 재무적 *NPV*

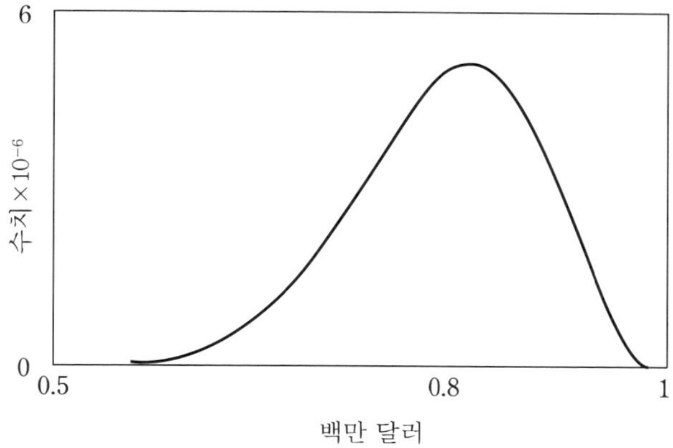

[그림 10-8] 소비자 잉여

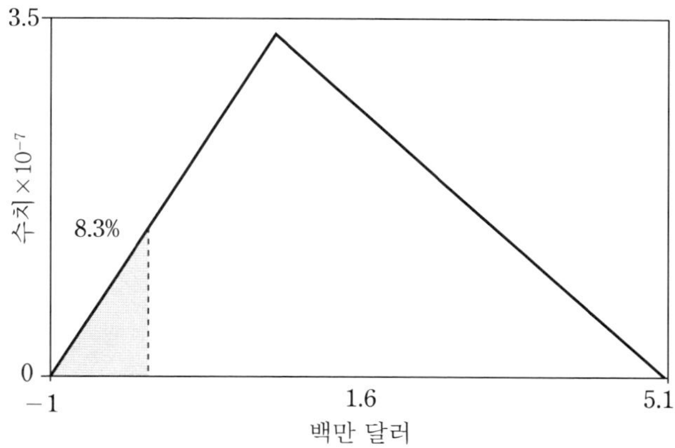

부분이 존재하는 이유는 0에서 50% 범위의 비용감소와 결합된 10% 할증의 가능성에 달려 있다. 불충분한 비용감소와 함께 10%의 가격증가는 소비자에게 가격증가를 유발할 수 있고, 이것은 사회적 NPV 관

점에서 부분적으로 생산자잉여의 증가로 상쇄된다. 이 같은 특정 경우에 효율성의 자중손실은 대개 비용감소에 의한 효율성 이득으로 상쇄된다.

이 사례 연구로부터의 한 가지 교훈은 독단적으로 기대치만 가지고 작업하면 우리는 몇몇 중요한 정보를 놓친다는 것이다. 위험 분석은 의사결정자에게 예상되는 것의 보다 완벽한 그림을 제공해 준다. 또 다른 정보는 너무 많은 합계는 유용한 정보를 감춘다는 것이다. 이 경우 소비자잉여의 확률분포는 소비자들이 이 민영화에서 8.3%의 확률로 패자가 될 수 있다는 것을 보여준다. 이것은 참을 만한 것으로 간주될 수 있다. 어쩌면 규제자는 민영화 전에 기존의 가격과 동일한 가격상한 도입을 계획할 수 있다.

제 6 절 제도 고안, 계약과 경제적 평가

초기 투자비용과 뒤이은 해에 유지 및 운영비용이 들어가는 어떠한 프로젝트의 개발도 이전 장들에서 전개된 기준에 따른 그러한 비용의 추정치를 필요로 한다. 사전적 비용-편익분석의 양의 순사회적 편익이 프로젝트의 생애동안 이 편익의 실현을 보장하는 것은 아니다. 불행하게도 사전적 비용-편익분석에 따르면 수행되어서는 안 될 프로젝트들을 발견하는 것은 흔히 있다.[7]

사회기반시설의 경우 기대치와 실제치 간의 차이에 대한 설명은 부분적으로 토목 작업의 성격에 있다. 사전적 비용-편익분석에 따르

7) 주요 사회기반시설 프로젝트가 Channel 터널이었다. 그것은 바다 밑 40m에서 영국과 대륙을 연결한다. 최근의 평가는 다음과 같이 결론 내린다. 'Channel 터널의 비용-편익평가는 만일 터널이 결코 건설되지 않았더라면 전반적으로 영국 경제가 더 나았을 것인데, 왜냐하면 총자원비용이 유발된 편익보다 크기 때문이다.' (Anguera, 2006, p.314).

면 예상 편익이 실현되지 않는다는 사실은 평가되는 활동의 특성을 고려하면 설명된다. 수송 에너지와 물 사회기반시설은 (30년 이상의) 긴 생애를 가지고 있고, 대안적 이용이 별로 없고 매우 비싸며 실제 수요는 그와 같이 긴 기간 동안 예측되는 값과 차이가 발생하는 경향이 있다.

예를 들어 사회기반시설이 건설된 지역 인구의 감소나 경제활동의 하락에 의한 외부 충격은 전력, 고속도로의 수요 또는 물을 공급하는 회사, 그리고 프로젝트의 사회적 편익에 큰 영향을 미친다. 건설단계와 뒤이은 유지 및 운영 단계의 비용이 사회기반시설의 정상적 운영에 필요한 투입물(에너지, 노동 등)의 가격과 수량의 예상치 못한 증가로 인해 변할 수도 있다.

이러한 예측과 현실의 불일치는 프로젝트의 경제적 생애에서 통상적이고 불가피하다. 예측 기법과 위험 분석을 증진시키는 것 외에는 할 수 있는 일이 별로 없다. 그러나 예측오차가 사전 및 사후적 경제적 수익성 차이에 대한 유일한 설명은 아니다. 제도 고안과 건설 및 운영에 사용되는 계약의 유형이 평가되는 프로젝트의 사후적 편익에 대한 비용, 수요와 기술의 예기치 못한 변동으로부터 유발되는 음의 효과를 경제주체의 행태를 바꾸고 비용 극소화를 위한 노력 수준 또는 적절한 기술의 선택에 영향을 미침으로써 확대할 수도, 완화할 수도 있다.

이제 우리는 상충되는 목표를 가진 상이한 정부의 결과와 민간참여를 위한 계약의 선택에 대한 시사점에 대해 논의하기로 한다. 비용-편익분석에 있어서 이 이슈에 대한 이해는 비대칭적 정보와 수요 및 비용 불확실성 맥락에서 중요하다.

1. 정부의 두 수준과 프로젝트 선정에 있어서의 그들의 영향

주요 사회기반시설 프로젝트의 건설은 돈이 많이 드는 일이다. 그것은 다음의 특징들을 모은 투자인데 그것은 한 덩어리로 되어 있고, 비가역적이며 돈이 많이 든다. 댐이나 도로의 건설에 공적자금을 투자하는 결정은 비용과 특히 수요의 불확실성에 영향을 받는다. 결정의 비가역성으로 인해 프로젝트의 경제적 평가가 매우 의미 있게 된다. 이리하여 제도의 고안이 어떻게 이러한 유형의 프로젝트에 대한 공적 자금의 배분에 대한 최종 선택에 영향을 주는지를 조사하는 것은 현명하다.

국가 및 초국가 정부들은 공적 자금으로 주요 사회기반시설을 수행하는 것을 지지한다. 투자결정에 있어서 이 공적 지지의 효과를 이해하기 위해 의사결정과 주요 사회기반시설 프로젝트의 자금조달 과정에서 두 수준을 구별하는 것이 유용하다. 첫 번째는 제도 고안과 연관되는데, 그것에 의해 초국가 및 국가정부(또는 중앙 및 지방정부)는 프로젝트가 조달되는 것에 동의한다. 두 번째는 사회기반시설의 건설과 운영에 대한 계약의 선정과 연관된다. 이 수준은 프로젝트의 국가(또는 지방정부) 수혜자들과 프로젝트의 건설 및 운영에 책임이 있는 운영자 간의 관계를 포함하고 있다.[8)]

계약 메뉴에는 두 가지 극단적인 경우가 있는데, 그것은 **원가가산 방식**과 **고정가격**이다. 첫 번째 경우 책임이 있는 기관은 프로젝트의 전체 비용을 지불하고 두 번째의 경우 그것은 사전적인 고정금액을 지불한다. 이러한 계약의 특성 짓기는 자금조달, 가격규제, 건설계약 등에 적용될 수 있다. 사회기반시설 프로젝트의 자금조달에 대한 국

8) 이 두 번째 수준은 경제학 문헌에서 널리 분석되어 왔다(Laffont and Tirole, 1993; Bajari and Tadelis, 2001; Guasch, 2004; Olsen and Osmundsen, 2005).

가와 지역정부 간의 보편적 '계약'은 일종의 원가가산방식이다.

이런 유형의 원가가산방식 자금조달 메커니즘이 갖는 문제는 국가가 초국가적 기관으로부터 얻거나 국가로부터 지방정부가 얻는 공적 자금은 총투자비용이 증가함에 따라 증가하고 순수입과 함께 감소한다는 것이다. 이리하여 이 자금조달 매커니즘은 외부효과의 내부화를 불리하게 하고 과도한 수요에 이르게 하며 용량 규모와 기술의 선택을 한 쪽으로 치우치게 한다.

수송 네트워크의 수용능력에 직면한 어떤 나라가 초국가적인 계획자로부터 사회후생을 극대화하는 자금 지원을 신청할 수 있는 새로운 고속철의 건설을 포함하여 상호배타적인 프로젝트들을 고려하고 있다고 하자. 그 국가는 프로젝트의 주요 특징(고속철 또는 전통적인 기차의 개량이라 하자)을 결정하고 비용-편익분석을 하며 사회기반시설 건설을 위한 자금을 받기 위해 초국가적 계획자에게 그것을 보고해야 하는 한 정치가가 그 나라를 지배한다. EU에서 함께 자금을 조달하는 현재의 체제 또는 한 국가가 국가의 예산 내에서 사회기반시설에 지불하고 지방정부는 자금조달될 프로젝트의 유형을 결정하는 체제의 효과는 다음과 같은 방법으로 모형화될 수 있다(de Rus & Socorro, 2010). 가령 단지 두 기간만 존재한다고 하자. 첫 기간 동안 새로운 철도시설이 건설된다. 둘째 기간 동안 그 나라의 국민들이 그것을 이용한다. 실제 건설비용은 초국가 기관이 지불한다. 우리는 실제 비용이 최저 투자비용과 반드시 일치할 필요는 없다는 것을 알고 있다. 건설비용을 극소화하기 위해서는 정치가가 노력해야 하는데, 그것이 정치가에게는 비용이다.

국가가 교통문제와 일련의 이용 가능한 대안에 대해 그리고 문제를 해결하기 위해 필요한 최소 투자비용에 대해 초국가 기관보다 더 많은 정보를 가지고 있는 것은 흔한 일이다. 이러한 이유로 우리는 초국가적 계획자는 최소 투자비용이나 효율적이기 위해 정치가가 발휘

하는 노력을 관찰(또는 입증)할 수 없다고 가정한다. 더욱이 국가는 새로운 사회기반시설의 이용에 대해 부과하는 가격과 따라서 이용자의 수를 결정해야 한다. 또한 운영 및 유지비용이 존재하는데, 많은 경우 상이한 기술과 상당한 비용 차이를 갖는 수용규모로 인해 이것은 사적으로 알려져 있다.[9)]

일단 우리가 완전한 정보라는 생각을 포기하고 정치가(국가)의 효용함수는 그 자신의 사적 소득(만일 정치가가 국가를 지배한다면 얻은 것)에 달려 있다고 가정하면 비싼 사회기반시설과 최적 이하의 가격설정에 대한 국가의 결정에 관한 몇몇 증거를 설명하는 데 더욱 적합할 수 있다.[10)] 두 번째 기간의 투표자들의 후생이 크면 클수록 재선의 확률은 더 높다. 두 번째 기간의 투표자들의 후생은 그들의 소비자잉여의 합계와 사회적 지출의 가치이다.

완전한 정보의 세상에서는 초국가적 기관이 국가로 하여금 최대 수준의 노력에 진력하도록 강요하여 프로젝트 비용을 극소화하고 사회적 한계비용 가격설정을 도입하게 하여 사회후생을 극대화한다. 실제 세상에서는 노력과 한계비용은 관찰할 수 없고 국가의 행태는 자금조달 메커니즘의 인센티브에 반응한다.

(여타 원가가산방식 자금조달 체계는 물론) 현재의 자금조달 메커니즘으로는 효율적이 되기 위해서는 비용이 많이 든다. 정부들은 투자

9) 비용초과는 대량 사회기반시설 프로젝트에서 통상적이고 편차는 단지 예측치 못한 일에 의해서만 설명되지 않는다는 것이 증명되었다(Flyvbjerg et al., 2003).

10) 사용자 부담 원칙과 오염자 부담 원칙의 수행과 공공지출의 감소는 상당한 정치적 비용이 든다(Sobel, 1998). Downs(1957), Niskanen(1971), Becker(1983)는 종종 입법자들이 선거의 지지를 극대화하려 시도한다고 가정했다. 설령 재선이 그들의 입법 행태를 유도하는 주요 인자가 아니라 할지라도 입법자들이 예측할 수 있는 방향으로 선거비용과 그들 선택의 편익에 반응한다는 것은 계속 사실이다. 따라서 입법자들은 재선을 낮추는 결정보다 재선의 확률을 증가시키는 행동을 두둔한다(Sobel, 1998; Robinson and Torvik, 2005).

비용을 극소화하거나 최적 가격설정을 도입할 인센티브가 없다. 값비싼 최근의 기술을 적용한 거대 프로젝트를 선호하는 편의가 존재하고, 새로운 국가 사회기반시설의 이용에 더 높은 가격이 부여될수록 투표자들의 소비자잉여와 재선의 확률이 더 낮아지므로 가격설정은 사용자 부담 원칙이나 오염자 부담 원칙에서 벗어날 것이다. 그 결과 정치가는 최대 이용자 수를 선택하고 외부비용에 대해 지불을 청구하지 않을 것이다.

증거는 이 결론을 지지한다. 국가와 지방정부들이 엄격한 비용-편익분석을 통과하기에는 너무 낮은 수요를 갖는 비싼 프로젝트의 건설을 촉진하였다는 것은 놀랄 만하다. 예측오차로는 설명이 안 되고 전략적 그릇된 설명이 전 세계적으로 탐지되어 왔다. 다수의 프로젝트들은 과다 수용능력, 주어진 문제를 해결하기 위한 과도하고 값비싼 기술의 사용, 비용초과, 그리고 결국 계약조건의 변동과 건설기간의 연장, 비용과 가격의 증가로 공공조달의 기본 규칙을 위반하는 재협상을 보여준다.

이러한 실망스러운 결과들은 완전히 예상치 못한 것은 아니다. 우리가 이미 논의하였듯이 국가들은 대개 그들 자신의 지역에서 건설되는 사회기반시설 프로젝트의 비용과 편익에 대해 초국가적 계획자들보다 더 많은 정보를 가지고 있고, 그들이 반드시 동일한 목적을 공유하는 것은 아니다. 정부들은 초국가적 계획자로부터 더 많은 자금을 얻기 위해 프로젝트 평가를 조작할 인센티브를 가질 수도 있다. 비대칭적 정보와 상이한 목적의 맥락에서 국가와 초국가적 계획자들 간의 관계는 전형적인 비용-편익분석 구조에서는 모형화될 수 없다.

이런 맥락에서 비용-편익분석은 의사결정을 위한 도구로서의 원래의 능력이 모자란다. 정보 비대칭성과 상충되는 이해관계의 존재로 인해 인센티브가 명시적으로 고려되는 상이한 접근법이 필요하다. 고정가격 자금조달 메커니즘은 비용을 감소시키고 사회적으로 적정한 가격을 부과하는 데 필요한 인센티브를 제공할 수 있다. 더욱이 '고정가격' 형태의 자금조달 메커니즘으로 비용-편익분석은 정부가 초국가적인 자금을 가장 효율적인 방법으로 배분하기 위한 매우 유용한 도구이다.

이런 맥락에서 고정가격 메커니즘은 비용과 수입과 연관이 없는 외부 자금조달의 사전적 **고정 규모**이다. 고정 규모 자금조달 메커니즘의 개념은 국가(초국가적 자금조달의 경우) 또는 지방정부(국가의 자금조달의 경우)가 고정된 규모의 자금을 받고 노력에 대한 잉여 청구자이므로 그들로 하여금 불충분한 수입과 비용 비효율성에 대해 책임을 지도록 한다. 이제 비효율적 가격설정의 비용도 역시 정치가가 부담하므로 최적 가격설정을 도입할 인센티브는 높다.

국가(지방정부)에 사전적으로 고정된 규모의 자금을 줌으로써 초국가적 기관(국가)은 프로젝트의 선정에 대한 그것의 영향력을 잃게 된다는 것을 강조할 가치가 있다. 만일 초국가적 정부(국가)가 사회기반시설 투자 우선순위를 설정하기를 원한다면 중간 해법은 원가가산방식 자금조달 방법을 '접근성'에 대한 투자나 특정 지역에서의 '물 공급의 총사회적 비용을 극소화하는 것'과 같은 포괄적 목적에 연결된 사전적 고정 규모 자금조달에 기초한 대안적 자금조달 구조로 대체하는 것인데, 이것은 어떠한 경우에도 비용과 수입 그리고 특정 기술의 선택과도 분리되어야 하는 메커니즘이다. 사회적으로 무익한 사회기반시설을 건설하는 위험은 공공자금조달 메커니즘과 분리될 것인데, 왜냐하면 보다 비싼(그리고 아마도 부적절한) 프로젝트의 선택이 이제 국가(지방정부)에게는 완전히 상이한 기회비용을 갖기 때문이다.[11]

11) 고정가격 계약에서 흔하듯이 어떤 종류의 품질규제가 필요할 것이다.

2. 계약, 인센티브 그리고 위험 배분

사회기반시설의 건설과 운영 참여는 주로 고정기간 허가계약을 통해 수행된다. 허가체제의 목적은 첫째 공공입찰에 제출된 것 가운데 가장 효율적인 양수인의 선택, 둘째, 양수인으로 하여금 비용을 충당하도록 하게 하면서 사회기반시설의 생애에 걸쳐 사회적 편익을 가능한 한 크게 얻는 것이다. 두 목적을 달성하기 위해 선택 체계와 뒤이은 규제는 허가받는 활동을 특징짓는 수요와 비용 정보문제를 고려해야 한다.

고정기간 허가계약은 이론상 고정가격 계약이지만 전 세계에 걸쳐 이런 유형의 계약의 재협상이 널리 사용되는 것을 감안할 때 실제로는 일종의 원가가산방식이다(Guasch, 2004). 고정기간 계약의 디자인은 수요 위험을 양수인에게 배분하는데, 이것은 가장 효율적인 입찰자들의 선택과 허가기간 동안 운영비용의 극소화에 관한 문제를 야기한다.

건설비용이 I_0이고 유지 및 연간 운영비용이 이용자의 수 x_t와 독립적인 C_t가 드는 사회기반시설의 경우를 보자. 고정기간 허가체제에서는 이전에 공표된 허가기간 T에 대해 가장 낮은 가격의 부과를 제시한 입찰자에게 부여된다.[12] 비용이 충당되기 위해서는 순수입의 할인값이 투자비용과 같아야 한다.

$$I_0 = \sum_{t=1}^{T} \frac{1}{(1+i)^t}(p_t x_t - C_t) \tag{10.21}$$

고정기간 계약의 한 형태는 사전적으로 허가기간과 부과되는 가격을 고정시키고 입찰자들로 하여금 공공기관에 기준을 제시하는 데

12) 실제로 가격이 포함된 여러 변수들을 갖는 다기준 입찰이 대개 사용된다.

있어 경쟁하도록 하는 것이다. 수요에 대한 완전한 정보가 있으면 입찰자가 제시할 최대 기준은 허가기간 동안 예상편익의 현재가치와 같을 것이다.[13]

고정기간 허가계약의 모든 존재하는 유형들[14]은 수요의 불확실성 문제를 공유하므로 최소 수입을 보장하는 조항을 도입하는 것이 통상적이고 계약의 재협상은 계약기간에 걸쳐 흔히 있다. 이런 종류의 원가가산방식 계약은 비용을 극소화하는 인센티브와 사전적 사회적 편익의 실현에 영향을 미치므로 프로젝트의 비용-편익분석에서 고려되어야 한다.

단순화를 위해 할인율이 0이고 식 (10.21)에서 허가기간(T) 동안 p_t, x_t, C_t는 일정하다고 가정하면 기업가가 경쟁에 기꺼이 참여하기 위해서는 수입 흐름이 적어도 총비용은 충당해야 하는 것을 기대해야 한다.

$$pxT \geq I + CT \tag{10.22}$$

만일 연간 수입 px가 연간 비용 C보다 크면 우리는 양수인이 총비용을 충당하도록 하는 T의 값을 결정할 수 있다.

$$T_f = \frac{I}{px - C} \tag{10.23}$$

여기서 T_f는 규제자에 의해 사전적으로 결정된 허가기간을 나타낸다.

13) 설명을 간단히 하기 위해 우리는 입찰자들이 그들의 유보가격을 제시한다고 가정한다. 즉 그들은 그들의 최대 지불의사액을 제시하여 정상이윤을 얻는다.

14) 또 다른 방법은 가격을 정하고 가장 짧은 허가기간을 요청한 입찰자에게 허가를 주는 것이다. 이 경우는 실제로 고정기간 허가계약의 변형인데, 왜냐하면 일단 공공입찰이 끝나면 허가기간은 가격(또는 기준) 허가체계와 마찬가지로 고정되기 때문이다.

[그림 10-9] 재무적 균형일 때의 양수인의 수입과 비용

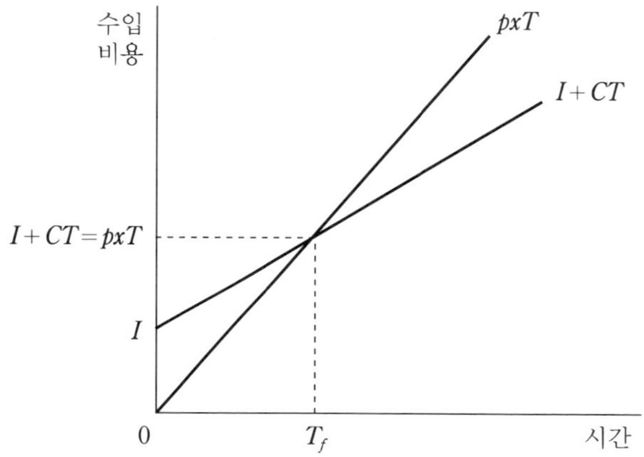

수요에 대한 완전한 정보를 가지고 있으면 규제자는 T_f의 값을 정할 것이고 양수인은(전략적 행위가 없다고 가정) 식 (10.22)가 등식으로 성립하는 것이 가능하도록 하는 최선의 입찰값(지불되는 기준, 이용자에게 부과하는 낮은 가격 등)을 제시할 것이다. [그림 10-9]는 균형상태를 보여준다.

허가기간 T_f에서 어떻게 총비용이 상업 수입에 의해 충당되는지를 볼 수 있다. 동시에 [그림 10-9]는 고정된 허가기간의 적합성과 회사의 재무적 균형이 비현실적인 가정인 수요에 대한 완전한 정보와 양수인의 효율적 행태에 의존한다는 것을 보여준다.

수요 불확실성은 프로젝트의 생애동안 흔히 있는 일이다. 30년의 기간에 걸쳐 수요를 정확하게 예측하는 것은 사실상 불가능하다고 주장할 수 있다. 비용 측면에서도 역시 정보 문제가 존재한다. 입찰자는 비용을 알고 있지만 규제자는 모른다(이것을 비대칭적 정보라 부른다). 따라서 만일 우리가 완전한 정보라는 가정을 포기하고 장기 허가기간에 걸쳐 손실과 이윤의 가능성을 허용한다면 선택된 계약 유형의 시

사점을 분석해야 한다.

가령 동일한 품질일 때 주어진 T_f에 대해 이용자들에게 가장 낮은 가격을 부과하는 입찰자에게 허가가 주어진다고 하자. 이 경매의 기본 개념은 허가를 얻는 데 관심이 있는 기업들은 그들의 비용에 부응하는 가능한 한 가장 나은 가격을 제의할 것이라는 것이다. 경쟁 기업들의 비용에 대한 정보가 없으므로 효율적인 입찰자(하첨자 i로 표시)는 다른 기업들처럼 정상이윤을 허용하는 가격을 제의함으로써 계약을 성사시킬 확률을 증가시키고자 한다.

$$p_i = \frac{I_i + C_i T_f}{x T_f} \tag{10.24}$$

식 (10.24)에서 만일 수요 수준 x가 알려져 있다면 고정된 허가기간 T_f를 갖는 최저가 경매는 그것의 목표를 달성할 것이라는 것이 관찰될 수 있다. 그 목표란, 허가는 그 프로젝트를 수행하는 데 가장 낮은 총비용이 드는 기업에게 부여된다는 것이다. 그러나 수요 x와 기업들이 그들의 제안을 준비할 때 사용할 수 있는 다양한 추정치들에 대한 불확실성 문제를 감안할 때 고정 허가기간에 기초한 부여 메커니즘은 결과가 가능한 최선이라는 것을 보장하지 못한다.

양수인에게 전적으로 외생적인 요인들로 인해 수요는 허가기간 동안 상당히 변동할 수 있다. 단순화를 위해 프로젝트의 생애동안 이용자의 수에 대해 확률 π로 높은 수요(x_h)와 확률 $1-\pi$로 낮은 수요(x_l) 등 단지 두 가능성만 존재한다고 하자.

입찰자들은 미래수요에 대해 확신할 수 없기 때문에 그들은 수요의 기대치(x_e)를 가지고 작업할 것인데, 여기서 우리는 $x_e = \pi x_h + (1-\pi)x_l$로 정의한다. 일단 허가가 부여되고 사회기반시설이 건설되면 수요는 x_h 또는 x_l이고 기업은 이윤 王는 손실이 나는 상태에 있을 것이다.

[그림 10-10] 수요를 모를 때 허가에 있어서의 재무적 균형

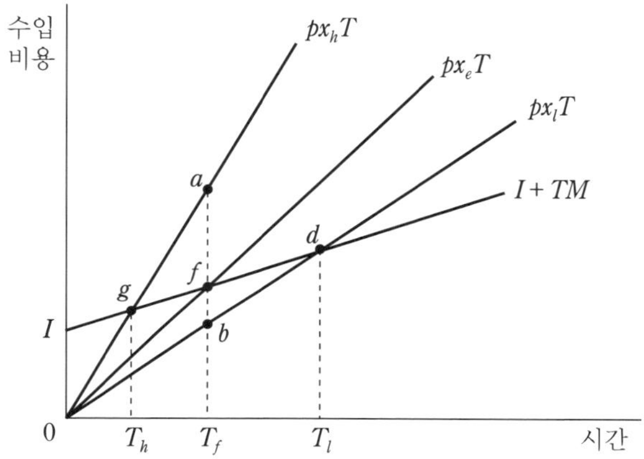

[그림 10-10]은 허가기간 T_f가 주어졌을 때 재무적 균형이 수요의 기대치 x_e에 대해 달성되지만, 높은 수요나 낮은 수요의 상황에 대해서는 아니라는 것을 보여준다. 높은 수요의 경우 수입은 비용보다 af만큼 더 크고 만일 수요가 낮으면 비용은 충당되지 않고 손실은 fb와 같다. 실제로 두 가지 경우 모두 흔히 일어나고 종종 재무적 균형을 회복하기 위해 허가계약의 재협상이 필요하다.

비탄력적 수요의 경우 만일 수요 시나리오가 낮은 것이고 최소 소득 보장이 없다면 조정변수는 p이다. 가격인상을 허가함으로써 수입함수 px_lT는 상향 이동하여 비용함수를 점 f에서 교차하므로 재무적 균형이 보장된다. 또 다른 가능성은 허가기간을 T_l로 연장하는 것이다.

만일 이와 반대로 수요가 높다면 경제적 이윤은 정치적으로 바람직하지 않은데, 그 이유는 그것이 대중들에게 정당화되지 않는 특권으로 보이므로 가격인하가 쉬운 조정이 된다. 가격인하는 px_hT를 하향 이동시켜 만일 이동이 점 f까지 된다면 이윤은 0으로 감소

한다. 또 다른 가능성은 허가기간을 T_h로 줄이는 것이다.

이것이 대략 대부분의 고정 허가기간에서 실제로 발생하고 있는 상황이고 특히 수요가 예상보다 낮을 때 벌어지는 상황이다. 사실상 재협상을 보장하는 이런 허가계약은 비용을 극소화하는 인센티브 측면에서 음의 효과를 갖는 사회기반시설 건설과 운영에 투자한 민간기업의 간접적 수익률 규제가 된다.

추가적인 문제는 수요 불확실성으로 가장 효율적인 입찰자 대신 가장 낙관적인 입찰자가 선정될 확률이 높다. 높은 비용을 갖는 입찰자는 만일 이용자 수에 대한 믿음이 낙관적이어서 낮은 비용을 갖는 다른 기업들과 비교할 때 비용 불이익을 충분히 상쇄한다면 계약을 딸 수도 있다. 이것은 식 (10.24)로부터 쉽게 확인할 수 있는데, 그 식은 기업들이 그들의 입찰가를 제출하기 위해 어떻게 계산하는지를 나타낸다.

이용자들에게 가장 낮은 가격을 부과하는 입찰을 채택하는 경매에서 서로 경쟁하는 두 기업 i와 j의 경우를 보자. 기업 i가 j보다 더 효율적이라고 가정하면(즉 그것이 더 낮은 비용을 갖는다, $I_i + C_i T_f < I_j + C_j T_f$) 기업 i가 경쟁에서 이긴다. 그러나 기업 j가 예상 수요에 대해 더 낙관적일 수 있고 이로 인해 기업 j는 더 낮은 가격($p_j < p_i$)을 제의하여 허가를 얻는 것이 가능하다. 식 (10.24)로부터 비효율적인 기업 j가 계약을 따기 위해서는 다음 조건이 만족되면 충분하다.

$$\frac{I_i + C_i T_f}{x_i^e T_f} > \frac{I_j + C_j T_f}{x_j^e T_f} \tag{10.25}$$

또는

$$\frac{x_j^e}{x_i^e} > \frac{I_j + C_j T_f}{I_i + C_i T_f} \tag{10.26}$$

식 (10.26)은 만일 덜 효율적인 기업이 그것의 비용 불이익을 상쇄할 정도로 충분히 낙관적($x_j^e > x_i^e$)이면 그 기업은 계약을 딸 수 있다는 것을 보여준다. 만일 비효율적 기업 j가 절대적 규모(건설 및 유지비용이 모두 i의 것보다 크다)나 상대적 측면(설령 $I_j < I_i$ 또는 $C_j < C_i$ 라고 하더라도 총비용 $I_j + C_j T_f$가 고정된 기간 동안 더 높다)에서 비효율적이라면 조건 (10.26)이 만족될 수 있다는 것을 볼 수 있다.

결론적으로 이용자들에게 최저가격을 부과하는 입찰을 하는 경매에 기초한 전통적인 고정 허가기간 체제의 주요 음의 경제적 결과에 주목할 수 있다.

- 수요에 대한 완전한 정보가 없을 때 이러한 유형의 경매는 최저비용 기업의 선정을 보장하지 못하는데, 그 이유는 미래수요에 대한 상이한 믿음의 존재는 비효율적이고 낙관적인 기업이 계약을 딸 수 있도록 할 수 있기 때문이다.
- 만일 기업들이 이용자 수의 변동으로 인해 미래에 허가계약을 재협상하는 것이 가능하다고 예상한다면 최저비용에서 운영할 인센티브는 약한데, 왜냐하면 효율적으로 운영하고자 하는 노력은 정상이윤을 회복하기 위한 가격변동을 필요로 하는 규제자와의 협상에 의해 대체될 수 있기 때문이다.
- 고정기간 체제와 비탄력적 수요일 때 가격은 회계상의 조정변수가 되어 수요가 낮을 때는 오르고 수요가 높을 때는 감소하는 경향이 있는데, 이것은 경제적 견지에서 바람직한 것과는 반대로 사회기반시설의 비효율적 이용에 이를 수 있다. 일반적으로 수요가 낮을 때 기존의 수용능력에 대한 압력은 없어서 가격이 사회기반시설의 이용을 조장하도록 하는 것이 바람직할 것이다. 수요가 높고 정체문제가 발생할 때 이용 가능한 수용능력을 할당하기 위해 가격은 인상되어야 한다.

이런 유형 계약의 세 가지 결과는 프로젝트의 사전적 NPV를 감소시킨다. 고정 허가기간 허가계약의 사회기반시설에 민간 참여의 문제점들은 이 프로젝트의 경제적 특성, 특히 수요의 불확실성의 결과이다. 허가기간 동안 수요 예측의 불가능과 함께 고비용, 긴 생애와 자산의 한정성 등은 계약의 재협상과 공공입찰의 본질 상실을 초래하는 요소들이다.

이러한 문제들을 피하기 위한 대안적 계약은 허가체계의 재무적 조정 메커니즘을 바꾸는 것이다. 지금까지의 우리의 분석에 따르면 수요 불확실성 문제는 기업이 허가로부터 기대하는 수입에 대한 불확실성으로 바뀐다. 이것은 양수인(낮은 수요의 경우) 또는 가격을 인하하는 정부(수요가 높은 경우)의 실패 위험을 유발하는 근본적 사항이다. 한 가지 가능한 해법은 정부가 가격, 품질수준 그리고 할인율을 정하고 기업들이 허가기간 동안 받기를 원하는 수입에 대해 제의를 하도록 하여 수입 불확실성을 제거하고 이기는 입찰에 포함된 수입을 벌 수 있을 때까지 계약을 지속시키는 것이다.[15)]

15) 만일 허가기간이 고정되는 대신 변할 수 있도록 허용된다면(전통적인 허가의 경우 T_f는 미리 정해진다는 것을 기억할 것), 계약을 재협상하거나 원하지 않는 가격변동을 하지 않더라도 높거나 낮은 수요 상황을 조절하는 것이 가능할 것이다. 예를 들어 [그림 10-10]에서 낮은 수요(x_l) 상황에서는 허가기간이 자동적으로 T_l로 연장되어 총비용의 회복이 가능하게 된다. 이와 대조적으로 높은 수요의 경우 기간 T_h 내에 총비용의 회복이 보다 일찍 이루어져 그 시점에서 계약이 끝나 경제적 이윤을 피하게 된다. 이 체제는 영국에서 교량의 건설과 운영에 처음으로 적용되었다. 그 후에 칠레의 Santiago-Valparaiso-Viña del Mar 도로 허가에 이용되었다. 가변적 기간 허가에 대한 분석은 Engel et al.(2001)과 Nombela and de Rus(2004) 참조.

요점정리

- 민영화 정책이 사회에 순편익을 가져온다고 가정하더라도 이 편익은 잘 분배되지 않을 수 있다. 생산자들은 민영화로 더 나아지지만 소비자들과 근로자들은 더 나빠질 수도 있다. 따라서 실제로 민영화 프로젝트를 평가하기 위해서는 수행자는 승자와 패자에 대한 상세한 평가를 해야 한다. 이것은 형평성의 이유로 또는 프로젝트가 정치적으로 수용 가능하도록 하기 위한 보상 메커니즘을 고안하기 위해 필요하다.
- 배타적으로 기대치만 가지고 작업하면 몇몇 가치 있는 정보를 간과할 수 있다. 과도한 합계는 유용한 정보를 감추므로 위험 분석은 의사결정자에게 보다 완벽한 상황의 이해를 돕는다.
- 한 프로젝트의 생애동안 겪어야 할 모든 상황을 예측하는 것은 정말로 불가능하다. 사전적 수요와 비용은 사후적 값과 반드시 일치하지는 않는다. 이리하여 프로젝트의 경제적 평가는 이 차이를 설명하는 사실들을 고려해야 한다.
- 실제 수요는 예측할 수 없는 몇몇 우연한 일에 의존하지만 또한 어느 정도는 경제주체가 취한 결정에도 의존한다. 계약의 고안은 위험을 배분할 뿐만 아니라 기업들이 비용을 줄이기 위해 투입하는 노력의 수준에도 영향을 미친다. 두 가지 기본 계약 유형이 있는데, 그것은 원가가산방식과 고정가격이고 상이한 조합은 위험과 인센티브의 정도에 달려 있다.
- 국가가 취한 투자결정에 대한 초국가적 기관의 공적 지지의 효과는 제도 고안에 따라 변한다. 초국가적 정부와 국가(또는 국가와 지

방정부)들이 프로젝트의 선정에서 인센티브를 변경할 수 있는 두 수준의 정부의 존재는 정보에 근거한 의사결정을 위한 도구로서 비용-편익분석의 가치에 영향을 준다.

- 민간 참여는 계약의 고안을 필요로 한다. 정부는 가장 효율적인 계약자를 선택하고 기업이 계속 비용 극소화에 관심을 갖도록 하는 계약을 제의하기를 원한다. 그 목적을 달성하기 위해 정부와 기업들은 불확실성과 비대칭적 정보의 세계에서 작업해야 한다. 계약의 유형은 프로젝트의 사후적 순현재가치에 지대한 영향을 미칠 수 있다.

CHAPTER

11

비용-편익분석의 미시경제학 기초*

어느 여름날 동료 한 명이 왜 나는 주차허가권을 사지 않느냐고 물었다. 주차하기에 편리한 장소가 없어서 나는 자전거를 더 자주 탄다고 대답했다. 그는 나의 모순성을 비난했다. 즉 합리성에 대한 신봉자로서 나는 처음에 게임을 준비하지 않은 채 게으름과 운동 간의 올바른 선택을 할 수 있어야 한다는 것이다. 나의 대답은 합리성이란 내가 다른 사람들에 대해 만든 가정이라는 것이다. 나는 내 자신의 비합리성의 결과를 허용할 정도로 충분히 내 자신을 잘 안다. 그러나 나는 거의 잘 모르는 대다수의 나의 동료들에 대해서 합리성은 이용 가능한 최상의 예측 가능한 가정이다.

(David Friedman, 1996, p.5)

* 이 기초이론의 복습을 위해서는 예를 들어 Varian(1999)을 참조. 효용과 이윤함수 그리고 후생변동 측정의 이론적 정당성에 대한 보다 고급의 설명은 Just et al.(1982), Johansson (1993), Mas-Colell et al.(1995), Varian(1992) 그리고 Adler and Posner(2001) 참조.

제1절 서　　론

이 장은 비용-편익분석의 기본적 이론 구조를 다룬다. 목적은 사회후생 개념의 배후에 있는 것과 순현재가치에 기초한 결정기준을 보다 명확하게 설명하는 것이다. 접근은 이론적이지만 철저한 것도 아니고 극히 전문적도 아니다.

개인의 선호로부터 사회후생에 이르는 방법이 2절의 내용이다. 3절은 생산물과 요소시장에서 생산자잉여의 측정을 상세히 설명한다. 4절은 경제적 변동을 평가하기 위해 가장 흔히 사용되는 개인효용 변동의 세 가지 화폐척도인 보상변화, 대등변화와 소비자잉여를 분석한다. 5절은 불확실성을 다룬다.

제 2 절　개인효용에서 사회후생으로

사회후생함수인 식 (11.1)이 주어졌을 때 독립적 효용을 가정하고 전미분을 하면 사회후생(W)의 변동은 식 (11.2)로 표현될 수 있다. 즉 사회를 구성하고 있는 m명의 개인들의 효용(U) 변동에 사회가 각 개인의 효용에 부여한 상대적 중요성(즉 사회적 한계효용: $\partial W/\partial U_i$)이 가중치로 붙은 것의 합계이다.[1)]

$$W = W(U_1,\ U_2,\ \cdots,\ U_m) \tag{11.1}$$

$$dW = \sum_{i=1}^{m} \frac{\partial W}{\partial U_i} dU_i \tag{11.2}$$

1) 식 (11.2)는 m명의 개인들의 편익을 합계하는 절차를 명시하지 않고 있다는 것을 주목하라. 그것은 분석자가 부과한 어떠한 외부 기준과도 부합한다.

개인의 효용은 소비를 위해 이용 가능한 n종의 재화의 양과 서비스(x)에 의존한다. 개인 i의 경우

$$U_i = U_i(x_{i1},\ x_{i2},\ \cdots,\ x_{in}) \tag{11.3}$$

개인 i가 총지출이 그의 소득보다 클 수 없다는 가정하에 효용을 극대화한다고 가정하면 다음 식이 된다.

$$\underset{x_{i1},\ x_{i2},\ \cdots,\ x_{in}}{Max} \quad U_i(x_{i1},\ x_{i2},\ \cdots,\ x_{in}) - \mu_i\left(\sum_{j=1}^{n} p_j x_{ij} - M_i\right) \tag{11.4}$$

여기서 x_{ij}는 개인 i가 소비하는 재화 j의 양, M_i는 개인 i의 소득, p_j는 재화 j의 가격, μ_i는 라그랑지 승수이다.

1차 조건은 다음과 같다.

$$\frac{\partial U_i}{\partial x_{ij}} - \mu_i p_j = 0, \quad j = 1,\ \cdots,\ n \tag{11.5}$$

$$\sum_{j=1}^{n} p_j x_{ij} - M_i = 0 \tag{11.6}$$

1차 조건의 경제적 해석은 다음과 같다. 효용을 극대화하기 위해서는 개인은 그의 소득을 최적에서 그리고 선택된 재화에 대해 그 재화 마지막 단위를 소비하는 한계효용($\partial U_i / \partial x_{ij}$)이 가격을 지불하는 비효용($\mu_i p_j$)과 같아지도록 배분한다는 것이다. 이때 μ_i는 소득의 한계효용이다. 더욱이 모든 선택된 재화에 대한 지출로 그 사람의 소득은 고갈된다.

식 (11.5)에서 p_j에 대해 풀면

$$p_j = \frac{\frac{\partial U_i}{\partial x_{ij}}}{\mu_i} \tag{11.7}$$

최적에서 개인은 재화 j의 추가적 단위를 가격이 그 재화의 한계가치(식 (11.7)의 비율)와 같아질 때까지 소비한다. 재화의 한계가치가 그것의 가격보다 클 때는 항상 개인은 예산제약에 묶일 때까지 그 재화의 소비를 증가한다. 몇몇 재화에 있어서는 가격이 그 재화의 한계가치보다 높을 수 있고 개인은 그것들을 소비하지 않는다. 이 경우 1차 조건은 부등식으로 성립한다(구석 해).

식 (11.3)을 미분하여 우리는 식 (11.8)을 얻는데, 개인의 총효용의 변동은 각 재화의 한계효용과 그 재화 소비량의 변동에 달려 있다.

$$dU_i = \sum_{j=1}^{n} \frac{\partial U_i}{\partial x_{ij}} dx_{ij} \tag{11.8}$$

1차 조건 (11.5)를 (11.8)에 대입하면 우리는 개인후생의 변동을 얻는다.

$$dU_i = \sum_{j=1}^{n} \mu_i p_j dx_{ij} \tag{11.9}$$

식 (11.9)는 효용을 재화와 서비스의 가격과 개인의 소득이 주어졌을 때 소비량의 함수로 생각한다. 개인 i의 효용의 변동은 소비되는 n종의 재화량의 한계변동에 그들의 가격(우리는 일정하다고 가정)을 곱하고 여기에 소득의 한계효용(μ_i)을 곱하여 효용으로 변환한 것에 달려 있다.

개인효용 변동의 화폐척도에 대한 유용한 개념은 간접효용함수이다. 원래의 함수 형태 (11.3)에 사용되는 간접효용은 가격과 소득이 주어졌을 때 개인들이 소비하는 재화와 서비스의 수량의 함수이다.

1차 조건 (11.5)와 (11.6)으로 돌아가서 효용을 극대화하는 x의 값을 가격 벡터(P)와 소득(M)의 함수로 얻으면 간접효용함수는 $U = U(X(P,\ M))$ 또는 다음 식으로 표현되는 효용함수이다.

$$V_i(p_1,\ p_2,\ \cdots,\ p_n,\ M_i) = U_i(x_{i1}(p_1,\ p_2,\ \cdots,\ p_n,\ M_i),\ x_{i2}(\cdot),\ \cdots,\ x_{in}(\cdot)) \tag{11.10}$$

식 (11.10)에 예산제약을 더하면 우리는 효용극대화를 가격들과 소득의 함수로 표현하기 위해 간접효용함수를 사용할 수 있다.

$$V_i(p_1,\ p_2,\ \cdots;\ p_n,\ M_i) = U_i(x_{i1}(p_1,\ p_2,\ \cdots;\ p_n,\ M_i),\ x_{i2}(\cdot),\ \cdots,\ x_{in}(\cdot)) - \mu_i\left(\sum_{h=1}^{n} p_h x_{ih}(p_1,\ \cdots,\ p_n,\ M_i) - M_i\right) \tag{11.11}$$

최적에서 p_j로 미분하고 $V(P,\ M) = U(X(P,\ M))$이라는 것에 주목하면 우리는 효용이 어떻게 가격의 미세한 변화에 따라 변하는지를 볼 수 있다.

$$\frac{\partial V_i}{\partial p_j} = \sum_{h=1}^{n} \frac{\partial U_i}{\partial x_{ih}} \frac{\partial x_{ih}}{\partial p_j} - \mu_i\left(x_{ij} + \sum_{h=1}^{n} \frac{\partial x_{ih}}{\partial p_j} p_h\right) \tag{11.12}$$

$$\frac{\partial V_i}{\partial p_j} = \sum_{h=1}^{n} \left(\frac{\partial U_i}{\partial x_{ih}} - \mu_i p_h\right) \frac{\partial x_{ih}}{\partial p_j} - \mu_i x_{ij} = -\mu_i x_{ij} \tag{11.13}$$

최적에서(1차 조건 (11.5) 참조)

$$\left(\frac{\partial U_i}{\partial x_{ih}} - \mu_i p_h\right) \frac{\partial x_{ih}}{\partial p_j} = 0; \quad h = 1,\ 2,\ \cdots,\ n \tag{11.14}$$

식 (11.13)에서 얻은 결과는 미시경제학에서 Roy의 항등식으로 잘 알려져 있다. 우리가 보았듯이 그것은 포락선 정리를 적용하면 쉽

게 도출된다.[2)]

식 (11.10)을 전미분함으로써 우리는 식 (11.15)를 얻는데, 개인의 총효용의 변동은 가격 각각의 변동에 대한 한계효용에 가격변동분을 곱한 것과 소득의 한계효용에 소득의 변동분을 곱한 것의 합계에 달려 있다.

$$dV_i = \sum_{j=1}^{n} \frac{\partial V_i}{\partial p_j} dp_j + \frac{\partial V_i}{\partial M_i} dM_i \tag{11.15}$$

소득을 일정하게 유지하고($dM_i = 0$), 식 (11.13)의 결과를 이용하면

$$dV_i = -\sum_{j=1}^{n} \mu_i x_{ij} dp_j \tag{11.16}$$

이 식은 가격이 변동하는(수량은 일정하게 유지) 프로젝트의 경우 식 (11.9)와 동일하다. 이 장에서는 비용의 변동은 없이 재화 수량이나 ((11.9)) 가격((11.16))의 변동만을 다룬다. 2장에서 우리는 가격과 수량이 동시에 변하는 상황을 다루었다.[3)]

식 (11.9)와 (11.16)은 수량이나 가격의 변동의 결과로서 개인효용의 변동을 평가하는 방법을 보여준다. 가격의 변동에는 수량이 곱해지고, 수량의 변동에는 가격이 곱해진다. 이 효용 변동을 화폐단위로 변환하기 위해서는 μ_i가 일정할 필요가 있는데, 만일 μ_i가 일정하지 않으면 우리는 직접적으로 효용 변동을 화폐 변동과 연관시킬 수가 없다. 만일 소득의 한계효용이 일정하지 않다면 소득의 동일한 증가는 효용의 상이한 변동을 초래한다.

효용이 소득에 따라 증가하지만($\partial U/\partial M > 0$) 비례보다는 작게 증

2) 최적에서 목적함수의 값의 외생 모수에 대한 도함수는 목적함수의 모수에 대한 도함수와 같다. 단지 직접효과만 고려되어야 한다.

3) 효용과 이윤은 환경재(예, 대기질) 수준의 변동을 통해서도 영향받을 수 있다. 이것은 5장과 6장에서 다루어졌다.

가하므로($\partial^2 U/\partial M^2 < 0$) 상이한 소득을 가진 사람들의 소득의 한계효용을 알지 못하는 한 효용 변동에서 재화의 수량과 가격의 총변동을 변환하는 것은 가능하지 않다.

위의 주장은 프로젝트의 수행으로부터 발생하는 사회적 편익의 측정에 대한 경제적 근거를 이해하는 데 유용하다. 효용이 관찰 불가능하므로 우리는 개인들의 효용의 변동을 반영하는 화폐척도를 사용한다. 우리는 직접적으로 효용의 변동을 측정하지 않지만 그것의 한계에도 불구하고 화폐척도로 된 지불의사액 또는 수용의사액의 변동은 프로젝트로 인해 우리가 얻는 것과 잃는 것의 근사치를 얻게 한다.

사회후생함수 (11.1)과 그것의 전미분 (11.2)로 돌아가서 이 절에서 도출된 결과를 이용하면 우리는 사회후생에 대한 수량 (11.17)과 가격 (11.18)의 작은 변동의 영향을 표현할 수 있다.

$$dW = \sum_{j=1}^{n} \sum_{i=1}^{m} \frac{\partial W}{\partial U_i} \frac{\partial U_i}{\partial M_i} p_j dx_{ij} \tag{11.17}$$

$$dW = - \sum_{j=1}^{n} \sum_{i=1}^{m} \frac{\partial W}{\partial U_i} \frac{\partial U_i}{\partial M_i} x_{ij} dp_j \tag{11.18}$$

두 식의 경제적 해석을 위해 이것을 오른쪽으로부터 왼쪽으로 읽는 것이 유용하다. 프로젝트는 수량의 변동(p는 일정)이나 가격의 변동(x는 일정)을 수반할 수 있다. 두 경우 모두 이들 변동은 화폐단위로 변환되어 각각 가격이나 수량이 곱해진다.

그러한 화폐변동이 사회후생의 변동으로 변환되기 위해서는 두 가지 유형의 가중치가 존재한다. 첫째, 각 개인의 소득의 한계가치 $\left(\frac{\partial U_i}{\partial M_i}\right)$는 개인의 소득수준에 달려 있다. 이 가중치가 소득을 개인의 효용으로 변환한다. 두 번째 가중치$\left(\frac{\partial W}{\partial U_i}\right)$는 개인의 효용을 사회후생으로 변환한다.

사회가 나아지려면 개인효용의 증가에 따라 $\partial W/\partial U_i$는 양의 값이어야 한다. 편도함수 $\partial W/\partial U_i$는 개인에 따라 다를 수 있다. 사회는 상이한 소득수준, 건강상태 또는 여타 적절한 특징을 갖는 사회집단에 더 큰 가중치를 줄 수 있다. 함께 해석된 두 가중치들이 소득의 사회적 한계효용이다.

식 (11.17)과 (11.18)은 설명된 가중치를 사용하여 처음에 화폐단위로 측정된 m명의 개인이 경험한 변동을 합계한 것이다. 식 (11.17)과 (11.18)에서 가중치 구조와 관련하여 어떻게 진행해야 할지를 결정하는 암묵적 사회후생함수가 존재한다. 가장 단순한 경우는 잠재적 보상 또는 Kaldor-Hicks 기준인데, 이때에는 편익과 비용이 가중치 없이 더해진다(즉 식 (11.17)과 (11.18)에서의 두 가중치는 1과 같다고 암묵적으로 가정된다). 잠재적 보상기준은 소득의 한계효용이 일정하고 사회는 소득, 건강상태 등에 관계없이 모든 사람들의 효용 변동에 동일한 가중치를 준다는 것을 의미한다.

식 (11.17)과 (11.18)로 다른 접근법들도 가능하다. 하나의 가능성은 소득의 한계효용을 교정하고 효용의 변동을 더해 모든 사람의 효용에 동일한 사회적 가치를 부여하는 것이다. 이런 방법으로 만일 소득의 한계효용이 감소하면 소득이 낮은 사람들의 편익과 비용이 더 중요하게 된다. 이런 교정은 만일 우리가 이것을 잠재적 보상기준과 비교한다면 재분배적으로 보일지 모르겠지만 어떠한 재분배적 토대도 가지고 있지 않다는 것이 강조되어야 한다.

또 다른 가능성은 불평등에 대한 사회적 혐오를 도입한 후생함수이다. 이 경우 일단 각 개인의 순편익이 그들 소득의 한계효용에 따라 교정되면 인류 평등주의의 정도에 따라 개인의 소득에 역비례하는 추가적 가중치(사회적 한계효용)를 도입한다.

제 3 절 생산자잉여의 측정

기업의 수입과 생산의 가변비용 간의 차이를 생산자잉여라고 부른다. 이 잉여는 고정비용이 공제되지 않았다는 점에서 총이윤이다. 가령 어떤 기업의 연간 수입이 100이고 총비용이 100이며 그 가운데 50은 가변비용, 50은 고정비용이라고 하자. 만일 그 기업이 아무 것도 생산하지 않는다면 정의상 가변비용은 피할 수 있다. 고정비용은 매몰비용이라고 가정한다. 이러한 정보에 의해 그 기업의 이윤은 0이고 생산자잉여는 50이다.

가령 일단 생산이 시작되고 나면 그 기업이 계속 가동을 하도록 하기 위해 그 회사의 소유주가 최대한 지불할 의사가 있는 금액이 얼마인지 묻는다고 하자. 어떤 전략적 고려도 배제하면 그의 대답은 50이다. 비록 그 기업은 0의 이윤을 벌지만 생산자잉여는 계속 가동하기 위해 그가 지불할 의사가 있는 최대금액을 나타낸다. 만일 문을 닫는다면 그는 50을 잃는다. 만일 계속 가동하면 그는 비용을 충당한다. 고정비용이 더 높을 수 있고 대답은 변하지 않을 것이다. 생산자잉여는 양의 값이어서 소유주는 지속적인 생산을 위해 지불할 의사가 있을 것이다. 양의 잉여를 가지고 생산하는 것은 고정비용의 회복에 기여한다. 잉여의 규모에 따라 고정비용은 부분적으로 또는 전부 충당될 수도 있고 또는 기업이 심지어 이윤도 낼 수 있다.

고정요소에 대한 지출이 이루어지기 이전에 소유주에게 가동 중지를 피하기 위한 지불의사액을 묻는다면 어떻게 되나? 생산자잉여가 가동 중지를 피하기 위한 최대 잠재적 지불액일까? 대답은 예이고 이 최대액은 이제 0이다. 생산을 시작하기 전에 모든 요소들은 가변적이고 우리 예의 수치들에 의하면 잉여는 0이다. 일반적으로 만일 고정비용이 없다면 이윤과 생산자잉여는 동일하다.

좀더 자주 분석자는 잉여의 절대값보다는 생산자잉여의 변동을 알 필요가 있다. 예를 들어 가격 또는 생산비용이 변해서 변동이 일어난다.

완전경쟁인 요소 및 재화시장에서 분석에 필요한 조건들을 만족시키는 생산함수 $x = x(L, K)$를 갖는 기업이 가동하는 경우를 보자. 이때 가변생산요소 L의 가격은 w, 고정요소 K의 가격은 1로 가정한다. 기업의 단기이윤은 다음과 같다.

$$\pi = px(L) - wL - K \tag{11.19}$$

생산을 시작하기 위한 결정규칙으로서 생산자잉여(PS)가 고정비용보다 크거나 같지 않으면 기업은 투자하지 않을 것이라고 말할 수 있다.

$$PS = px(L) - wL \geq K \tag{11.20}$$

단기의 경우 식 (11.19)를 L로 미분하면 우리는 이윤극대화의 1차 조건을 얻는다.

$$p\frac{dx(L)}{dL} - w = 0 \tag{11.21}$$

이것은 이윤을 극대화하기 위해 가변요소의 한계생산물가치가 그 요소의 가격보다 큰 한 생산을 더 늘려야 한다는 것을 가리킨다.

표준적 가정하에서 고정요소가 존재할 때 L의 한계생산성은 결국 감소할 것이므로 주어진 가격(p, w)하에서 등식 (11.21)은 성립해야 한다. 따라서 이윤함수는 그 재화의 가격(p)과 요소가격(w)에 의존한다.

이윤 식 (11.19)는 가치함수로 표현될 수 있는데, 이것은 간접적으로 p와 w에 의존한다(우리는 간접효용함수의 경우와 동일한 개념을 사용한다).

$$V(p,\ w) = px(p,\ w) - wL(p,\ w) - K \tag{11.22}$$

함수 (11.22)의 재화가격(완전경쟁 기업의 모수)에 대한 미분계수는 기업의 최대 이윤에서 발생하는 변동을 보여준다. 따라서 1차 조건으로 해석되어서는 안 되고 최적에서 가격변동의 이윤에 대한 영향이다.

$$\frac{\partial V}{\partial p} = x(p,\ w) + p\frac{\partial x}{\partial L}\frac{\partial L}{\partial p} - w\frac{\partial L}{\partial p} = x(p,\ w) \tag{11.23}$$

가격의 미세한 증가에 의한 편익 증가는 기업이 파는 수량과 같은데(포락선 정리), 기업이 최적 생산수준에 위치하고 있기 때문에 다음이 성립하기 때문이다.

$$\left(p\frac{\partial x}{\partial L} - w\right)\frac{\partial L}{\partial p} = 0 \tag{11.24}$$

식 (11.23)에서 얻은 결과는 가격이 변할 때 생산자잉여의 변동을 계산하는 데 매우 유용한데, 왜냐하면 우리는 단지 기업의 공급함수인 함수 $x(p,\ w)$를 초기 가격과 최종 가격을 적분 한계로 사용하여 적분할 필요가 있기 때문이다.

$$\Delta PS = \int_{p_0}^{p_1} x(p,\ w)\,dp \tag{11.25}$$

[그림 11-1]은 가격이 p_0에서 p_1으로 증가할 때 생산자잉여의 변동을 보여준다. 면적 p_1bap_0로 나타나는 이 변동은 기업의 이윤 변동과 일치한다. 대단히 작은 가격증가에 대해 잉여는 x_0가 된다. 즉 식 (11.23)에 표현된 결과가 된다는 것에 주목하라.

[그림 11-1] 재화시장에서의 생산자잉여

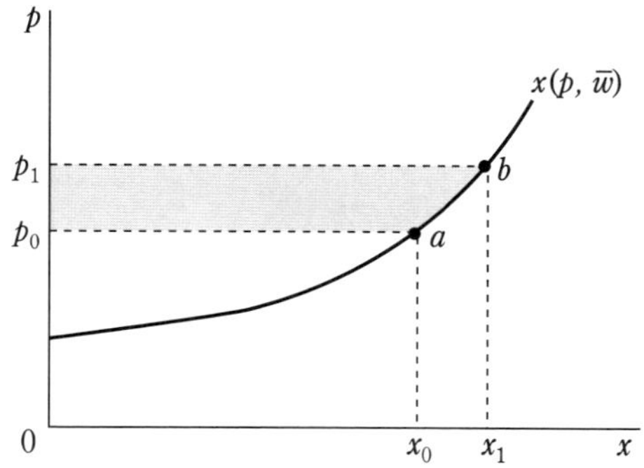

식 (11.22)를 요소가격(기업에게는 외생적)으로 미분하면 요소가격이 변할 때 기업의 이윤에 발생하는 변화를 얻게 된다. 재화의 가격에 일어나는 것과 마찬가지로 개념은 극대화 조건을 얻는 것이 아니라 한 모수가 변할 때 최적에서 이윤의 변동을 계산하는 것이다.

$$\frac{\partial V}{\partial w} = p\frac{\partial x}{\partial L}\frac{\partial L}{\partial w} - L(p,\ w) - w\frac{\partial L}{\partial w} = -L(p,\ w) \qquad (11.26)$$

요소가격의 변동에 따른 이윤의 변동은 기업이 사용하는 (음의 부호가 붙는) 가변요소의 양(포락선 정리)인데, 왜냐하면 기업이 이윤을 극대화한다는 전제하에 우리는 다음을 알고 있다.

$$\left(p\frac{\partial x}{\partial L} - w\right)\frac{\partial L}{\partial w} = 0 \qquad (11.27)$$

음의 부호를 붙여 요소의 수요함수 $L(p,\ w)$을 초기 요소가격과 최종 요소가격 사이에서 적분하면 생산자잉여의 변동을 나타내는 다음 식을 얻는다.

[그림 11-2] 요소시장에서의 생산자잉여

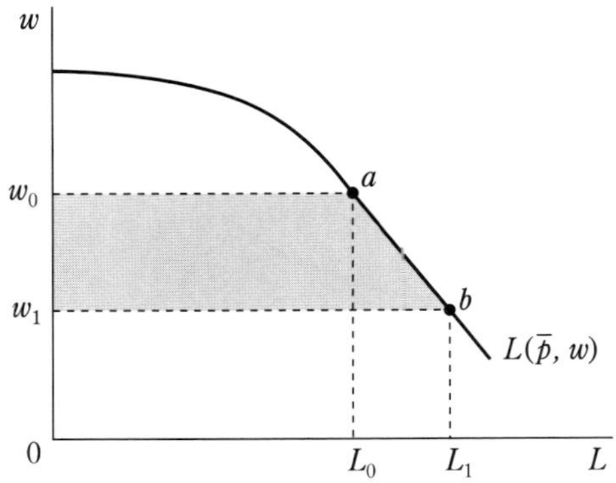

$$\Delta PS = -\int_{w_0}^{w_1} L(p,\ w)\,dw \tag{11.28}$$

이 변동의 표현은 [그림 11-2]에서 견적 w_0abw_1으로 반영된다.

[그림 11-1]은 가격이 변할 때 재화에 대한 시장에서의 생산자잉여의 변동을 보여주는 한편, [그림 11-2]는 요소의 가격이 변할 때 요소시장에서의 생산자잉여의 변동을 나타낸다. 대신으로 재화가격의 변동으로 일어나는 잉여는 요소시장에서 측정될 수 있고, 요소가격의 변동으로 일어나는 잉여는 재화시장에서 측정될 수 있다. [그림 11-3]과 [그림 11-4]는 각각 [그림 11-1]과 [그림 11-2]의 면적을 포착한다.

재화시장에서 가격이 p_0에서 p_1으로 증가하면([그림 11-1]), [그림 11-3]에서 노동의 한계생산물가치를 나타내는 노동수요곡선이 위로 이동한다. 요소의 가격(w)이 w_0로 일정하므로 조건 (11.21)은 충족되지 않아서 조건이 만족될 때까지 더 많은 노동이 고용될 것이다. 요소시장에서의 생산자잉여의 변동은 새로운 균형에서도 일정하게 유지되는 요소가격에 의해 제한된 두 요소수요곡선 사이의 면적 $bdfa$

[그림 11-3] 요소시장에서 측정된 재화가격 변동의 영향

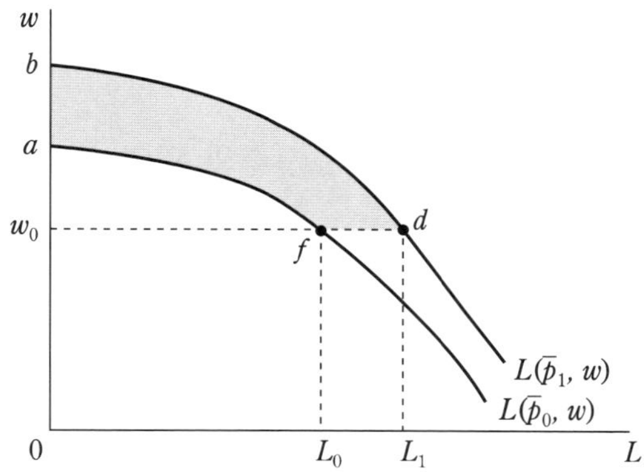

[그림 11-4] 재화시장에서 측정된 요소가격 변동의 영향

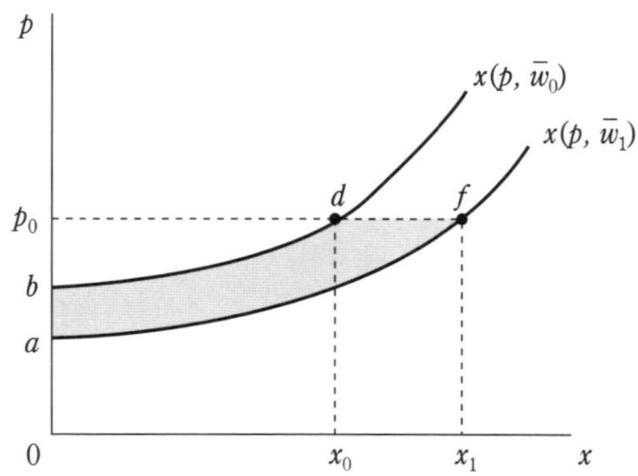

와 같다.

이와 유사하게 요소시장의 가격하락([그림 11-2])은 재화시장에서 공급곡선의 하향 이동을 초래하는데([그림 11-4]), 이것은 생산의 한계비용 감소를 나타낸다. 재화의 가격이 일정하게 유지되므로 한계비용의 감소는 생산증가를 유리하게 한다. 재화시장에서의 생산자잉여의

변동은 새로운 생산수준에서 일정하게 유지되는 가격에 의해 제한된 두 재화공급곡선 간의 면적 $bdfa$와 같다.[4]

1. 생산자잉여와 생산요소 소유주의 잉여

프로젝트의 수행으로 인한 생산자잉여의 변동은 이 잉여의 수혜자가 누구인지를 보여주지 않는다. 생산자잉여는 약간 혼란스러운데, 왜냐하면 결국 잉여의 이 변동이 회사 소유주들, 토지와 기타 고정요소의 소유주들, 납세자들, 또는 근로자들의 소득의 변동일 수 있기 때문이다.

가령 요소 L이 수입된 원료라고 하자. 이 경우 생산비용의 감소는 생산자잉여를 증가시키고 이것은 사회적 잉여의 변동이다(p가 변하지 않는다고 전제하면 소비자잉여는 일정하다). 이와 대조적으로 만일 L이 국내 노동이라면 근로자들의 잉여의 변동은 여타 사회적 주체의 잉여처럼 고려되어야 한다. 공기업의 민영화 결과 w의 감소는 근로자들의 잉여의 감소를 나타내는데, 이것은 x가 일정할 때 생산자잉여의 증가와 상쇄되어 사회후생은 영향을 받지 않게 된다.

근로자들은 만일 그들에게 최소한 그들의 기회비용이 임금으로 지불된다면 그들의 노동을 제공한다. 꽤 자주 프로젝트의 경제적 평가에서 임금으로부터 근로의 기회비용(예를 들면, 여가의 가치)을 공제하여 얻은 근로자잉여는 포함되지 않는데, 그 이유는 주로 다수의 프로젝트들이 노동시장에 의미 있는 변동을 일으켜 균형임금을 변동시키지 않기 때문이다.

[그림 11-5]는 노동공급곡선 $S_L(w)$을 나타낸다. 최저 유보임금은 w_r이어서 그 아래로는 그림에서 표현된 시장에서 아무도 일할 의

4) 이전의 분석은 다수의 재화와 요소들에 대해 일반화된다(Just et al., 1982 참조).

[그림 11-5] 근로자들의 잉여

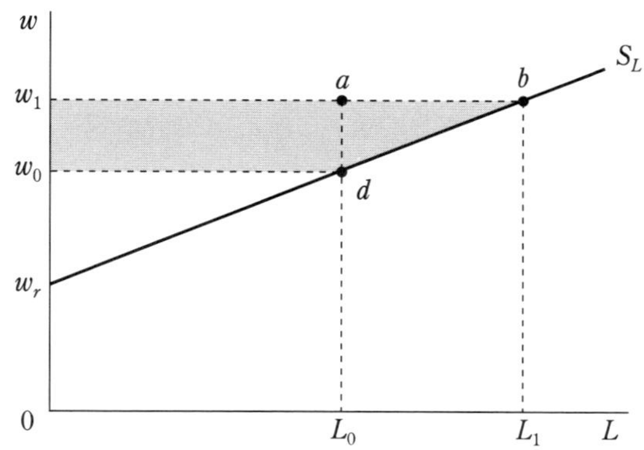

사가 없다. 이것은 실업보험이 있거나 또는 비공식적 경제가 w_r 주변에서 지불하는 직장을 제공하기 때문일 수 있다.

가령 [그림 11-5]에 표현된 노동시장이 점 d에서 균형 상태이어서 임금 w_0에서 L_0의 근로자들이 고용된다고 하자. 만일 임금이 w_1으로 오르면 d로부터 b로의 변동은 새로운 일자리를 창출한다(L_0에서 L_1으로). b가 균형인 경우 새로운 고용인들은 그들의 기회비용(면적 dbL_1L_0)에서 일할 의사가 있다. 그러나 그들은 임금으로 면적 abL_1L_0를 받아 새로운 고용인들에게 면적 abd의 잉여가 발생한다. 기존의 근로자들도 역시 임금 증가로 편익을 얻어 그들의 잉여는 w_0dw_r에서 w_1adw_r로 증가한다. 또는 동일하지만 기존 근로자들의 잉여는 면적 w_1adw_0만큼 증가한다.

우리는 생산자잉여의 개념을 무시하고 단지 사회적 주체들인 토지소유자들, 주주들, 소비자들, 근로자들, 납세자들의 잉여를 더할 수 있다는 것이 강조되어야 한다. 비록 어느 누구도 하나 이상의 범주에 속하지만 이 기능적 구분이 비용-편익분석에서 유용하다.

실제로 특정 도시지역의 이용 가능한 토지나 특정 특성을 갖는 농사용 토지와 같이 성격상 장기간 지속되는 고정요소와 시장에 새로운 공급자들이 진입하는 것을 제약하는 몇몇 면허와 같이 법에 의해 부과되는 고정요소를 구분하는 것이 흥미롭다.

비록 고정요소의 소유자들을 포함하여 주체들의 잉여를 더하는 것이 간단하지만 정보가 희소하고 총체적 수준에서 시장에서 발생하는 것에 대한 가정을 가지고 작업해야 할 때에는 소비자잉여의 사용이 적합할 수 있다.

마지막으로 이중계산을 피하라는 주의 사항이다. 가령 [그림 11-1]은 농산물 가격의 상승 결과 농부들의 잉여의 증가를 나타낸다고 하자. 시장에서 발생한 변동을 평가하는 데 우리는 [그림 11-1]에 나타난 생산자잉여를 사용할 수도 있고 또는 만일 토지 임대료가 농부들의 편익을 흡수할 수 있도록 갱신된다고 예상하면 소유주의 소득을 사용할 수도 있다.

제 4 절 보상변화, 대등변화와 소비자잉여

가격하락과 생산품의 품질 증가는 사람들이 더 높은 수준의 효용에 도달하도록 한다. 비록 효용의 두 수준에 부여된 가치가 전적으로 자의적이기 때문에 우리는 증진의 규모를 모르지만 개인들은 더 나아졌다.

비용-편익분석에서 우리는 한발 더 나아가서 그러한 사람들의 증진에 따른 사회후생의 변동을 알고자 하는데, 이것은 개인효용 변동의 합계를 필요로 한다. 만일 효용 차이의 크기가 자의적이라면(한 상태의 효용이 다른 상태의 효용보다 높다는 것만 중요하다) 상이한 사람들의 효용의 변동을 더하는 것은 더욱 사리에 덜 맞다.

이 문제를 벗어나는 한 가지 방법은 사람들이 효용 변동에 부여하는 화폐가치에 의존하여 이 개별 가치들을 더하는 것이다(사회후생으로의 변환을 위한 개별 가치의 합계는 소득의 사회적 한계효용에 따라 그것들에 가중치를 부여하는 것을 필요로 한다는 것을 기억할 것).

경제적 변동을 평가하기 위해 가장 흔히 사용되는 개인효용 변동의 세 가지 화폐척도들은 보상변화, 대등변화 그리고 소비자잉여이다.

보상변화(CV)는 일단 변화가 일어날 때 변화가 있기 전의 효용 수준과 동일한 수준에 머무르도록 하기 위해 그로부터 가져갈 수 있는 소득으로 정의될 수 있다.[5] **대등변화**(EV)는 변화로 인해 도달하는 것과 동일한 효용 수준을 변화가 없을 때 도달하도록 하기 위해 그 개인에게 주어지는 소득(그것은 변화와 대등한 소득의 양이다)으로 정의될 수 있다. CV와 EV의 이점은 그것들이 개인효용 변동의 화폐척도라는 것이다. **소비자잉여**(CS)는 소비되는 각 단위에 대한 지불의사액 합계(0과 소비되는 마지막 단위 간의 수요곡선 아래의 면적)에서 그 재화에 대한 총비용을 빼 준 값으로 정의될 수 있다. 따라서 CS의 변동은 변화 이전과 이후의 잉여의 차이이다.

이 효용의 화폐척도들의 이론적 정당성을 보기 위해 우리는 일정한 효용 수준 $\overline{U}$ 제약하에서 개인의 지출을 극소화하는 것으로 시작한다(표기의 단순화를 위해 우리는 하첨자 i를 생략한다).

$$\underset{x_1,\ \cdots,\ x_n}{Min} \quad \sum_{j=1}^{n} p_j x_j - \mu(U(x_1,\ \cdots,\ x_n) - \overline{U}) \tag{11.29}$$

1차 조건은 다음과 같다.

5) CV를 '가져가는' 또는 '주어지는' 소득으로 정의하는 것은 자의적이다. 여기서는 변화 후에 그 사람으로 하여금 초기 효용 수준으로 돌아가도록 하기 위해 가져가는 소득의 양으로 정의되어 효용의 증가는 양의 부호를 갖는 CV와 연관되는 한편, 효용의 상실은 음의 부호를 갖는 CV를 갖게 된다(음의 부호를 갖는 '가져가는'은 '주어지는'과 동일하다).

$$p_j - \mu \frac{\partial U}{\partial x_j} = 0, \quad j = 1, \cdots, n \tag{11.30}$$

$$U(x_1, \cdots, x_n) = \overline{U} \tag{11.31}$$

식 (11.30)과 (11.31)로부터 식 (11.29)를 극소화하는 x_j의 값을 얻으면 우리는 최적에서의 지출함수 $e(P, \overline{U})$를 얻는데, P는 가격 $(p_1, \cdots, p_n)$ 벡터이다.

$$e = \sum_{j=1}^{n} p_j x_j(P, \overline{U}) - \mu[(U(x(P, \overline{U})) - \overline{U}] \tag{11.32}$$

이 가치함수를 p_j로 미분하면

$$\frac{\partial e}{\partial p_j} = x_j(P, \overline{U}) + \sum_{h=1}^{n} p_h \frac{\partial x_h}{\partial p_j} - \mu \sum_{h=1}^{n} \frac{\partial U}{\partial x_h} \frac{\partial x_h}{\partial p_j} = x_j(P, \overline{U}) \tag{11.33}$$

식 (11.33)은 한 재화의 가격이 아주 작게 변할 때 지출의 변동은 보상수요 $x_j(P, \overline{U})$와 같은데, 왜냐하면 최적에서 식 (11.30)에 의해

$$\left(p_h - \mu \frac{\partial U}{\partial x_h}\right) \frac{\partial x_h}{\partial p_j} = 0; \quad h = 1, \cdots, n \tag{11.34}$$

수요함수 $x_j(P, \overline{U})$는 보상수요 또는 힉스수요라고 부르고 효용은 일정한데, 한편 시장수요 $x_j(P, \overline{M})$은 소득이 일정하다. 보상수요함수는 소득이 조정되어 효용을 일정하게 유지하면서 한 재화의 가격이 변할 때 수요량이 어떻게 변하는지를 보여준다.

간접효용함수 $V(P, M) = \overline{U}$, 이때 $\overline{U}$는 식 (11.32)에서 지출을 극소화하는 효용 수준인데, 이 $\overline{U}$에 대한 두 수준, 즉 하나는 변화 전에 달성되는 U^0와 변화 후에 달성되는 U^1을 이용하면 우리는 식

(11.35)의 부호가 양이면 그 사람이 더 나아지고, 음이면 더 나빠졌다는 것을 볼 수 있다.

$$V(P^1,\ M^0) - V(P^0,\ M^0) \tag{11.35}$$

식 (11.35)는 우리에게 변동의 부호를 알려 주지만 변동의 크기에 대해서는 어떠한 정보도 주지 못한다.[6] 비용-편익분석에서 몇 사람이 더 나아졌고 다른 사람들이 더 나빠졌다는 것을 아는 것만으로는 충분치 않다. 만일 프로젝트로 인해 납세자들의 화폐척도가 1,000의 감소라면 의사결정자는 근로자들, 고용주들과 소비자들이 더 나아졌다는 것을 아는 것만으로는 충분치 않다. 그는 또한 발생한 비용과 비교하기 위해 증진의 규모와 프로젝트 수혜자들의 편익이 비용을 상쇄할 정도로 충분히 큰지를 알 필요가 있다.

우리는 효용 변동의 화폐척도를 필요로 한다. 보상변화(CV)가 그 중 하나이다(Jara-Díaz and Farah, 1988). 가령 소득은 일정한 데 가격이 하락한다고 하자. 식 (11.36)에서 우리는 CV가 어떻게 개인이 경험하는 증진을 화폐단위로 측정하는지 볼 수 있다.

$$U^0 = V(P^0,\ M^0) = V(P^1,\ M^0 - CV) \tag{11.36}$$

초기 가격과 소득 $(P^0,\ M^0)$일 때 효용은 U^0(우리는 변화 전의 출발점에 있다)이다. 식 (11.36)은 새로운 상황일 때 초기 수준에서의 효용을 유지하기 위해 그 사람으로부터 가져가야 하는 소득(CV)을 보

6) 원래 효용함수의 어떠한 단조증가변환도 역시 타당하다는 것을 상기할 것. 만일 프로젝트가 수행되기 전에 개인의 선호를 나타내는 효용함수가 $U^0 = 1$의 값을 갖고, 프로젝트 후에 $U^1 = 3$의 값을 갖는다면 그 사람은 나아졌다는 것을 우리는 안다. 만일 원래의 함수를 변환하여 새로운 값들이 $U^0 = 1$, $U^1 = 9$라면 경제적 해석은 변하지 않는다. 개인의 재화묶음의 서열이 동일하다. U^1일 때 개인은 U^0일 때보다 더 낫지만 척도가 자의적이기 때문에 우리는 변동의 크기를 모른다.

여준다. 만일 변동이 가격의 증가라면 CV는 음의 값이 될 것이다(우리는 그 사람의 소득을 증가시킨다). 식 (11.36)의 역함수를 구하면

$$M^0 = e(P^0, \ U^0), \quad M^0 - CV = e(P^1, \ U^0) \tag{11.37}$$

그래서 CV는 다음과 같이 표현될 수 있다.

$$CV = e(P^0, \ U^0) - e(P^1, \ U^0) \tag{11.38}$$

이것은 독립재의 경우 다음과 같이 표현될 수 있다.

$$CV = \sum_{j=1}^{n} \int_{p_j^1}^{p_j^0} x_j(P, U^0)\, dp_j \tag{11.39}$$

식 (11.38)에서 CV는 초기와 최종 가격이 주어졌을 대 효용 수준 U^0를 달성하기 위해 필요한 최소한의 소득 수준의 차이로 나타난다. 만일 그 차이가 양의 값이면 그 사람은 더 나아졌다(그가 동일한 효용 수준에 머무르도록 하기 위해 당신은 소득을 가져갈 수 있으므로). 만일 차이가 음의 값이면 우리는 변화에 대해 보상하기 위해 그에게 소득을 주어야 하기 때문에 그는 더 나빠졌다.

식 (11.39)의 CV는 독립재들인 경우에 타당하고 최적에서 지출의 가격에 대한 도함수가 보상수요함수 $x_j(P, \ U^0)$인 식 (11.33)의 결과를 이용한다. 만일 우리가 초기 가격과 최종 가격을 적분한계로 사용하여 보상수요함수를 적분하면 우리는 CV에 해당하는 면적을 얻는데, 왜냐하면 보상수요는 소득효과를 포함하고 있지 않기 때문이다.

우리는 대등변화에 대해서도 동일한 방법으로 진행할 수 있다.

$$U^1 = V(P^1, \ M^0) = V(P^0, \ M^0 + EV) \tag{11.40}$$

소득이 일정하고 최종 가격에서 $(P^1, \ M^0)$ 효용은 U^1(변화 후의

효용 수준)이다. 가령 이 효용 수준 U^1에서 가격 P^1이 P^0보다 낮아서 개인은 더 나아졌다고 하자. 식 (11.40)은 EV는 초기 가격(P^0)으로 변화가 없을 때 변화가 있을 때와 동일한 효용 수준 U^1만큼의 효용을 달성하도록 하기 위해 개인에게 소득을 주는 것으로 이루어져 있다. 만일 그 변화가 가격 증가였다면 EV는 음의 값이 될 것이다(그 사람으로부터 소득을 가져간다). 식 (11.40)의 역함수를 구하면

$$M^0 = e(P^1,\ U^1),\quad M^0 + EV = e(P^0,\ U^1) \tag{11.41}$$

EV는 다음과 같이 표현될 수 있다.

$$EV = e(P^0,\ U^1) - e(P^1,\ U^1) \tag{11.42}$$

이것은 독립재의 경우 다음과 같이 표현될 수 있다.

$$EV = \sum_{j=1}^{n} \int_{p_j^1}^{p_j^0} x_j(P, U^1)\, dp_j \tag{11.43}$$

식 (11.42)에서 EV는 초기와 최종 가격으로 효용 수준 U^1을 달성하기 위해 필요한 최소한의 소득으로 나타난다. 만일 그 차이가 양의 값이면 개인은 더 나아졌다(소득의 증가가 더 높은 효용 수준에 도달하는 변동과 같으므로). 만일 그 차이가 음수이면 그 변동은 소득 상실과 같으므로 그 개인은 더 나빠졌다.

CV와 같은 방법으로 식 (11.43)은 독립재들인 경우에만 타당하고 최적에서 지출의 가격에 대한 도함수가 보상수요함수이지만 이제는 다른 효용 수준 기준인 $x_j(P, U^1)$인 식 (11.33)의 결과를 이용한다. 효용 수준 U^1에서 재화 j의 초기 가격과 최종 가격을 적분한계로 사용하여 보상수요함수를 적분함으로써 EV와 동일한 면적을 얻는다.

[그림 11-6] 왜 CV와 EV는 일치하지 않나

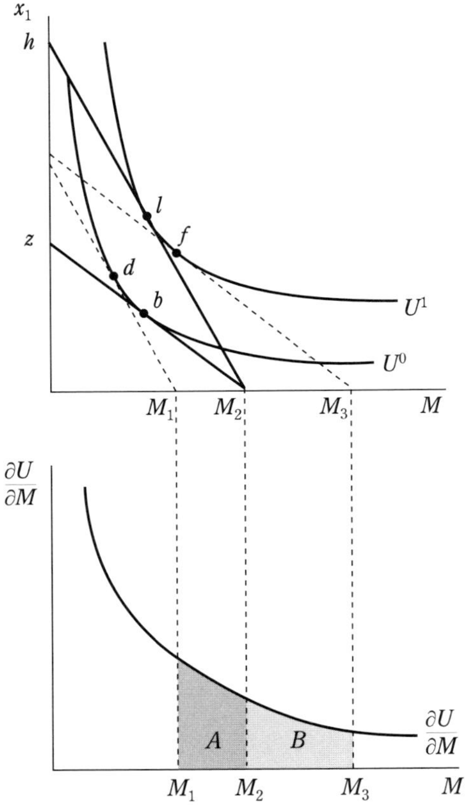

CV와 EV는 반드시 일치하지는 않는다. 그것들은 둘 다 개인 효용 가치의 변동을 화폐로 측정하는데, CV의 경우는 초기 수준에 대해, EV의 경우 최종 수준에 대해 측정한다.

[그림 11-6]의 윗부분은 x_1(수직축)과 여타 재화 또는 소득(수평축) 간 선택하는 소비자의 무차별곡선과 예산제약을 나타낸다. 처음에 그 사람은 점 b에 위치하는데, 이때 무차별곡선 U^0는 예산제약

[그림 11-7] 보상수요에 의한 가격변동의 가치평가

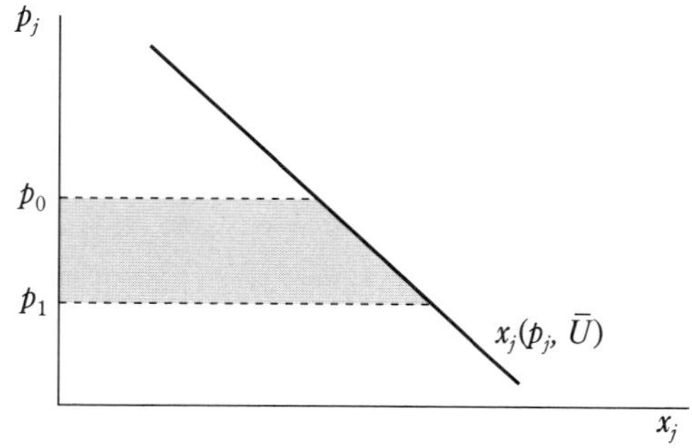

zM_2와 접한다. 그의 소득 수준은 M_2인데, 그것은 만일 그가 x_1을 소비하지 않는다면 소비할 수 있는 다른 재화의 최대량이다. 가령 x_1의 가격이 하락하여 예산제약이 hM_2로 이동한다면 이제 그 사람은 점 l을 선택한다. CV는 일단 x_1의 가격이 변했을 때 그가 점 b에서 누리던 것과 동일한 효용 수준에 도달하도록 그로부터 소득을 가져가는 것으로 되어 있다. 점 d가 새 위치이고 이것은 소득을 $M_2 - M_1$ 만큼 줄이면 달성된다. EV의 정의를 적용하면 점 l에서와 동일한 효용을 얻기 위해서 초기 가격일 때(점 f) 이 사람에게 소득을 주어야 하는데 소득증가 규모는 $M_3 - M_2$이다.

[그림 11-6]은 윗부분에 있는 CV와 EV 소득의 움직임을 효용의 변동과 아랫부분에서 면적으로 표현하는 것을 연결시키고 있다. 이것을 좀더 상세하게 보자.

관찰될 수 있듯이 소득의 변동은 수평축에서 동일하지 않다 $(M_2 - M_1) < (M_3 - M_2)$. 그러나 효용의 변동은 동일하다. 즉 CV에서는 U^1에서 U^0로, EV에서는 U^0에서 U^1으로 변한다. 만일 효용의 변동이 동일하다면 왜 소득의 변동은 동일하지 않나? 그림의 아랫부분은 수직축에는 소득의 한계효용을, 수평축에는 소득을 나타낸

다. 소득의 한계효용을 나타내는 곡선과 상이한 소득수준 간의 면적은 소득 변동에 기인한 효용의 변동이다.

소득의 한계효용 체감(소득이 많으면 그것의 한계효용은 낮음) 가정 하에서 면적 A와 B는 동일해야 하는데, 왜냐하면 이 면적은 U^1에서 U^0로의 효용 변화와 U^0에서 U^1으로의 효용 변화를 나타내기 때문이다(소득의 한계효용에 상응하는 곡선의 소득 수준 간에 정의된 적분). 그 사람이 더 높은 소득 수준으로 이동할 때(M_2에서 M_3)보다 더 낮은 소득 수준으로 이동할 때(M_2에서 M_1) 소득의 절대적 크기는 작아진다.

[그림 11-7]은 보상수요곡선에서 재화 x_j의 가격이 p_0에서 p_1으로 감소하는 것을 보여준다. 두 가격과 보상수요곡선 사이의 면적은 기준으로서 어떤 효용 수준(처음 또는 나중)이 사용되는가에 따라 보상변화나 대등변화가 될 수 있다. 소득효과가 0인 특수한 경우에는 이 면적은 CV와 EV, 그리고 밑에서 설명될 CS의 변동에 공통으로 해당된다.

시장수요함수 $x(P, \overline{M})$으로부터 하나 또는 몇몇 재화가격의 변동으로 인한 소비자잉여의 변동을 계산할 수 있다. p_0는 재화 j의 초기 가격, p_1은 최종 가격이라 하자. 소비자잉여는 사람들이 지불하고자 하는 금액과 그들이 실제로 지불하는 금액 간의 차이이므로 가격변동에 따른 소비자잉여의 변동(ΔCS)은 다음과 같다.

$$\Delta CS = \sum_{j=1}^{n} \int_{p_j^1}^{p_j^0} x_j(P, \overline{M})dp_j \tag{11.44}$$

소비자잉여의 변동은 몇 가지 문제를 일으키는데, 예를 들어 우리는 항상 단일 수치를 얻을 수 없는 이유는 만일 몇몇 가격들이 변하거나 가격들과 소득이 변한다면 결과는 합해지는 경로에 달려 있기 때문이다. 식 (11.44)의 또 다른 결점은 설령 가격변동이 합해지는 순서에 관계없이 단일 값을 갖는다 할지라도 소득의 한계효용이 일정하지 않다면 그것은 효용의 변동을 측정하는 것이 아니다.[7] 이 마지막 말을 더 자세하게 살펴보자. 식 (11.13)으로부터 다음이 성립한다.

$$x_j = -\frac{\frac{\partial V}{\partial p_j}}{\mu} \tag{11.45}$$

이것을 식 (11.44)에 대입하면

$$\Delta CS = \sum_{j=1}^{n} \int_{p_j^1}^{p_j^0} \frac{1}{\mu} \frac{\partial V}{\partial p_j} dp_j \tag{11.46}$$

만일 우리가 CS의 변동을 효용 변동과 연관시키고 싶다면 소득의 한계효용이 일정해야 한다. 만일 μ가 일정하지 않다면 가격 변동이 상이한 부호를 갖는 경우 CS의 변동과 효용의 변동의 부호가 다르게 되는 일이 일어날 수도 있다(Just et al., 1982 참조). 한 재화 가격의 변동에 대한 식 (11.44)의 표현은 초기 가격과 최종 가격, 그리고 시장수요곡선 사이의 면적이다([그림 11-8] 참조).

1. 시장수요와 보상수요

대부분의 프로젝트의 경제적 평가에서 시장수요함수가 필요하다. 시장수요는 소비자잉여의 변동 계산을 가능케 하고 최대 유보가격을 근사할 이용 가능한 정보가 있는 경우 총잉여의 계산도 가능케 한다. 개인후생 변동을 추정하기 위해 시장수요함수를 이용하는 것은 소득효과를 포함하는 불리함을 갖고 있다.

시장수요는 개별수요의 수평합계이다. [그림 11-8]은 가로축이

7) 효용의 화폐척도로서 소비자잉여의 한계에 대한 정밀한 설명에 대해서는 예를 들어 Just et al.(1982) 또는 Varian(1992) 참조. 간결하고 명확한 설명은 Jara-Díaz and Farah(1988) 참조.

[그림 11-8] 시장수요와 보상수요

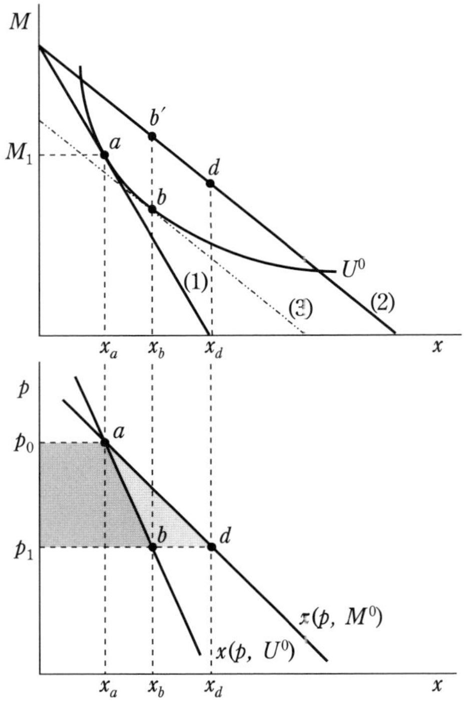

재화 x이고 여타 재화들(또는 소득)이 수직축일 때 소비자가 효용을 극대화하는 것을 보여준다. 처음에는 점 a에 위치하여 재화 x를 x_a만큼 타 재화를 M_1만큼 소비하여 무차별곡선으로 표현되는 효용 수준 U^0에 도달한다. 그림의 아랫부분은 재화 x_j의 역수요함수 $x(p,\ M^0)$를 나타낸다. 그림 아랫부분에서 점 a는 가격이 p_0일 때 소비자는 x_a만큼 수요한다는 것을 보여준다.

공공 프로젝트를 시작한 결과 재화 x의 가격이 p_0에서 p_1으로 변하는데, 그것은 [그림 11-3]에서 수직축의 절편은 동일하게 유지한 채(기타 재화의 가격은 변하지 않음) 예산제약선의 기울기가 감소((1)에서

(2)로)하는 것으로 나타난다.

개인은 이 변화로 얼마나 나아지나? 이 질문에 답하는 한 가지 방법은 소비자에게 가격 변동 전에 그가 위치했던 효용 수준(U^0 무차별곡선)에 남아있도록 하기 위해 그는 얼마나 지불할 의사가 있는지 묻는 것이다. 이 개념은 보상변화라는 것을 상기하라.

위의 질문이 갖는 문제는 무차별곡선은 관찰 불가능하다는 것이다. 만일 개선을 측정할 수 있는 시장에서의 관찰 가능한 통상수요함수가 존재한다면 소비자 서베이를 통해 정보를 얻는 것은 어렵고, 돈이 많이 든다. 우리는 시장에서 관찰되는 소비자 수요를 가지고 개선을 측정할 수 있나? 일단 가격변동이 일어나고 소비자가 소비묶음을 조정하는 두 가지 가능한 균형(d와 b')을 생각해 보자. 개인이 점 d 또는 b'를 선택하는 이유는 전적으로 그의 선호에 달려 있는데, 왜냐하면 두 점 모두 예산제약선상에 있기 때문이다.

가령 점 d가 새로운 무차별곡선이 (2)와 접하는 점이어서 재화 x의 소비는 x_d로 늘고 타 재화의 소비는 감소한다고 하자. 그림의 아랫부분에서 가격이 p_1으로 하락한 결과 시장수요곡선은 a에서 d로의 이동을 보여준다. 소비자잉여의 변동은 면적 p_0adp_1과 같다. 그림 윗부분에서 그로 하여금 프로젝트의 완료 전 상황과 무차별해지도록(점 b와 수량 x_b) 그에게서 가져가는 소득인 보상변화와 이 잉여를 비교하라. 우리는 소득효과를 제거함으로써 대체효과((2)와 평행한 예산제약선 (3))만 남아 있다. a에서 b로 가는 수요곡선은 (소득효과가 없는) 보상수요이고 면적 p_0abp_1은 보상변화의 크기이다. 면적 adb는 무엇을 나타내나?

이 질문에 답하기 위해 (2)에 접하면서 d가 아니라 b'를 통과하는 새로운 무차별곡선을 상상하라. 선택된 수량은 이제 x_b이다. 보상변화를 얻기 위해 우리는 개인이 (위와 마찬가지로) 점 b에 이르도록 하지만 이제 우리는 시장수요와 보상수요가 일치하는 것을 본다. 설명은 소득효과에 있다. 그의 예산에서 소득을 가져간 뒤 점 d에 위치할 때(그가 d 또는 b'에서 온 것에 상관없이) 가격하락으로 인해 그가 겪는 개선은 면적 p_0abp_1으로 측정된다.

이것이 우리가 측정하고자 하는 개선이고 소비자가 이 개선에 대해 지출할 액수가 아니다. 개인이 b'를 선택할 때 개선으로부터 도출된 소득효과는 전적으로 재화 M에 돌아간다(재화 x의 소득효과는 0). 그러나 만일 개인이 면적 p_0abp_1으로 표현된 개선의 일부를 x를 더 많이 소비하는 데(점 d에서 수량 x_d) 지출한다면 수요곡선의 면적 p_0abp_1는 개인후생의 변동을 adb만큼 과다 추정하는데, 이 면적은 단지 여타 재화가 아니라 재화 x에 지출되는 면적 p_0abp_1의 일부일 따름이다.

2. 오차의 크기

비용-편익분석을 수행할 때 보상수요함수를 가지고 작업하는 것은 생소하다. 프로젝트에 의해 영향받는 재화 또는 재화들에 대한 지출이 예산에서 높은 비중을 차지하지 않을 때 통상수요곡선의 사용에 기인한 편의는 사소할 수 있고 이 경우 통상수요로 추정된 소비자잉여는 대부분의 경우 훌륭한 근사치이다(Willig, 1976 참조). 한편 프로젝트를 평가할 때 우리는 단지 초기 가격과 초기 수량만 알고 있다는 것을 잊어서는 안 된다. 따라서 가격하락과 수요의 반응은 단지 추정치들이다. 빈약한 자료의 질과 연관된 오차가 아마 보상수요 대신 시장수요를 가지고 화폐단위로 소비자 효용의 변동을 계산하는 데서 도출되는 오차보다 더 중요할 수 있다.

왜 우리가 개인후생 변동의 화폐척도로 소비자잉여를 사용할 수 있는지 매우 간략하게 분석하자. [그림 11-8]로 돌아가면 통상수요 $x(p, M^0)$가 나타나 있는데, 우리는 가격이 p_0에서 p_1으로 하락한 후에 소비자가 겪는 개선을 평가하고자 한다. 소비자잉여의 변동(ΔCS)은 면적 p_0adp_1이고 보상변화는 면적 p_0abp_1이다. 두 면적 간의 차이는 면적 adb이다. 이것은 만일 우리가 CV 대신 ΔCS를 사용한다면 편익의 과다 추정분이다. 이 오차의 크기는 얼마나 되나?

면적 adb는 삼각형이어서 소규모 가격변동에 대해서 그것은 대략 면적 $1/2\Delta p\Delta x$인데 Δp는 가격 변동분이고 Δx는 소득효과(x_b에서 x_d로의 이동)이다.

소득에 대한 수요의 탄력성은 다음과 같다.

$$\eta = \frac{dx}{dM}\frac{M}{x} \tag{11.47}$$

소규모 변동에 대해

$$\Delta x = \eta x \frac{\Delta M}{M} \tag{11.48}$$

그리고 또한 $\Delta M \simeq \Delta CS$. 이를 식 (11.48)에 대입하면

$$\Delta x = \eta x \frac{\Delta CS}{M} \tag{11.49}$$

그래서 면적 adb는 다음과 같다.

$$\frac{1}{2}\Delta p\Delta x = \frac{1}{2}\eta\Delta CSx\frac{\Delta p}{M} \tag{11.50}$$

CV는 소비자잉여의 변동에서 면적 adb로 표현되는 과다 추정분을 뺀 것과 같다. 우리는 소규모 가격 변동일 때 $\Delta CS \simeq x\Delta p$라는 것을 알고 있다. Δp에 대해 풀어 식 (11.50)에 대입하면

$$CV = \Delta CS - \frac{\eta}{2M}(\Delta CS)^2 \tag{11.51}$$

식 (11.51)을 정리하면

$$\frac{CV-\Delta CS}{\Delta CS}=-\frac{1}{2}\eta\frac{\Delta CS}{M} \tag{11.52}$$

식 (11.52)에 따르면 만일 η나 $\Delta CS/M$이 충분히 작으면, CV 대신 CS를 사용하는 데 따른 상대오차는 작다. 예를 들어 수요의 소득탄력성이 높고($\eta=2$) $\Delta CS/M \leq 0.05$일 때 또는 $\eta=1$이고 $\Delta CS/M \leq 0.1$일 때 오차는 5% 이내이다.

비시장재의 경우 보상변화와 대등변화는 상당히 유용하여 분석자가 개인의 효용을 변하게 하는 영향에 대한 지불의사액 또는 수용의사액을 측정하려 할 때 소비자 서베이를 통해 수행된다.

이론적으로 이들 측정값들은 소비자잉여가 가진 결함을 가지고 있지 않다. 그러나 만일 개인이 이런 종류의 재화에 선호를 가지고 있지 않거나(상충관계를 실현할 수 없음), 개인이 그의 대답이 평가의 결과에 영향을 미칠 수 있다는 것을 알아챈다면, 개인들이 면접자에게 주는 대답은 반드시 진정한 EV 또는 CV가 아닐 수 있다. 더욱이 개인은 서베이에서의 질문들을 완전히 이해하고 있고 질문받는 것이 여타 가능한 문제들 가운데에서 우리가 알고자 하는 것을 정확히 반영한다고 암묵적으로 가정하고 있다(5장과 6장 참조).

제 5 절 불확실성

소비자와 기업이 그들의 효용을 극대화한다고 가정하면 그들의 선택은 이 결정과 관련된 결과와 연관해서 이루어진다. 문제는 종종 동일한 결정과 연관하여 몇몇 가능한 결과들이 존재한다는 것이다. 회사에서 주식의 매입은 상태, 즉 주식의 수익성에 영향을 미치는 세상의 환경과 주주가 간섭할 수 없는 환경에 따라 주주들에게 이윤이나 손실을 줄 수 있다.

불확실성은 상이한 가능한 상태의 존재와 연관된다. 만일 수익성이 상태에 달려 있는 금융자산을 개인이 구입한다면 그의 결정에 위험이 현존한다. 이제 도전은 위험을 내포한 결정을 내리는 것이다.

대부분의 사람들은 결과에 있어서 가변성을 좋아하지 않는다. 그들은 위험기피적이어서 전통적으로 불확실한 상태에 영향받지 않는 대신 안정적 양상의 소비(또는 이윤)를 확보하기 위해 보험을 구입한다.

위험이 존재하는 행동이 사회기반시설에 대한 투자이다. 긴 수명, 특정 자산, 매몰비용과 불확실한 수요가 이 투자의 순현재가치를 예측하기 매우 어렵게 만든다. 만일 투자 프로젝트의 생애에 걸쳐 수요가 오르거나 떨어지면 수익성은 극적으로 변할 수 있다.

불확실성의 경제적 결과에 대한 분석과 이해를 위한 다수의 유용한 개념들이 존재하는데 한계효용 체감, 기대치, 기대치의 효용, 기대

[그림 11-9] 불확실성

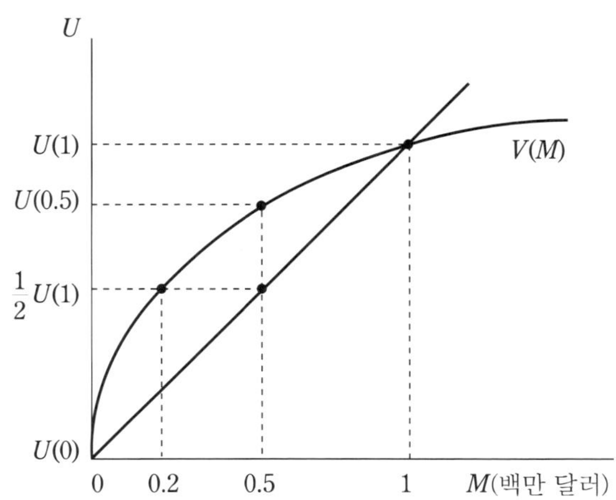

효용과 확실등가가 그것이다. [그림 11-9]는 정의와 이후의 설명에 도움을 줄 수 있다.

[그림 11-9]에 표시된 총효용(U)은 증가하고 양의 값이다. 개인이 소득을 받으면(수평축의 M) 그의 효용은 양의 값이고 그가 더 많은 소득을 받으면 그의 효용은 증가한다. 총효용곡선의 오목성이 세 번째 가정을 더해 준다. 효용은 소득과 함께 증가하지만 비례적보다는 작게 증가한다. 즉 소득의 한계효용은 양의 값이지만 감소한다.

양의 값을 가지며 증가하는 소득과 총효용은 소득이 많을수록 사람이 더 행복해진다는 것을 의미한다. 양의 값이면서 체감하는 한계효용은 당신이 추가적인 소득을 받을 때 당신의 행복은 당신이 부유할 때보다 가난할 때 더 크게 증가한다는 것을 의미한다. 가령 효용곡선이 [그림 11-9]와 같은 사람에게 돈을 지불하지 않고 다음과 같은 게임이 제시된다고 하자.[8] 즉 동전을 던져 만일 앞면이 나오면 100만 달러를 받고, 뒷면이 나오면 아무 것도 받지 못한다. 동전을 던지기 전에 그는 게임을 안 하는 데 대해 받을 돈이 제시된다. 그 사람은 게임을 포기하고 돈을 받거나 돈을 거부하고 게임을 할 수 있다.

게임의 기대치는 50만 달러($=1/2\times0+1/2\times1$)이지만 만일 그 사람이 게임을 하면 이 결과는 결코 나타나지 않는다. 결과는 앞면이 나와 100만 달러를 받든지, 또는 뒷면이 나와 아무 것도 받지 못하는 것이다. 기대치(0.5)는 만일 게임이 무수히 반복된다면 발생할 결과를 근사한 것이다. 그러나 그 사람은 단 한 번 게임을 한다. 그가 게임을 안 하는 것에 대해 우리가 지불해야 하는 최소금액은 얼마인가?

우리가 제시하여야 할 최소금액(게임을 하지 않는 데 대한 그의 유보가격)은 만일 그가 게임을 수락한다면 도달할 효용 수준과 비슷한

8) 비록 그 사람이 양의 값의 소득과 양의 값의 총효용을 가지고 게임에 들어간다고 하더라도 단순화를 위해 [그림 11-9]가 보여주는 것과 같이 $U(0)$는 게임을 하기 전 그의 원래 입장에 상응하는 점이라고 가정한다.

수준에 상응하는 것이어야 한다. 그것은 그 사람이 게임을 하는 것과 하지 않는 것 간에 무차별하게 되는 소득수준이다. 이 소득수준은 개인별로 다르고 초기 소득수준과 더불어 위험기피의 정도와 관련된다.

유사한 소득을 가진 사람들도 상이한 유보가격을 가질 수 있다. [그림 11-9]에 있는 개인의 경우 유보가격은 $200,000이다. 만일 그에게 더 작은 금액이 제시되면 그는 게임을 할 것이다. 수평축에 있는 0.2라는 값은 만일 그가 게임을 수락한다면 얻을 수준과 동일한 효용수준에 상응한다.

게임을 수락하는 효용 수준은 효용의 기대수준($1/2U(0)+1/2U(1)$)이라는 것이 강조되어야 한다. 이 효용의 기대수준은 '게임을 수락'해서 게임을 한 후 얻는 효용인 $U(0)$ 또는 $U(1)$에 상응한다. 그 사람은 동일한 확률로 효용 수준 $U(0)$ 또는 $U(1)$을 얻는 게임을 하거나 $200,000을 받으면서 게임을 안 하는 것 간에 무차별하다. 이 금액은 게임을 해서 얻는 것과 동일한 효용을 주는데, 이를 '확실등가'라 부른다.

개인의 위험기피로 인해 기대치의 효용 $U(0.5)$이 기대효용($1/2U(0)+1/2U(1)$)보다 높은 것을 볼 수 있다. 이 사람은 게임을 하기 전에 최대한 $800,000을 보험에 대해 지불할 의사가 있다. 만일 동전 던지기의 결과에 상관없이 그가 100만 달러의 보장을 확실하게 한다면 그는 항상 200,000달러의 효용 수준을 얻을 것이다. 만일 앞면이 나오면 그는 100만 달러를 받아 800,000달러를 보험료로 지불하고 200,000달러를 갖게 된다. 만일 뒷면이 나오면 그는 아무 것도 받지 못하지만 보험은 그에게 100만 달러를 보상해 주어 여기서 보험료 800,000달러를 공제하면 역시 200,000달러를 받게 된다.

기대치는 게임이 수없이 반복된다면 얻을 수 있는 값이므로 보험회사는([그림 11-9]에 표현된 것과 동일한 사람들의 큰 집단 사이의 협정으로 생각할 수도 있음) 각 개인에게 최소한 500,000달러(공정한 보험료[9]라 부름)를 부과하도록 하는 보험료로 보험정책을 제시할 수 있고 개인들은 최대한 800,000달러를 지불할 것이다.

9) 보험회사의 운영비용이 없거나 또는 협상에 도달하기 위한 개인 간 거래비용과 순응비용이 0이라고 가정한다.

참고문헌

Adamowicz, W.J., J. Louviere and J. Swait (1998), *Introduction to Attribute-Based Stated Choice Methods*, Final Report to National Oceanic and Atmospheric Administration (NOAA), US Department of Commerce, Washington, DC: National Oceanic and Atmospheric Administration.

Adler, M.D. and E.A. Posner (2001), 'Implementing cost-benefit analysis when preferences are distorted', in M.D. Adler and E.A Posner (eds), *Cost-Benefit Analysis: Legal, Economic and Philosophical Perspectives*, London: University of Chicago Press.

Anguera, R. (2006), 'The Channel Tunnel-an ex post economic evaluation', *Transportation Research Part A*, **40** (4), 291-315.

Arrow, K.J. and A.C. Fisher (1974), 'Environmental preservation, uncertainty, and irreversibility', *Quarterly Journal of Economics*, **88** (2), 312-19.

Arrow, K.J. and R.C. Lind (1970), 'Uncertainty and the evaluation of public investment decisions', *American Economic Review*, **60** (3), 364-78.

Bajari, P. and S. Tadelis (2001), 'Incentives versus transactions costs: a theory of procurement contracts', *RAND Journal of Economics*, **32** (3), 387-407.

Becker, G.S. (1983), 'A theory of competition among pressure groups for political influence', *The Quarterly Journal of Economics*, **98** (3), 371-400.

Becker, G.S. (2001), 'A comment on the conference on cost-benefit analysis', in M.D. Adler and E.A Posner (eds), *Cost-Benefit*

Analysis: Legal, Economic and Philosophical Perspectives, Chicago: University of Chicago Press.

Bergstrom, T.C. (2006), 'Benefit-cost in a benevolent society', *American Economic Review*, **96** (1), 339-51.

Bernstein, P.L. (1996), *Against the Gods: A Remarkable Story of Risk*, Toronto, Canada: Wiley.

Boadway, R. (1974), 'The welfare foundations of cost-benefit analysis', *Economic Journal*, **84** (336), 926-39.

Bonnafous, A. (1987), 'The regional impact of the TGV', *Transportation*, **14** (2), 127-37.

Bradford, D.F. (1975), 'Constraints on government investment opportunities and the choice of discount rate', *American Economic Review*, **65** (5), 887-99.

Brealey, R.A. and S.C. Myers (1996), *Principles of Corporate Finance*, 5th edition, New York: McGraw-Hill.

Carson, R., N. Flores and N. Meade (2001), 'Contingent valuation: controversies and evidence', *Environmental and Resource Economics*, **19** (2), 173-210.

Cropper, M.L., S.K. Aydede, and P.R. Portney (1992), 'Rate of time preference for saving lives', *American Economic Review* (Papers and Proceedings), **82** (2), 469-72.

Dalhuisen, J.M., J.R. Florax, H.L. de Groot and P. Nijkamp (2003), 'Price and income elasticities of residential water demand: a meta-analysis', *Land Economics*, **79** (2), 292-308.

de Rus, G. (2008), 'The economic effects of high speed rail investment', Joint OECD ITF Transport Research Centre, Discussion Paper No. 2008-16.

de Rus, G. (2009), 'Interurban passenger transport: economic assessment of major infrastructure projects', Joint OECD ITF Transport Research Centre, Discussion Paper No. 2009-18.

de Rus, G. and G. Nombela (2007), 'Is investment in high speed rail socially profitable?', *Journal of Transport Economics and Policy*, **41** (1), 3-23.

de Rus, G. and M.P. Socorro (2010), 'Infrastructure investment and incentives with supranational funding', *Transition Studies Review*, **17** (3), 551-567.

Desvousges, W.H., F.R. Johnson, R.W. Dunford, S.P. Hudson, K.N. Wilson and K.J. Boyle(1993), 'Measuring natural resource damages with contingent valuation: tests of validity and reliability', in J.A. Hausman(ed.), *Contingent Valuation: A Critical Assessment*, Amsterdam: North-Holland, pp. 91-164.

Diamond, P.A. and J.A. Hausman (1994), 'Contingent valuation: is some number better than no number?', *Journal of Economic Perspectives*, **8** (4), 45-64.

Dixit, A.K. and R.S. Pindyck (1994), *Investment under Uncertainty*, Princeton, NJ: Princeton University Press.

Domenich, T. and D. McFadden (1975), *Urban Travel Demand: A Behavioral Analysis*, Amsterdam: North Holland.

Downs, A. (1957), *An Economic Analysis of Democracy*, New York: Harper & Row.

Drèze, J. and N. Stern (1987), 'The theory of cost-benefit analysis', in A.J. Auerbach and M. Feldstein I (eds), *Handbook of public Economics*, Vol. II, Amsterdam: North-Holland, pp. 909-89.

Duranton, G. and D. Puga (2004), 'Micro-foundations of urban agglomeration economies', in J.V. Henderson and J.-F. Thisse (eds), *Handbook of Urban and Regional Economics, Vol. 4: Cities and*

Geography, North Holland: Elsevier, pp. 2063-117.

EFTEC (2003), *The Thames Tideway: Stated Preference Survey*, Report to Thames Water, plc, London: EFTEC.

Engel, E., R. Fischer and A. Galetovic (2001), 'Least-present-value-of-revenue auctions and highway franchising', *Journal of Political Economy*, 109 (5), 993-1020.

European Commission (2008), *Guide to Cost-Benefit Analysis of Investment Projects*, Directorate General Regional Policy, Brussels: EU.

Espey, M., J. Espey and W.D. Shaw (1997), 'Price elasticity of residential demand for water: a meta-analysis', *Water Resources Research*, 33 (6) 1369-74.

Evans, D. (2007), 'Social discount rates for the European Union: new estimates', in M. Florio (ed.), *Cost-Benefit Analysis and Incentives in Evaluation: The Structural Funds of the European Union*, Cheltenham, UK and Northampton, MA, USA: Edward Elgar.

Ferraro, P.J. and L.O. Taylor (2005), 'Do economists recognize an opportunity cost when they see one? A dismal performance from the dismal science', *Contributions to Economic Analysis and Policy*, 4 (1), Article 7.

Fisher, A.C. and W.M. Hanemann (1987), 'Quasi-option value: some misconceptions dispelled', *Journal of Environmental Economics and Management*, 14 (2), 183-90.

Fisher, I. (1930), *The Theory of Interest*, New York: Macmillan (free online edition available at www.econlib.org/library/YPDBooks/Fisher/fshToICover.html)

Flyvbjerg, B., N. Bruzelius and W. Rothengatter (2003), *Megaprojects and Risk: An Anatomy of Ambition*, Cambridge: Cambridge University

Press.

Frank, R.H. and B. Bernanke (2003), *Principles of Microeconomics*, New York: McGraw-Hill/Irwin.

Frederick, S.W. and B. Fischhoff (1998), 'Scope (in)sensitivity in elicited valuations', *Risk, Decision, and Policy*, 3 (2), 109-23.

Freeman III, A.M. (2003), *The Measurement of Environmental and Resource Values. Theory and Methods*, Washington DC: Resources for the Future.

Friedman, D. (1996), *Hidden Order. The Economics of Everyday Life*, New York: HarperBusiness.

Graham, D.J. (2007), 'Agglomeration, productivity and transport investment', *Journal of Transport Economics and Policy*, 41 (3), 317-43.

Guasch, J.L. (2004), *Granting and Renegotiating Infrastructure Concessions: Doing it Right*, Washington, DC: WBI Development Studies, The World Bank.

Hanemann, W.M. (1991), 'Willingness to pay and willingness to accept: how much can they differ?', *American Economic Review*, 81 (3), 635-47.

Hanemann, W.M. (1994), 'Valuing the environment through contingent valuation', *Journal of Economic Perspectives*, 8 (4), 19-43.

Harberger, A.C. (1964), 'Techniques of project appraisal', paper presented at the Conference on Economic Planning, reprinted in A.C. Harberger, *Project Evaluation (Collected Papers)* (Midway Reprint Series), Chicago: University of Chicago Press.

Harberger, A.C. (1965), 'Survey of literature on cost-benefit analysis for industrial project evaluation', paper prepared for the Inter-Regional Symposium in Industrial Project Evaluation, reprinted in A.C. Harberger, *Project Evaluation (Collected Papers)* (Midway

Reprint Series), Chicago: University of Chicago Press.

Harberger, A.C. (1976), *Project Evaluation (Collected Papers)*, Chicago: Midway Reprint, University of Chicago Press.

Heal, G. (1997), 'Valuing our future. Cost-benefit analysis of sustainability', United Nations Development Programme, Discussion Papers Series, 13.

Henry, C. (1974), 'Investment decisions under uncertainty: the irreversibility effect', *American Economic Review*, **64** (6), 1006-12.

Hirshleifer, J. and J.G. Riley (1992), *The Analytics of Uncertainty and Information*, Cambridge: Cambridge University Press.

HM Treasury (2003), *The Green Book. Appraisal and Evaluation in Central Government*, London: Stationery Officce Books.

Horowitz, J. and K. McConnell (2002), 'A review of WTA/WTP studies', *Journal of Environmental Economics and Management*, **44** (3), 426-47.

Jara-Díaz, S.R. and M. Farah (1988), 'Valuation of users' benefits in transport systems, *Transport Reviews*, **8** (3), 197-218.

Johansson, P.-O. (1991), *An Introduction to Modern Welfare Economics*, Cambridge: Cambridge University Press.

Johansson, P.-O. (1993), *Cost-Benefit Analysis of Environmental Change*, Cambridge: Cambridge University Press.

Johansson, P.-O. and B. Kriström (2009), 'A blueprint for a cost-benefit analysis of a water use conflict. Hydroelectricity versus other uses', Working Paper.

Jones, C. (2002), 'The Boadway Paradox revisited', School of Economics, Working Paper, No. 42.

Jones, L.P., P. Tandon and I. Vogelsang (1990), *Selling Public Enterprises: A Cost-Benefit Methodology*, Cambridge, MA: MIT

Press.

Jones-Lee, M.W. (1992), 'Paternalistic altruism and the value of statistical life', *The Economic Journal*, 102 (410), 80-90.

Just, R.E., D.L. Hueth and A. Schmitz (1982), *Applied Welfare Economics and Public Policy*, Englewood Cliffs, NJ: Prentice Hall.

Kahnemann, D. and A. Tversky (eds)(2000), *Choice, Values and Frames*, Cambridge: Cambridge University Press.

Klemperer, P. (1999), 'Auction theory: a guide to the literature', *Journal of Economic Surveys*, 13 (3), 227-86.

Krugman, P.R. and A.J. Venables (1996), 'Integration, specialization and adjustment,' *European Economic Review*, 40 (3-5), 959-67.

Krugman, P.R. and R. Wells (2004), *Microeconomics*, New York: Worth Publishers.

Laffont, J.J. and J. Tirole (1993), *A Theory of Incentives in Procurement and Regulation*, Cambridge, MA: MIT Press.

Lancaster, K. (1966), 'A new approach to consumer theory', *Journal of Political Economy*, 74 (2), 132-57.

Landsburg, S.E. (1993), *The Armchair Economist*, New York: The Free Press.

Lind, R.C. (1982), 'A primer on the major issues relating to the discount rate for evaluating national energy options', in R.C. Lind, K.L. Arrow and G.R. Corey (eds), *Discounting for Time and Risk in Energy Policy*, Baltimore, MD: Johns Hopkins University Press, pp. 21-94.

Littls, I.M.D. and J.A. Mirrlees (1974), *Project Appraisal and Planning for Developing Countries*, London: Heinemann.

Lypsey, R.G. and K. Lancaster (1956), 'The general theory of second best', *Review of Economic Studies*, 24 (1), 11-32.

Mankiw, N.G. (2003), *Principles of Economics*, Cincinnati, OH: South-Western College Publishing.

Mas-Colell, A., M.D. Whinston and J.R. Green (1995), *Microeconomic Theory*, New York: Oxford University Press.

Mensink, P. and T. Requate (2005), 'The Dixit-Pindyck and the Arrow-Fisher-Hanemann-Henry option values are not equivalent: a note on Fisher (2000)', *Resource and Energy Economics*, **27** (1), 83-8.

Miller, T.R. (2000), 'Variations between countries in values of statistical life', *Journal of Transport Economics and Policy*, **34** (2), 169-88.

Nash, C.A. (2009), 'When to invest in high-speed rail links and networks?', Joint OECD ITF Transport Research Centre, Discussion Paper No. 2009-16.

National Oceanic and Atmospheric Administration (1993), 'Report of the NOAA panel on contingent valuation', *Federal Register*, **58** (10), 4602-14.

Niskanen, W.A. (1971), *Bureaucracy and Representative Government*, Chicago: Aldine-Atherton.

Nombela, G. and G. de Rus (2004), 'Flexible-term contracts for road franchising', *Transportation Research A*, **38** (3), 163-247.

OECD (2007), 'Macro-, meso- and micro-economics planning and investment tools', JTRC, Round Table 140.

Olsen, T. and P. Osmundsen (2005), 'Sharing of endogenous risk in construction', *Journal of Economic Behavior and Organizations*, **58** (4), 511-26.

Pearce, D.W. and R. Turner (1990), *Economics of Natural Resources and the Environment*, Baltimore, MD: Johns Hopkins University

Press.

Pearce, D.W. G. Atkinson and S. Mourato (2006), *Cost-Benefit Analysis and the Environment: Recent Developments*, Paris: OECD Publishing.

Pearce, D.W. and D. Ulph(1999), 'A social discount rate for the United Kingdom', in D.W. Pearce (ed.), *Economics and Environment: Essays on Ecological Economics and Sustainable Development*, Cheltenham, UK and Northampton, MA, USA: Edward Elgar.

Pindyck, R.S. (1991), 'Irreversibility, uncertainty, and investment', *Journal of Economic Literature*, **29** (3), 1110-48.

Puga, D. (2002), 'European regional policies in light of recent location theories', *Journal of Economic Geography*, **2** (4), 373-406.

Ramsey, F.P. (1927), 'A contribution to the theory of taxation', *The Economic Journal*, **37** (145), 47-61.

Robinson, J.A. and R. Torvik (2005), 'White elephants', *Journal of Public Economics*, **89** (2-3), 197-210.

Samuelson, P. and W. Nordhaus (2004), *Economics*, New York: McGraw-Hill/Irwin.

Savvides, S. (1994), 'Risk analysis in investment appraisal', *Project Appraisal*, **9** (1), 3-18.

Sobel, R.S. (1998), 'The political costs of tax increases and expenditure reductions: evidence from state legislative turnover', *Public Choice*, **96** (1-2), 61-80.

Stiglitz, J.E. (1982), 'Discounting for time and risk in energy policy', in R. Layard and S. Glaister (eds) (1994), *Cost-Benefit Analysis*, Cambridge: Cambridge University Press, pp. 116-59.

Varian, H.R. (1992), *Microeconomic Analysis*, New York: W.W. Norton & Co.

Varian, H.R. (1992), *Intermediate Microeconomics: A Modern Approach*, New York: W.W. Norton & Co.

Venables, A.J. (2007), 'Evaluating urban transport improvements. Cost-benefit analysis in the presence of agglomeration and income taxation', *Journal of Transport Economics and Policy*, **41** (2), 173-88.

Venables, A.J. and M. Gasoriek (1999). *The Welfare Implications of Transport Improvements in the Presence of Market Failure*, London: Department of the Environment, Transport and the Regions.

Viscusi, W.K. (1993), 'The value of risk to life and health', *Journal of Economic Literature*, **31** (4), 1912-46

Weitzman, M.L. (2001), 'Gamma discounting', *American Economic Review*, **91** (1), 260-71.

Willig, R. (1976), 'Consumer's surplus without apology', *American Economic Review*, **66** (4), 589-97.

Zhao, J. and C. Kling (2001), 'A new explanation for the WTP/WTA disparity', *Economics Letters*, **73** (3), 293-300.

찾아보기

[ㅈ]

[역자 소개]

[학력 및 경력]
연세대학교 상경대학 경제학과 학사
미국 University of Wisconsin-Madison 경제학(재정학) 박사
Fulbright Visiting Professor(미국 University of North Carolina at Chapel Hill)
한국재정학회 및 한국환경경제학회 회장
중앙대학교 사회과학대학 학장
기획예산처 정부투자기관 경영평가단 단장
현 지식경제부 우정사업운영위원회 위원장
행정안전부 정책자문위원회 지방재정분과위원장
국무총리실 세종특별자치시지원위원회 민간위원
(사)한국비용편익분석연구원 원장
중앙대학교 경영경제대학 경제학부 교수

[논문 및 저서]
『중앙·지방정부 간 관계 및 재원조정』(공저), 한국개발연구원, 1996.
"Wagner's Law vs. Keynesian Paradigm: the Korean Experience," *Public Finance/Finances Publiques*, Vol. 51, No. 1, 1996.
"Granger Causality between Government Revenues and Expenditures in Korea," *Journal of Economic Development*, Vol. 23, No. 1, 1998.
『지방재정개혁론』(공저), 박영사, 1998.
"지방세 추계액의 오차분석," 『재정논집』, 제15집 제 2 호, 2001.
"지역 간 경제력 격차는 줄어들고 있는가?," 『응용경제』, 제10권 제 1 호, 2008.
"우리나라의 지방정부는 생산적인가? -Barro Rule에 의한 검정-," 『재정학연구』, 제 2 권 제 1 호(통권 제60호), 2009.
"대규모 재정정책 변화와 금융시장 반응," 『재정학연구』, 제 3 권 제 3 호, 2010.
"우리나라 지역경제력의 수렴현상에 대한 분석 -기초자치단체를 중심으로-," 『지방정부연구』, 제14권 제 4 호, 2011.
"지방재정조정제도를 통한 지방자치단체 사회복지비 부담 완화에 대한 연구," 『한국지역사회복지학』, 제40집, 2012.

비용-편익분석개론

2012년 7월 10일 초판인쇄
2012년 7월 20일 초판발행

저 자 Ginés de Rus
역 자 박 완 규
발행인 안 종 만
발행처 (주) 박영사
서울특별시 종로구 평동 13-31번지
전화 (733) 6771 FAX (736) 4818
등록 1959. 3. 11. 제300-1959-1호(倫)
www.pybook.co.kr e-mail: pys@pybook.co.kr

정 가 20,000원 ISBN 978-89-6454-281-1